고양이는 혼자 살지 않는다

고양이가 독립적이고 사회성이 낮다.
그러나 이 사실은,
이들이 반드시 독립적이고 사회성이 떨어져야만
행복할 수 있음을 의미하지 않는다.
고양이는 혼자 살지 않는다. 아니, 못한다.

이들은 사람과 함께,
다른 고양이와 함께,
개와 함께…….
고양이는 다른 누군가와 함께 살아간다.
고양이는
혼자 살지 않는다.

고양이는 혼자 살지 않는다

정효민 지음

가나북스

차례

프롤로그 9

1장. 고양이 성격 형성의 기초 13

1. 유년기의 경험과 그 영향
2. 고양이들의 시기별 심리·행동 변화
3. 고양이들의 호기심을 유지하고 발전시키는 방법

2장. 고양이의 행동 및 음성 언어 해석 33

1. 고양이의 언어
2. 집사의 의인화된 주관적 해석이 불러오는 부작용
3. 관계에서 불화를 가진 고양이의 문제 행동
4. 외동묘와 다묘 가정, 문제 행동의 시작은 모두 '관계'에 있다.

3장. 고양이들의 사회성 이해하기 66

1. 사회성이 높은 고양이들의 특성
2. 사회성이 낮은 고양이들의 특성
3. 고양이들의 사회성을 높여줄 수 있는 환경 구성

4장. 고양이들의 사회적 관계 형성 이해 93

1. 고양이의 서열
2. 고양이의 유대감 형성
3. 영역 동물들의 탐색기
4. 고양이들의 합사
5. 집사의 역할
6. 관계 개선 (장기 격리 관계, 재합사)
7. 새로운 고양이를 들이기 전 반드시 생각해야 할 것들
8. 모두가 싫은 고양이

5장. 마음의 상처가 있는 고양이들과 함께 살기 139

1. 사회화 시기를 어미와 함께 보내지 못한 고양이
2. 학대 경험이 있는 고양이
3. 잦은 파양 경험이 있는 고양이 임시보호처를 자주 이동했던 고양이
4. 사람을 많이 따르는 길고양이와 유기묘(집을 나온 고양이)
5. 아기가 태어난 집에서 고양이가 우울해질 때

6장. 놀이의 중요성 174

1. '신나게 놀아야 스트레스가 풀린다'라는 단순한 공식의 함정
2. 상호 놀이의 종류와 유의할 점
3. 고양이는 때때로 혼자서도 놀 줄 알아야 한다.

7장. 고양이 문제 행동 개선하기 197

1. 보호자의 프레임 전환
2. 각 문제 행동의 대표적인 원인
3. 고양이의 연관/공간 지각

8장. 최근 들어 늘어나는 '금쪽이' 고양이 262

1. 섬세한 집사와 고양이가 만나면 생기는 일
2. 그렇게 우리 고양이는 점점 금쪽이가 되어간다.
3. 고양이의 눈빛과 표정은 많은 걸 말하지만, 모든 걸 말하지는 않는다
4. 무던하게 키우는 것과 방치하는 것은 다르다.
5. 과소 평가되고 있는 고양이의 적응력
6. 금쪽이 고양이에 맞선 우리 집사들의 생존 전략
7. 고양이와의 건강한 안전거리-나 없이도 잘 사는 너를 위해

에필로그 298

프롤로그

고양이는 독립적이고 사회성이 낮다. 그러나 이 사실은, 이들이 반드시 독립적이고 사회성이 떨어져야만 행복할 수 있음을 의미하지 않는다. 고양이는 혼자 살지 않는다. 아니, 못한다. 이들은 사람과 함께, 다른 고양이와 함께, 개와 함께……. 고양이는 다른 누군가와 함께 살아간다. 하지만 이상하게도 우리는 이 당연한 사실을 간과한다. 고양이가 혼자 있는 걸 즐긴다는 이유만으로, 애당초 혼자 있게 하는 것이 이들을 위한 일이라고 믿어버린다. 그뿐만 아니라 혼자 있는 것을 즐기지 않는 고양이는 특이한 고양이로 치부해 버린다.

도도해 보이는 눈빛, 혼자서도 잘 노는 모습, 사람의 손길을 피해 숨어버리는 버릇 하나만으로 이들이 진실로 원하는 것을 놓쳐버린다.

그리고 우리는 어느새 확신하듯 말한다.

"고양이는 원래 그런 동물이에요."

그러나 고양이를 오래 곁에 두고 살아본 사람은 안다. 고양이는 우리가 그간 으레 그렇다고 믿어왔던 모습과는 너무도 다른 생명체라는 사실을 말이다. 도도하던 눈빛은 하루에도 몇 번씩 호기심으로 반짝이고, 새침하게 물러나 있던 게 언제냐 싶게 수시로 총총거리며 우리를 따른다. 조그만 머리를 우리 가슴에 비비며 사랑을 구하고, 우리를 관찰하고, 기다리고, 부르고, 응답한다.

혹시……. 따뜻하고 친밀한 골골송이 울려 퍼지는 그 모습을 보고도 우린 '어차피 너는 사회성이 떨어지고 독립적인 애잖아.'라고 결론 내리고 있는 건 아닐까?

고양이는 함께하려는 존재다. 다만, 우리가 그 신호를 제대로 보지 못했을 뿐이다. 이 작은 신호들을 읽어내는 데에 '인내'가 필요하다. 고양이는 다정하되 조심스럽고, 호기심이 많되 쉽게 드러내지 않는다. 사랑을 갈구하되 함부로 내어주지 않는다. 고양이와 관계를 맺는다는 것은 우리에게 익숙한 방식과는 사뭇 다른 방식으로 이 복잡하고도 미묘한 상대를 이해하고 받아들이는 연습을 의미한다.

우리는 종종 고양이의 행동을 너무도 단순하게 분류하고 단정한다. 화가 났을 때의 공격성, 불안할 때 나타나는 배변 문제, 자주 숨는 행동 같은 것들 말이다. 이러한 행동을 우리는 "문제 행동"이라 부른다. 또한 문제 행동에는 반드시 '해결법'이 따라야 한다고 믿는다. 왜냐하면 문제는 고쳐야 하니까. 그러나 그 문제 행동 이면에 어떤 감정과 맥락이 있었는지, 고양이는 왜 그런 방식으로밖에 표현할 수 없었는지를 이해하고 들여다보려는 사람은 드물다. 겉으로 드러난 결과만을 보고 그에 맞는 해석을 붙이는 일은 우리를 점점 더 쉽게, 더 빠르게, 더 효율적으로 만들지만 그만큼 더 깊이 이해하지 못하게 만든다.

고양이에 대한 정보는 넘쳐난다. 쉽고, 간편하고, 요약된 정보들. '무슨 행동을 하면 어떤 심리다' 같은 조립식 해석법들. 그것들은 도움이 되기도 하지만, 한편으로는 고양이를 단순한 생물로 오해하게 만든다. 고양이의 마음은 그렇게 간단히 조립되지 않는다. 고양이는 한 생명이고, 하나의 세계이며, 그 나름의 고유한 논리와 감정이 있는 존재다. 그들의 행동은 계산된 반사 작용이 아니라, 관계를 맺고 싶다는 신호이며, 내면의 발화다.

이 책은 바로 그 발화의 순간들을 기록한 책이다. 양이의 행동을 단편화하지 않고, 그 이면에 감정의 결을 따라가며 관계의 단서를 찾아가려는 시도다. 나는 그간 수많은 고양이들과 보호자들을 만났다.

문제 행동으로 상담을 의뢰한 대부분의 경우, 내가 알게 된 것은 정작 행동의 문제가 아니라 관계의 균열이었다. 그리고 그 균열은 아주 작은 다정함, 아주 느린 이해, 아주 조심스러운 공감으로도 충분히 복원될 수 있었다.

고양이는 독립적이다. 그러나 비사회적인 존재는 아니다. 고양이는 혼자 있을 수 있다. 그러나 혼자 살고 싶어하는 건 아니다. 고양이는 혼자 살지 않는다. 이 책은, 그 당연한 진실을 향한 길 위에 놓인 첫 번째 발걸음이다.

1장.
고양이 성격 형성의 기초

1. 유년기의 경험과 그 영향
2. 고양이들의 시기별 심리·행동 변화
3. 고양이들의 호기심을 유지하고 발전시키는 방법

1. 유년기의 경험과 그 영향

고양이의 성격 형성과 사회성 발달에 관해 가장 널리 알려진 개념 중 하나는 '사회화 시기'이다. 이는 고양이가 생후 3주부터 약 7~8주 사이에 사람, 동물, 환경 등 다양한 자극에 노출되기 시작하며 사회적 언어와 성격의 기초를 학습하는 시기를 뜻한다. 강아지의 사회화 시기가 생후 3주부터 16주까지로 훨씬 길다는 점에서 고양이의 이 시기는 상대적으로 짧고 압축적이다. 더군다나 사회화 시기의 중요성이 너무 강조된 나머지, 해당 시기에  모든 사회적 학습과 성격의 형성이 끝나버린다는 식의 결정론적 해석을 범하기도 한다. 그러나 실제 고양이의 삶과 행동을 관찰하면, 이러한 해석은 다소 편협한 시각임을 알 수 있다.

많은 보호자가 사회화 시기 이후의 고양이는 성격이나 행동의 변화가 거의 불가능하다고 믿는 경향을 보인다. 마치 마감일을 코앞에 둔 사람처럼 마음이 다급해진 집사들은 막중한 의무감마저 느낀다. '이 시기 안에 사람 손을 타게 해야 해! 생활 케어를 위해 안겨 있기도 가능하게 만들어야 해! 다른 동물들과 접촉해서 사회성을 늘려야 해!' 등

등. 정말 그럴까? 우리 고양이는 사회화 시기에 이 모든 사회적 학습과 성격이 완료되는 걸까? 이 논리대로라면, 사회화 시기를 잘못 보내게 되면 이들에게 더는 '갱생'의 여지가 없다는 것을 뜻하는 게 아닌가? 이 시기는 분명 중요하다. 그러나 고작 4주 남짓한 시기가 한 개체의 전 생애를 완전히 규정한다고 보는 것은 무리이다. 우려와는 달리, 고양이는 일생에 걸쳐 학습하고, 환경에 적응하며, 일정한 성향 변화를 겪는다. 중요한 것은 이러한 변화의 가능성을 인식하고, 시기별로 적절한 환경 자극과 심리적 지원을 제공하는 것이다.

고양이의 성격 형성을 이해하는 데 있어, 나는 늘 유년기 경험에 주목한다. 성묘를 입양한 경우라면 어릴 적 배경을 알 수 없더라도 구조 시점의 나이, 출신 배경(길고양이, 펫숍, 가정 분양 등), 어미와 동배 형제들과 몇 달까지 함께 살았는지, 구조된 길고양이였다면 무슨 이유로 구조되었는지, 구조되었을 당시 나이는 몇 개월이었는지 등의 질문을 통해 해당 고양이가 어린 시절 경험한 정보를 최대한 확보하려 한다. 이러한 배경 정보는 현재 고양이가 보이는 특정 행동의 원인과 심리적 상태를 해석하는 데 있어 핵심적인 실마리를 제공한다. 그중에서도 한 살 이전의 정보는 가장 막강한 단서가 된다. 사회화 시기를 중심으로 그 이전과 이후, 1살 이전까지의 경험은 고양이의 생애 전체를 결정하지는 않더라도, 결코 무시할 수 없는 '태도'의 기반이 된다. 그리고 1살을 지나면서 고양이는 슬슬 우리가 흔히 알고 있는,

'경계심 많고 예민하고 독립적인' 이들 고유의 성향적 특성을 향해 나아간다. 그 과정에서 고양이가 1살, 2살, 5살, 10살 (이 분류는 대략적인 시기를 의미한다)을 거치면서 처한 환경에 따라 일반적 성향 변화의 흐름을 따른다.

고양이의 생애를 마라톤에 비유해보자. 어떤 개체는 환경 변화에 빠르게 적응하고 사회성이 뛰어난 반면, 또 다른 개체는 극도로 예민하거나 반복적인 문제 행동을 보이기도 한다. 이러한 차이는 단순히 선천적 기질 때문만은 아니다. 유년기에 겪은 환경과 경험이 성향의 형성과 강화에 깊이 관여한다. 상담 과정에서 고양이의 과거 이력을 들여다보면 모든 고양이가 동일 심리적 출발선에서 시작하는 것은 아니라는 사실을 발견할 수 있다. 유년 시절의 경험이 성향 변화에 상당한 영향을 끼치기 때문이다. 심지어 태아기, 그러니까 어미 고양이의 배 속에 있을 당시의 환경조차도 이후의 성향적 특징에 관여할 수 있다는 유의미한 사례들도 포착된다. 대표적인 예가 펫숍에서 판매되거나, 생후 한 달령 혹은 그 이전에 구조된 이른바 '꼬물이' 구조묘들이다. 이들 개체 사이에는 '유난스러운 성격'이 자주 관찰되곤 한다. 물론 모든 펫숍 출신이 예민한 것은 아니고, 모든 꼬물이 출신이 까다로운 것도 아니다. 하지만 이들 중 대다수가 자라면서 예민하거나 불안정한 면모를 보여줄 가능성이 크다는 것이 실제 상담 경험에서 관찰된 공통점이다. 그런데 바로 여기에 특이점이 있다. 해당 고양이의 생

활환경이 만족스러웠던 경우, 즉 단짝 고양이 친구가 있거나 보호자와의 유대가 안정적이었던 경우에는 그 유난스러운 기질이 드러나지 않을 수 있다는 점이다. 그래서 보호자들은 "우리 아이는 세상에서 제일 순하고 착한 고양이에요"라고 믿어 의심치 않는다. 그리고 실제로 그럴 수도 있다. 단, 행복할 때는 말이다. 그러다가 신경 쓰이는 사건이 생기면 고양이는 이전과는 전혀 다른 모습을 드러낸다. 막연히 순하다고 생각했던 첫째 고양이가 신경질적인 기세로 동생을 몰아붙이는 모습을 보고 보호자는 당황한다. "이런 아이가 아니었는데……."

하지만 알고 보면, 그 '다크 사이드'라는 처음부터 존재했던 것이다. 다만 그동안 발현될 기회가 없었을 뿐이다. 결국 같은 환경에서 똑같이 사랑받으며 자랐다고 해도, 태어난 직후 혹은 그 이전의 경험-이를테면 어미와 조기에 분리되었거나 구조되는 등 '삶의 풍파'를 겪은 고양이-은 그렇지 않은 고양이에 비해 유난스러운 면을 드러낼 가능성이 상대적으로 높다. 특히 생후 3개월령까지 어미와 동배 형제들과 함께 지낸 이력이 있는 고양이와 비교했을 때, 이러한 경향은 더욱 뚜렷하게 나타난다. 또한 유년기의 모든 경험은 사회화 시기 이전뿐 아니라 그 이후까지 이어지며 영향을 끼친다. 일반적으로 고양이는 생후 2년 즈음까지 성장이 지속되므로 엄밀하게는, 생후 24개월부터 성묘로 분류하는 것이 타당하다. 이 시기 동안의 환경과 상호작용은 고양이의 성향적 특성을 더욱 구체화하고 고착시키는 데 작용한다.

자, 우리는 여기서 '성격'과 '성향'을 명확히 구분할 필요가 있다. 성격은 선천적 기질이며, 성향은 환경과 경험에 따라 발현되는 특성이다. 같은 기질을 가진 고양이라도 어떤 환경에서 자랐느냐에 따라 성향은 매우 다르게 나타날 수 있다. 예컨대 본래 차분한 기질을 가진 고양이라도, 적절한 사회화와 안정된 환경에서 자랐다면 그 성향은 침착하고 신중한 모습으로 발전한다. 반대로 동일한 기질을 가진 고양이가 불안정하거나 위협적인 환경에서 유년기를 보냈다면, 그 성향은 예민하고 방어적인 모습으로 강화된다. 마찬가지로 활달한 기질을 가진 고양이도 긍정적 환경에서는 애정 표현이 풍부하고 호기심 많은 반려묘로 자랄 수 있지만, 불안정한 성장 환경에서는 충동적이고 공격적인 양상을 보일 수 있다. 따라서 고양이의 성향 형성은 기질과 환경이 상호작용하는 복합적인 과정이며, 성묘가 되기 전 2년가량의 기간 중에서도, 특히 생후 1년 동안의 경험은 이후 성묘 시기 행동의 뼈대를 이루게 된다. 결론적으로, 고양이의 사회화 시기는 성격 형성에 있어 중요한 전환점이긴 하나, 절대적인 결정 요소는 아니다. 생후 1년 동안 고양이가 어떤 사람과 만나고, 어떤 자극을 경험하며, 얼마나 안정적인 환경에서 살아왔는지는 이후 전 생애에 걸친 행동 특성과 심리적 안정을 결정짓는 핵심적 요소다. 물론 이는 '핵심적 요소' 일 뿐 '결정적 요소'라는 아니다. 그렇다면 이제부터 이러한 유년기 경험 이후, 고양이가 연령대별로 보이는 성향 변화의 양상에 대해 보다 구체적으로 살펴보기로 하자.

2. 고양이의 시기별 심리·행동 변화

고양이의 성향과 행동은 나이에 따라 뚜렷하게 변화한다. 크게 나누면 1살 이전, 2살, 5살, 10살 즈음으로 구분할 수 있으며, 각각의 시기마다 학습력, 호기심, 경계심, 사회성 등에서 중요한 전환이 일어난다.

1살 이전은 고양이의 학습력과 사회성이 가장 활발한 시기다. 이 시기의 핵심 성향은 호기심이다. 고양이는 호기심을 통해 주변 환경을 탐색하고 삶에 필요한 정보를 학습한다. 어린 고양이에게 가장 중요한 과제는 '생존'이며 어린 고양이의 학습은 생존과 긴밀하게 연관되어 있다. 혼자 살아남기 어려운 시기인 만큼, 자연은 어린 생명체가 '믿을 수 있는 대상'을 전적으로 의지하고 따르도록 설계했다. 어미 고양이와 형제들 사이에서 체온을 나누며 자라나는 어린 고양이는 강한 의존성과 사회적 유대를 바탕으로 삶을 배운다. 어미를 잃은 고양이는 다른 성묘에게 의지하며 대리 어미를 찾기도 한다. 이 시기의 고양이는 호기심으로 충만하며 활동성이 높은데, 무조건 경계하거나 회피하는 방식으로는 생존에 필요한 정보를 얻을 수 없기 때문이다. 그런 이유로 이들은 위험을 무릅쓰고서라도 모든 것을 경험하려는 경향이 강하다. 이 호기심은 단순한 성격적 특성이 아니라, 자연이 어린 생명체의 유전자에 심어 놓은 자동 실행 프로그램과도 같다. 또한, 어린 고양이는 성묘를 쫓아다니며 관찰하고 또 모방하며 살아가는데 유용한 기술을 학습한다. 이런 과정을 거쳐 어린 그들이 성묘가 되면 비로소 도도하고 독립적인 성향을 갖추는데 이들의 어설프고 왁자지껄했던 어린 시절 모습과 비교하면 과히 '신분 세탁'과 비견할 만하다.

사회화 시기 – '모국어 단어를 배우는 시기'

1살 이전의 시기 중에서도 특히 사회화 시기는 고양이 생애에서 가장 중요한 전환기다. 이때 고양이는 다양한 환경을 접하며 사회성과 학습력을 키운다. 나는 이 시기를 "모국어 단어를 배우는 시기"라고 표현하곤 한다. 2개월령 전후의 고양이는 어설프게나마 걷고 뛰며 주변을 탐색한다. 그러면서 이들은 주변에서 얻는 자극(냄새, 촉감, 소리 등)을 데이터처럼 머리에 축적한다. 학습력은 호기심에 비례한다. 호기심이 있어야 학습할 수 있다. 그리고 학습이 있어야 적응이 가능해진다. 그럼에도 불구하고, 사회화 시기에 쌓인 경험들은 단편적인 조각들에 불과하다. 마치 퍼즐 조각만 모아 놓고 아직 퍼즐판 위에 놓지 않은 상태와 같다. 이 조각들을 맞춰가는 본격적인 과정은 생후 3~5개월에 이루어진다.

3~5개월 - 고양이 묘생의 '냥아치 시절'

  3~5개월은 고양이에게 있어 절정의 학습력과 호기심이 발현되는 시기다. 사회화 시기에 축적된 단어들을 연결해 문장을 만들어 보는 단계이기 때문이다. 나는 이 시기를 '묘생에서 가장 정신 산만한 냥아치 시절'이라고 설명한다. 3~5개월의 고양이는 매우 적극적인 모험과 도전을 서슴치 않는다. 동거묘가 있다면 끊임없이 쫓아다니고 덮치며 장난을 걸고 성묘의 반응을 관찰하면서 이들과의 '대화 방법'을 학습한다. 환경 속 위험 여부를 판단하기 위해 여러 실험적 시도도 한다. 이 냥아치들을 격리하거나 너무 제지하는 식의 대처는 바람직하지 않다. 행동을 억압당한 고양이는 그 욕구가 변질되어, 문제 행동으로 나타나기도 한다. (이식증, 충동적 과잉 행동, 울기 소변 테러 등등)

따라서 이들의 행동을 억압하는 대신에 긍정적인 형태로 풀어주는 것이 좋은데, 물어뜯고 발톱을 갈 수 있는 다양한 안전한 도구와 공간을 제공해 주는 것 등이 그 예이다. 성묘에 대한 집착도 이 시기에 최고조에 이른다. 이들은 틈나는대로 성묘를 따라다니고, 성묘가 있는 자리에 함께 앉으려 하고, 성묘가 먹는 사료나 사용하는 화장실까지 따라 하며 삶의 기술을 모방하려 한다. 믿기 어렵겠지만 이 모든 행동은 학습의 과정이며 생존을 위한 어린 고양이의 본능이기도 하다.

1살 전후 – 사춘기, 기호성의 확립과 성향의 첫 번째 변화

고양이는 암컷의 경우 평균 7~8개월, 수컷은 9개월 전후로 성적 성숙을 맞이한다. 이 시기는 인간의 사춘기와도 유사한데, 신체적 성장은 물론 감정과 사회성 측면에서도 크고 미묘한 변화를 동반한다. 1살 무렵이 되면 고양이는 눈에 띄게 차분해지기 시작한다. 외형은 이미 어엿한 성묘가 되었고, 행동에서도 어린 시절의 즉흥성과 과잉 에너지가 점차 줄어든다. 그 변화의 핵심은 '선호 기준의 형성'이다. 무엇이든 일단 쫓고 보던 장난꾸러기 시절과 달리, 이 시기부터는 좋아하는 장난감에만 반응하고, 선호하는 사료만 고집하며, 익숙한 영역에서만 안정을 찾는 모습이 두드러진다. 성묘에 대한 과도한 집착도 줄어들면서 동거묘와의 갈등 역시 완화되는 경우가 많다. 하지만 이런 변화가 곧 '문제없음'을 의미하지는 않는다. 놀이 반응은 점차 약해지고, 먹는 것에서는 편식이 시작된다. 눈에 보이는 분란은 줄었을지 몰라도 심리적으로 이전보다 더 정교한 자극에 관심을 두게 된 것이다. 많은 보호자가 "이제 얌전해졌으니 괜찮겠지"라며 관심의 강도를 낮추곤 하는데, 이때 고양이는 삶의 자극이 부족해지는 것을 느낀다. 에너지 발산 창구가 줄어든 이들은 종종 동거묘를 괴롭히거나 보호자에게 과도하게 집착하며 지루함을 해소하려 한다. 그러므로 이 시기의 고양이에게는 단순한 장난감 제공이 아닌, 정서적 교감과 새로운 자극의 방식이 재정비되어야 한다. 외견상 안정처럼 보이는 이 '성장기'는 사실 또 다른 적응의 분기점이다.

2살 – 성숙의 시작, 경계심의 확립

두 살 무렵의 고양이는 신체적으로는 완전한 성숙을 이루는 동시에 정서적으로는 익숙한 환경과 자극에 더욱 의존하는 방향으로 변화한다. 이 시기부터는 독립적인 생활 패턴, 낮은 사회성, 낯선 것에 대한 경계심 같은 고양이의 대표적인 기질이 뚜렷하게 자리 잡는다. 그 결과, 새로운 자극에 대한 반응은 점점 둔해지고, 익숙한 것에 머무르려는 경향이 서서히 강해진다. 이런 변화는 고양이의 적응력에도 영향을 준다. 낯선 상황에 대해 호기심보다는 방어적인 태도를 먼저 보이며, 새로움보다는 안정에 가치를 두게 된다. 특히 합사 과정에서 이러한 성향은 두드러지며, 이 시기의 고양이는 새로운 고양이를 '정보'가 아니라 '침입자'로 인식해 하악질, 으르렁거림거림, 공격적 반응 등 즉각적인 거부를 보이기도 한다. 학습 능력에서도 변화가 나타난다. 어릴 적에는 한두 번의 긍정적 경험만으로도 빠르게 익숙해졌지만, 이제는 반복적인 노출과 충분한 시간이 필요하다. 새로운 놀이 자극이나 사회적 경험에 대한 반응 속도가 느려지고, 긍정적 인식으로 연결되기까지는 더 섬세하고 일관된 보호자의 노력이 요구된다. 특히 합사 초기 강한 거부 반응과 함께 행동적으로 감정 표현이 잦은 고양이 대부분은 2~3살 경인 경우가 많다.

5살 – 변화에 대한 실질적 거부 시기

고양이가 5살 경에 이르면 변화에 대한 적응 의지가 현저히 떨어지고, 거부감이 적극적으로 표현된다. 이 나이 무렵의 고양이가 보이는 공격성이나 방어적 반응은 행동 수정이 쉽지 않은 경향을 보인다. 2살 고양이의 '싫음'이 경계와 탐색의 혼합이라면, 5살의 고양이는 '진짜로 싫어서' 싫어한다. 이 시기의 고양이는 이미 충분한 경험을 축적했기 때문에 낯선 것을 받아들이기보다 기존의 패턴에 집착하게 된다. 다섯 살 무렵의 고양이는 자신만의 루틴에 대한 통제 욕구가 강해진다. 이들은 새로운 사람이나 고양이에 대한 심리적 수용 범위가 좁고, 기존 상호작용에 근거한 '선호'와 '비선호'를 명확히 구분한다. 한 번 낙인찍은 대상에게는 쉽게 재기회를 주지 않으며, 새로운 관계 형성에도 시간이 오래 걸린다. 그뿐만 아니라 자극에 대한 반응도 고정되는데, 익숙한 것에는 무감각하고 새로운 것은 거부하는 양극단의 패턴이 그 예이다. 이들은 영역과 자원에 대한 소유 의식이 강해지며, 다른 고양이와의 갈등에서도 쉬이 고집을 꺾지 않는다. 나는 상담을 할 때 5살의 고양이를 "꼰대력이 가장 정점에 이르는 시기"라고 표현하는데 이들은 일반적 태도에는 '양보하지 않음', 혹은 '나는 되고 너는 안돼'라는 식의 성향이 뚜렷하게 관찰되는 이유에서다. 그러나 이들의 이러한 태도는 사회적 서열이 아닌(이들 자신도 저들이 신체적으로 가장 최고점의 시기를 지났다는 사실을 알고 있다), 자신의 자존감(그간 지켜오던 생활 패턴의 고수)과 깊이 연결된다.

10살 – 무던함과 침착함의 이면

　10살 이상의 고양이는 대체로 조용하고 차분해 보인다. 마치 세상의 대부분을 이미 알고 있는 듯한 태도, 특별한 자극에도 크게 동요하지 않는 무던한 모습은 고양이가 노년기에 접어들며 나타나는 대표적인 반응이다. 하지만 이는 진짜 안정감이라기보다, 익숙한 패턴에 머무르려는 심리와 외부 자극에 대한 무반응으로 해석하는 것이 더 정확하다. 새로운 상황 앞에서 이들은 적극적으로 호기심을 보이기보다는 무심한 듯 돌아서거나, 아예 외면하는 방식으로 반응을 최소화하려 한다. 이는 감정적으로 불편한 상황을 애써 회피하거나 무시함으로써 심리적 에너지를 덜 소모하려는 일종의 '소극적 방어 반응'이라 할 수 있다. 합사에서도 이런 성향은 두드러진다. 낯선 고양이에 대한 적극적인 거부감이나 공격 대신 무관심한 태도(회피)를 보이며, 마찰 없이 거리를 두는 경우가 많다. (그런 이유로 10살 이상의 고양이들은 어린 고양이보다 성묘와의 합사가 오히려 성공률이 높은 경우가 많다. 물론 새로 오는 성묘가 이전에 다른 고양이들과 잘 지낸 경험이 있는 매너 있는 성격일 경우에 한해서다) 그러나 이 조용함은 진정한 평화가 아니다. 내면의 스트레스는 은둔, 식욕 저하, 활력 감소 같은 방식으로 드러난다. 이들에게는 새로움보다 익숙함이, 자극보다 예측 가능성이 중요하다. 따라서 새로운 학습은 거의 불가능에 가까우며, 변화에 대한 심리적 회복 역시 매우 더디다.

3. 고양이의 호기심을 유지하고 발전시키는 방법

'호기심이 고양이를 죽인다'라는 유명한 외국 속담이 있다. 호기심이 높은 고양이는 종종 위험도 불사하며 궁금증을 해소하려 들어서 생긴 말인 듯하다. 그러나 이 말은 자칫 오해를 불러오기도 한다. 왜냐면 호기심이야말로 고양이의 심리적 건강과 적응력의 열쇠가 되기 때문이다. 고양이가 지닌 선천적인 특성, 나이에 따른 심리 변화, 그리

고 일상 속 자극에 대한 반응은 모두 호기심('저게 뭔지 궁금해', '이 냄새는 어디서 나는 걸까?' 등등)과 깊은 관련이 있다. 고양이는 변화에 민감하게 반응하지만, '민감한 반응'이 곧 변화에 취약하다는 뜻은 아니다. 많은 보호자는 '고양이는 변화에 약하다'라는 통념을 맹신하며, 작은 환경 변화조차 피하려 한다. 그러나 고양이는 새로운 자극에 대해 민감하게 인지하고 해석할 줄 아는 능력자이며, 이 과정이 잘 이뤄질 경우, 다양한 생활 자극에도 유연하게 적응할 수 있다.

　핵심은 '안전한 자극'을 어떻게 경험하게 하느냐에 있다. 보호자는 고양이가 안전한 자극을 직접 경험하고 익숙해질 기회를 충분히 가질 수 있도록 도와야 한다. 고양이가 보이는 초기의 경계 반응을 보호자가 지나치게 민감하게 받아들이고 즉각 자극을 제거하거나 차단하는 대처는 좋지 않다. 그렇게 되면 고양이는 그 자극을 '피해야 할 것'으로 인식하게 되고, 이후 유사한 자극에도 반복적으로 회피 반응을 보인다. 이러한 상황이 반복되면, 고양이는 점점 더 많은 자극에 대해 부정적인 반응을 보이게 되고, 결국 세상에 싫은 것이 너무 많은, 까다롭고 예민한 고양이가 될 수밖에 없다. 따라서 중요한 것은, 고양이가 어떤 자극에 대해 거부 반응을 보인다고 하더라도 그것이 안전하고 일상적인 자극이라면, 무던한 태도로 그 자극을 계속 노출해 주는 것이다. 그렇게 하면 고양이는 스스로 그 자극이 위험하지 않다는 것을 인식하고, 다음에 유사한 자극이 나타났을 때도 훨씬 쉽게 적응할 수 있게 된다.

고양이의 예민 반응을 줄이는 팁

✓ **초인종 소리에 예민한 고양이** : 보호자가 집에 들어올 때 직접 초인종을 누르고 입장해보자. 초인종 소리가 집사의 귀가라는 긍정적인 사건과 연결되면, 고양이에게 더 이상 그 소리는 혐오 자극이 되지 않는다. 시간이 지나면 고양이는 초인종 소리에 놀라기보다는, 보호자의 귀가를 기대하게 될 수도 있다. 이런 식으로 부정적 자극을 긍정적인 경험과 연동시키는 방식은 매우 효과적인 학습 방법이다.

✓ **놀란 고양이를 과도하게 달래지 않기** : 무언가에 놀란 고양이를 너무 정성 들여서 달래거나 걱정하는 행동은 불안감을 더 부추길 수 있다. 예컨대 손님이 방문해 고양이가 놀라 숨었을 때, 보호자가 즉시 다가가 안심시키려 애쓴다면, 오히려 '엄마가 날 많이 걱정하네? 지금 이 상황은 진짜 위험한 상황이구나'라는 신호를 주는 격이다. 이럴 땐 평소처럼 태연하게 행동하는 것이 중요하다. 고양이가 숨은 장소 근처에서 자연스럽게 말을 걸거나, 무심한 듯 간식을 몇 조각 놓아주는

정도로 충분하다. 보호자의 안정된 태도와 자연스러운 일상 흐름이 고양이에게 지금이 위험한 상황이 아님을 인식시키고, 회복을 도와준다.

✓ 주기적인 가구 배치 변화로 호기심 자극을 제공하기 : 가구 배치를 소소하게 바꾸는 것만으로도 고양이의 호기심을 자극하고 심리적 활력을 높이는 데 효과가 있다. 고양이는 자신의 영역 안에서 생긴 변화를 주의 깊게 탐색한다. 고양이는 자신이 안전하다고 인식한 공간 안에서는 변화에 대한 자율적 탐색 욕구가 강해진다. 이들은 새로운 구조물이나 위치 변화를 직접 점검하고 적응하려는 본능을 지니고 있으며, 이는 자연스러운 '영역 동물'로서의 반응이다. 반면, 자극 없이 지나치게 조용한 환경에서 오래 생활한 고양이는 작은 변화에도 스트레스를 크게 받을 수 있다. 하지만 어릴 때부터 흥미롭게 일상 자극에 노출되어 자란 고양이는 이사, 손님 방문, 심지어 새로운 고양이의 출현 같은 큰 변화에도 훨씬 유연하게 반응한다.

✓ 고령묘나 예민한 고양이의 경우, 점진적인 변화로 학습 : 조용한 환경에서 장기간 생활한 고양이, 특히 노묘나 예민한 기질의 성묘는 새로운 자극에 적응하는 데 더 많은 시간이 필요하다. 그러나 변화에 대한 적응력은 나이에 상관없이 일부 회복될 수 있다. 이러한 고양이에게는 아주 작은 변화부터 시작하는 것이 좋다. 예를 들면, 스크래쳐의 위

치 변경, 자주 머무는 공간의 소소한 조정 등이다. 이후 캣타워나 소파, 침대 등 주요 가구의 위치를 변경하며 점차 자극의 강도를 높여갈 수 있다. 이와 같은 단계적 자극 노출 방식은 고양이가 스트레스 받지 않으면서도, 일상의 변화에 유연하게 대응할 수 있는 적응력을 길러 준다.

✓ **손님의 방문, 제한보다 훈련의 기회로** : 고양이가 예민하다고 해서 손님의 방문 자체를 완전히 차단할 필요는 없다. 오히려 소규모 손님의 방문을 간헐적으로 허용하는 것이 도움이 된다. 정수기 매니저를 비롯한 여러 가전제품 관리 매니저처럼 말을 걸지 않고 묵묵히 자기 일을 하는 사람들과의 반복적인 접촉은 고양이에게 스트레스가 아닌 '익숙한 일상'으로 받아들여진다. 초기에는 이들을 피했던 고양이도 점차 관찰자의 자세를 가지게 되고, 시간이 흐르면 먼 거리에서 바라보거나 가까이 다가가는 반응을 보이기도 한다. 이 과정은 강요나 보상 없이 스스로 선택하게 만든 학습 과정이며, 이렇게 능동적 호기심을 끌어내는 자극은 고양이의 자기 조절 능력과 적응력을 향상하는 데 효과적이다.

고양이는 태어나는 동시에 길들기 시작한다. 생물학적 개체로서의 고양이와 사회적 존재로서의 고양이 사이에는 크고 작은 경험의 층위들이 겹겹이 쌓인다. 그 층위들은 시간이 흐를수록 성격이 되고, 관계가 되며, 일상을 구성하는 태도가 된다. 이 책의 첫 장에서 살펴본 고양이의 유년기 경험, 시기별 심리 변화, 그리고 호기심의 구조는 바로 그 층위들을 이해하기 위한 하나의 지도로 기능한다. 고양이의 성향은 고정된 특질이 아니라, 조건에 따라 '얼마나 긍정적으로 발현될 수 있느냐'로 이해해야 한다. 선천적으로 조심성이 강한 고양이라 하더라도, 꾸준히 일관된 방식으로 신뢰를 쌓아가는 보호자와 함께 할 때 그 조심성은 '상황을 먼저 관찰하고, 적절히 반응하는' 성숙한 태도로 발전할 수 있다. 반대로 활달한 성향을 타고난 고양이도 과도한 자극과 예측 불가능한 환경 속에서는 불안정하고 산만한 태도로 굳어질 수 있다. 결국 성격은 고정된 결과가 아니라, 보호자와 환경에 의해 유연하게 조율되는 '과정'이다.

2장.
고양이의 행동 및 음성 언어 해석

1. 고양이의 언어
2. 집사의 의인화된 주관적 해석이 불러오는 부작용
3. 관계에서 불화를 가진 고양이의 문제 행동
4. 외동묘와 다묘 가정, 문제 행동의 시작은 모두 '관계'에 있다.

1. 고양이의 언어

고양이는 음성과 행동이라는 두 가지 언어를 통해 의사소통을 한다. 그중에서도 고양이의 음성 언어는 의외로 상당히 폭넓은 스펙트럼을 가진다. 연구에 따르면 고양이의 울음소리는 개들의 소리보다 훨씬 다양하게 진화되어 있으며, 이 울음소리만으로도 고양이는 다양한 의도를 전달할 수 있다. 그러나 그럼에도 불구하고 고양이 의사소통의 절대적인 비중을 차지하는 것은 단연코 행동 언어이다. 이것은 집사들 대부분이 이미 알고 있는 상식이기도 하다. 고양이를 반려하는 집사들은 고양이 행동 언어에 관한 정보를 부지런히 찾아보며, 자신의 고양이 행동과 비교해 분석하려는 노력을 기울인다. 화가 났을 때의 꼬리 모양, 두려움을 느낄 때의 걸음걸이, 서열을 잡는 것으로 알려진 덮치며 목을 무는 행위, 싸움의 신호로 해석되는 구석에서의 대치나 추격전 등은 자주 언급되는 고양이 행동의 해석 요소들이다. 이 행동 정보를 우리 아이들에게 대입하면 얘네가 왜 그런 행동을 했는지 쉽게 파악할 수 있을 것 같은 자신감이 생기기도 한다. 그런데 이상하게도, 막상 고양이의 행동을 계속 지켜보다 보면 그 속이 환히 들여다보이기는커녕 점점 더 혼란스러워지는 느낌을 받게 된다. 왜 그럴까? 예를 하나 들어보자.

3살이 된 기존 고양이가 사는 가정에 5개월령의 어린 고양이가 새

로 입양되었다. 진작에 고양이 합사에 관한 수많은 정보를 섭렵한 집사는 튼튼한 격리문을 설치하고, 적정 기간의 완전 격리 기간을 마친 뒤, 방문을 열고 방묘문만 닫은 상태에서 두 고양이를 마주하게 한다. 드디어 서로의 얼굴을 확인한 순간, 어린 고양이는 방묘문 철창에 매달려 바깥으로 나가려 아우성이고, 기존 고양이는 아예 격리문 앞으로 다가가려고도 하지 않더니, 가끔 다가왔다가도 하악질을 내뱉고는 거실로 도망쳐 버리는 행동을 반복한다. 이들의 반응은 집사의 예상을 완전히 벗어난다.

다행히도 시간이 흐르자 첫째가 격리문 앞으로 가는 횟수는 점차 늘어난다. 그러나 동시에, 하악질의 횟수도 함께 늘어난다. 집사는 불안감에 휩싸이기 시작한다. 첫째가 너무 스트레스를 받는 것 같고, 앞으로도 둘이 함께 지낼 수 있을지 걱정되기 시작한다. 설상가상으로, 어린 고양이는 첫째를 향해 격리문 틈으로 앞발을 내밀어 냥편치를 날리기 시작한다. 이에 반응해 첫째가 하악질을 하면, 어린 고양이는 갑자기 털을 부풀리고 몸을 옆으로 틀어 위협적인 자세를 취한다. 인터넷에서 흔히 말하는 '상대방을 위협하는 행동'이 아닌가. '저 어린 나이에 위협을 가하다니, 이 아깽이 싹수가 노랗게 보인다!' 이 같은 상황이 끝날 기미가 없자, 집사는 격리 기간을 무기한 연장한다. 그리고 두 고양이가 진정하기만을 바라는 마음으로 하루하루를 보내게 된다.

이 집의 합사, 무엇이 잘못된 걸까? 집사가 공부를 너무 많이 한 탓에 이론의 늪에 빠진 것이 문제이다. 우리가 알고 있는 고양이 행동 언어들이 대부분 극단적으로 일반화되어 있다. 온몸의 털을 부풀리는 행동은 무조건 상대를 위협하기 위한 표현으로만 해석되지 않는다. 궁지에 몰리거나 두려움을 느낄 때, 혹은 약해 보이지 않기 위해 자기 방어적으로 털을 부풀리는 고양이도 있다. 냥펀치 또한 마찬가지다. 우리가 흔히 공격적인 행동이라고 간주하는 이 앞발 휘젓기에는 다양한 의미가 담겨 있다. 안녕? 어디가? 나랑 놀자! 꺼져! 떨어지라고! 고양이의 행동 언어는 '하나의 뜻'만을 가지고 있는 것이 아니다. 냥펀치 하나에 긍정/부정의 의미가 모두 포함되어 있다는 얘기다. 냥펀치는 공격일 수도 있지만, 관심 표현일 수도 있다. 따라서 행동을 단편적으로만 해석하면 상황의 본질을 놓치기 쉽다. 특히 고양이들조차도 서로를 오해하기 쉬운 관계의 초기에는 더욱 그렇다.

위에 언급한 사례에서 기존 고양이(성묘)의 행동을 다시 살펴보자. 격리문 앞에 자주 다가가면서 하악질을 반복하는 행동은 단순히 적대감을 반복해서 드러내는 것일까? 하악질은 분명 경계의 표현이지만, 성묘가 보이는 행동의 흐름에는 미묘한 심리적 충돌이 숨어 있다. 기존 고양이가 상대방을 확인하기 위해 격리문 앞으로 다가가는 횟수가 늘어났다는 것은 그만큼 마음이 조금씩 열리고 있다는 신호이며 호기심이 서서히 경계심을 앞서고 있다는 뜻이다. 완전히 낯선 존재인 새끼 고양이를 보며 처음에는 큰 경계심이 발동했지만(아예 격리문 앞으로 가지도 않는 거부감), 시간이 지남에 따라 점차 '호기심'이라는 감정이 고개를 들기 시작한 것이다. 그러나 동시에 성묘는 '이 어린 고양이를 완전히 신뢰할 수는 없다'라는 의심은 내려놓지는 못하고 있다. 그런 이유로 다가가서도 하악질(경계의 표현)을 하는 것이다. 관심은 있지만, 선을 긋고 싶은 것이다.

일반적으로 대면 초기에 보이는 고양이 간의 이런 심리적 긴장감은 그리 오래가지 않는다. 시간이 흐르며 익숙해지고, 두 고양이 사이에 신뢰가 생기면 하악질도 줄어들고 거리도 좁혀진다. 하지만 많은 집사들이 성묘의 하악질만 보고 성급하게 합사 진행을 중단하거나 격리 상태로 관계를 되돌리곤 한다. 그렇게 되면 두 고양이는 서로에 대한 오해를 풀 기회조차 얻지 못한 채 소통이 단절되고 만다. 합사 준비 기간에 격리문의 역할은 매우 크다. 격리문은 두 고양이의 물리적 충돌을 막으면서, 서로의 존재를 인식하고 반응할 수 있게 하는 장치다. 격리문이 무너지지 않는 한, 두 고양이 사이에 물리적 위험 상황은 발생하지 않는다. 따라서 관계의 초기 단계에서 벌어지는 껄끄럽고 격렬한 행동 언어를 고양이가 본능적으로 지닌 사회적 소통 능력의 실패로 판단하지 말고, 그 과정을 믿고 지켜보는 태도가 필요하다.

다시 5살 성묘와 5개월 냥아치의 예시로 돌아가 보자. 며칠이 더 지나 성묘의 하악질이 눈에 띄게 줄어들자 집사는 드디어 용기를 내고 두 고양이를 거실에서 직접 대면시킨다. 그런데 이번에는 또 다른 문제가 발생한다. 격리문이 있을 때는 괜찮아 보였던 첫째가 막상 어린 고양이와 마주치자 다시 격렬하게 하악질을 하며 도망치기 시작한 것이다. 반면, 그간 격리문 앞에서 귀엽게 냥펀치를 날리던 어린 고양이는 첫째를 보자마자 미친 듯이 쫓아다닌다. 상황이 걷잡을 수 없게 되자 두 고양이는 하루에도 수차례 냥펀치 싸움을 벌이고, 첫째는 또다시 도망친다. 집사는 실의에 빠진다. "분명 첫째는 싫다는 신호를 보내고 있는데, 왜 저 어린 고양이는 멈추지 않을까?" - 이 질문은 많은 보호자가 가장 답답해하는 지점이다.

많은 보호자가 "고양이끼리는 서로의 행동 언어를 정확히 이해할 것"이라는 절대적인 믿음을 갖고 있다. 그러나 현실은 다르다. 이미 설명했듯, 고양이의 행동 언어는 명확한 단일 의미를 갖는 언어가 아니다. 고양이조차도 상대방의 행동 언어를 상황에 따라 또는 자신의 성향에 따라 달리 해석한다. 사회성이 높고 호기심이 많은 어린 고양이는 성묘의 부정적인 표현조차 긍정적으로 해석하려는 경향이 있다. 하악질이 섞인 냥펀치도, "정말? 같이 놀자고?", 성묘가 도망을 가도

"따라오라고? 오케이!", 혹은 "친해지려면 더 최선을 다해 나를 어필해야겠군!"하는 식의 해석을 한다. 그 과정에서, 거리를 좁히려는 시도가 때로는 과격한 행동으로 나타나기도 한다. 반면 성묘는 어떨까? 이미 사회성이 줄어든 상태에서 이들은 낯선 고양이의 접근 자체를 경계심 어린 시선으로 받아들인다. 상대방이 어떤 의도였는지 보다, 접촉 자체에 불쾌함을 느끼는 경우가 더 많다. 이렇듯 두 고양이 간의 초기 관계는 '오해'와 '불신'이 충돌하는 과정이 반복되며 서로를 파악하는 조각들이 쌓여가는 것이다.

우리가 당연히 그렇다고 믿고 있는 고양이의 행동 언어에는 어떤 것들이 있을까? 이제부터 그 전형적인 행동 언어들을 카테고리별로 분류하고 각각의 오류를 짚어보기로 하자.

① 고양이가 화가 났을 때 보이는 행동
·꼬리를 부풀린다.
·온몸의 털을 부풀려 몸집을 크게 보이게 한다.
·앞발로 상대를 때린다.
·상대를 덮쳐 목을 문다.
·갑작스럽게 상대에게 달려든다.
·상대를 계속해서 노려본다.
·하악질을 한다.

·으르렁거림으로 경고음을 낸다.

② 어딘가 석연치 않은 느낌을 주는 행동
·상대를 향해 채터링한다.
·상대를 사냥감처럼 엉덩이를 흔들며 노려본다.
·어린 고양이가 서열이 더 높은 성묘에게 그루밍을 시도한다.

위와 같은 분류는 고양이의 상태를 해석하는 데 있어 유용한 출발점이 될 수 있다. 하지만 여기에는 우리가 인지하지 못한 심각한 오류가 숨어 있다. 하나의 감정적 원천에서 파생된 복합적인 정서를 지나치게 단순화하고 일반화한다는 점과 개별 고양이의 성격 차이가 무시된 채 일괄적으로 해석된다는 점이다. 우리가 흔히 '고양이가 화가 났을 때'라고 해석하는 대부분의 행동은 사실 '흥분 상태' 전반에 걸친 반응일 수 있다. 심리적 각성이 일어난 상태는 놀라움, 긴장, 기대, 놀이라는 다양한 감정과 연결되어 있다. 고양이는 신기한 자극을 접했을 때도, 장난감을 가지고 놀 때도, 낯선 상황을 마주했을 때도 흥분한다. 흥분 상태는 분노와 동일한 개념이 아님에도 불구하고, 보호자들은 이를 모두 '화났다'로 규정짓고 행동의 원인을 '화남'으로 단정한다. 이로 인해 고양이의 성향을 오해하거나 과도한 조치를 취하게 되는 경우도 발생한다. 활발

한 고양이는 심리적 각성이 자주, 그리고 높게 발생하는 경향이 있다. 이들은 의욕이 넘치고 반응 속도가 빠르며, 외부 자극에 대한 표현도 크고 강렬하다. 이 특성들 때문에 이들의 일시적인 충동성이나 격한 반응을 단순히 '화를 잘 내는 고양이'로 해석해버리면 안 된다. 예를 들어, 상대 고양이에게 관심을 표현하다가 반복적으로 거부당할 경우, 실망감과 조급함이 겹쳐 순간적인 냥편치나 덮치는 행동이 나타날 수 있다. 이 한 장면만 보고 이 고양이를 공격적인 성향이라고 판단하는 것은 옳지 않다.

보호자 상담 중 자주 등장하는 질문 중 하나는 다음과 같다. "새로 온 고양이가 기존 고양이를 쫓아다녀요. 엉덩이를 막 씰룩거린다니까요. 혹시 사냥감으로 생각하는 건 아닐까요?" 실제로 많은 보호자는 고양이가 진짜로 쥐나 새를 사냥하는 장면을 본 적이 있는 사람은 그리 많지 않다. 대신 사냥 장난감과 놀 때의 고양이 반응을 기준으로 이러한 해석을 내릴 뿐이다. 물론 고양이의 사냥놀이는 실제 사냥 행동과 유사한 움직임을 동반하는데, 고양이마다 선호하는 사냥 행동 패턴이 있다. 활달한 고양이는 더 많이 뛰어다니며 점프하고, 정적인 고양이는 바닥에 엎드려 앞발로 툭툭 건드리는 방식을 선호하는 식이다. 이는 고양이의 놀이 패턴이 이들의 성격, 그리고 일상 행동과도 깊은 연관이 있음을 의미한다. 다시 말해, 고양이는 단순히 놀고 싶거나, 관심이 있거나, 흥미를 느낄 때도 사냥 동작을 응용할 수 있다는 것이다. 무엇보다 중요한 사실은, 고양이는 동족을 공격할지언정, 사냥하지 않는다는 것이다. 이는 거의 모든 동물 종에 내재 된 본능이며, 유전자에 각인된 금기 사항이다. 많은 포유류에서 나타나는 동족 간의 공격은 사회적 서열 싸움이나 생존 경쟁의 일환이지, 사냥을 목적으로 한 것이 아니다. 그러므로 새로 온 고양이가 기존 고양이를 향해 엉덩이를 씰룩이며 달려든다고 해서, 이를 사냥 심리라고 단정 짓지 않아야 한다. 공격이라고 오해해서도 안 된다. 공격의도를 지닌 서열 싸움은 훨씬 강도 높은 긴장과 살벌한 분위기를 동반하며, 고양이 역시 그 위험성을 잘 알고 있다. 공격 행동은 이들 자신도 위험을 각오한 뒤에야 벌어지는 행동이다.

이 밖에도 널리 퍼져있는 고양이 행동에 관한 오해를 풀어보자.

③ 서열이 높은 고양이가 상대방을 그루밍 해 준다.

상대방을 그루밍 하는 것은 서열과 관계없이 성격을 기반으로 상대방을 더 좋아하는 고양이가 더 적극적인 그루밍을 시도한다. 일부 고양이는 상대방이 그루밍을 해주어도 자기는 해주지 않거나 오히려 그루밍을 불쾌해하기도 한다. 이것은 서열로 인해 발생하는 반응이 아니라 태어난 뒤로 그루밍이 제대로 학습되지 못했거나, 아직 상대방을 그루밍해 줄 만큼 마음이 열리지 않아서다. 어린 고양이는 초기에 성묘를 덮쳐서 헤드락을 걸고 목을 무는 행동을 시작으로 그루밍 행동을 구체화한다. 이때 어린 고양이의 성묘의 목을 무는 행동이 그루밍으로 바꾸기 위해서는 이 행위를 당하는 성묘의 무던한 반응이 필수이다. 성묘가 계속해서 자기를 덮치는 어린 고양이를 거부하고 피한다면 어린 고양이는 그루밍을 학습하지 못한 채 자랄 수 있다. 그리고 그루밍이라고 다 애정 표현은 아니다. 일부 성묘의 경우 어린 고양이가 자기를 자꾸만 귀찮게 하거나 함께 놀면서 동생의 행동이 과격해지면 앞발로 살짝 어린 고양이를 제압하고 이마를 짧게 핥아주는 행동을 한다. 이때의 그루밍은 애정 표현이 아닌, 친절한 훈육의 형태이다. ('동생아, 진정하자', '얘야 이제 그만해줄래?')

④ 서열이 높은 고양이가 캣타워 제일 위에 올라간다

캣타워 가장 높은 곳을 선호하는 고양이는 실상 서열이 가장 높은 고양이가 아니라 오히려 다른 고양이, 혹은 보호자와 유대감이 강하지 않는 고양이다. (극도로 심리가 위축된 고양이는 바닥 쪽 구석이나 숨숨집 안에 머문다) 이들은 캣타워 제일 꼭대기뿐만이 아니라 장롱 위, 높은 냉장고 위 등 최대한 바닥에서 높게 떨어진 수직 윗면에 거주한다. 일반적으로 고양이의 주요 활동 무대는 집에서 가장 넓은 영역에 있는 바닥과 중간층이다. 그러나 괴롭힘을 당하고 있거나, 보호자와 아직 친하지 않거나, 여타 이유로 인해 자신감이 떨어진 이들은 바닥이라는 메인 활동 영역에서의 움직임이 편하지 못하다. 그래서 다른 대상들과 거리를 둘 목적으로 아예 위쪽에서 주로 머문다. 서열과 관계없이, 그 집안에서 안정감을 느끼고 자신감이 있는 고양이는 꼭대기뿐만이 아닌 집 안 곳곳을 돌아다니고 주로 머무는 자리도 기간별로 바꾼다. 그런 중에도 자신감과 안정감을 갖춘 고양이의 주 활동 무대는 개방성이 확보된 바닥을 비롯해 식탁, 침대, 책상, 의자. 캣타워 2~3층 높이의 수직 공간 중간 지점이다.

⑤ 두려움을 느끼는 고양이의 행동
·동공이 커진다.
·귀를 납작하게 눕힌다.
·뒷걸음질을 친다.
·허리와 엉덩이를 낮추고 조심스럽게 움직인다.
·한 자리에 멈춰 잘 움직이려 하지 않는다.
·구석에 숨거나 잘 보이지 않는 곳에서 지낸다.

하지만 두려움을 느끼는 고양이가 보이는 양상은 상대방을 불쾌해하는 고양이의 행동과도 굉장히 유사하다. 예를 들어, 체구가 작은 5개월령의 어린 고양이는 성묘의 눈에 위협으로 인식되지 않는다. 그럼에도 이 어린 고양이가 과도한 접근이나 접촉을 반복할 경우, 성묘는 이를 불쾌하게 받아들이고(귀찮고 버거워서) 회피하거나 하악질을 하며 경계할 수 있다. 이때 성묘는 귀를 납작하게 하고, 동작을 최소화하며, 눈치를 보며 살금살금 움직인다. (내가 움직이면 쟤가 달려오니까) 이러한 행동은 겁먹은 고양이의 전형적 모습과 겹친다. 결국 '

겁'과 '거부감'이라는 서로 다른 심리상태가 유사한 행동으로 표출되는 것이다. 겉으로 보이는 행동만으로 고양이의 내면을 섣불리 판단하지 않아야 한다.

⑥ 스트레스를 받은 고양이의 행동
·잘 움직이지 않고 무기력하다.
·활동 반경이 급격히 줄어든다.
·높은 곳이나 구석 등 은신처에만 머문다.
·식욕이나 활력이 떨어진다.
·혼자 있으려고 한다.
·평소 즐기던 활동을 하지 않는다.
·사소한 일에도 짜증을 낸다.

위에 나열한 행동들은, 우리가 알고 있는, 고양이가 스트레스를 받았을 때 보이는 모습이다. 이 전형적인 스트레스 반응은 대부분 무기력, 회피, 고립 등 무기력하고 정적인 양상이다. 그러나 여기에는 큰 반전이 있다. 우리가 알고 있는 정적인 양상의 스트레스 징후는 수많은 스트레스 반응 중 일부일 뿐이며, 실제로 다수의 활발한 고양이에게서는 전혀 다른 양상으로 관찰되기도 한다.

·틈만 나면 밥을 먹는다.
·종일 바쁘게 돌아다닌다.

· 자주 울며 보호자의 관심을 끌려 한다.

· 작은 소리에도 민감하게 반응하며 뛰어간다.

· 잠을 거의 안 자거나 깊게 자지 않는다.

· 집안 물건을 물어뜯거나 씹는다.

· 행동이 전반적으로 과격하고 충동적이다.

이 행동들은 어떤가? 얼핏 보면 단지 활발한 고양이의 특징처럼 보인다. 그러나 이 양상 역시 스트레스를 해소하거나 억누르기 위한 일종의 '심리적 사투'이다. 이러한 스트레스 반응은 특히 새로 입양된 활달한 고양이에게서 자주 나타난다. 새로운 영역에서 살아남아야 하는 생존 본능으로 무장한 이들의 자기 어필은 간절하고 절박한 방식으로 자주 표현되는데, 낯선 환경에서 빠르게 적응하기 위해 기존 고양이와 속히 관계를 맺고자 하는 강한 욕구가 뒤섞인 결과다. 성묘의 경우, 아무리 활달하고 사교적일지라도 어린 고양이처럼 마냥 다가가는 태도를 취하진 않는다. 신뢰 여부에 따라 이들의 접촉의 강도와 빈도는 달라지며, 자기 어필조차 조심스럽고 계산적인 방식으로 이뤄진다. 그 과정에서 호기심과 경계심이 충돌하고 그 결과 조급하고 불안한 심리가 충동적인 공격성으로 표출되기도 한다. 따라서 고양이의 스트레스 표현 방식은 결코 단일화될 수 없다.

고양이의 행동이나 음성 언어를 단편적으로 조립해 해석하는 방식은 심각한 오류를 낳을 수 있다. 고양이는 감정이 있는 존재이며, 이 감정은 이들의 성향과 환경, 그 순간의 맥락이 결합해 복합적으로 표현된다. 사람의 마음조차도 한 장면만으로는 온전히 이해할 수 없지 않은가. 하물며 동일한 언어체계를 사용하지 않는 고양이의 내면을, 인간이 만든 일반화된 분류표에 억지로 끼워 넣어 해석한다는 것은 지나친 독단일 수 있다. '고양이 행동 분류 지침'은 직관적이고 이해하기 쉽지만, 실제 고양이의 정서와 상황은 그렇게 간단하게 잘라낼 수 없다. 고양이는 좋고 싫음이 분명히 있으면서도, 그것을 언제나 모호한 태도로 감추는 능력을 지닌 생명체다. 그렇기에 이들의 언어와 행동을 해석할 때는 단순히 '상황별 행동 매뉴얼'에만 의존해서는 안 된다. 시간과 여유를 가지고, 고양이 각자의 성향을 바탕으로 전체적인 맥락을 파악하려는 태도만이 우리를 고양이의 마음에 조금이나마 다가갈 수 있게 한다.

2. 집사의 의인화된 주관적 해석이 불러오는 부작용

앞서 우리는 고양이의 행동을 해석할 때 단편적인 동작이나 특정 장면에만 집중하는 것이 아니라, 전체적인 맥락과 흐름을 파악하는 것이 중요하다는 점을 살펴보았다. 그러나 이와 함께 기억해야 할 또 하나의 중요한 요소가 있다. 어쩌면 이 요소야말로 고양이 행동 이해의 출발점이자 핵심이라고 할 수 있다. 바로 객관적인 관점이다. 고양이에 대한 정보를 아무리 많이 알고 있다고 해도, 보호자의 관점이 특정 고양이에게만 지나치게 편향되어 있다면 그 해석은 왜곡될 수밖에 없다. 이해의 출발선이 감정적으로 기울어진다면, 아무리 논리적으로 상황을 분석하더라도 균형 잡힌 판단을 기대하기 어렵다.

다른 예시를 하나 들어보자. 어떤 가정에 5살 난 고양이가 있다. 이 고양이는 보호자의 외동묘로 거의 5년이라는 시간을 함께하며 끈끈한 유대감을 쌓아왔다. 보호자는 그동안 자신의 고양이를 극진히 아껴왔고, 고양이 역시 보호자에게 깊은 신뢰를 보내왔다. 둘은 눈빛만으로도 감정을 교류할 수 있는, 거의 완성된 교감의 경지에 있었다. 그러다 보호자의 직장 근무 시간이 길어지게 된다. 혼자 집에 있는 시간이 늘어난 고양이가 외로움을 느낄까 염려한 보호자는, 친구를 만들어 주기로 결심한다. 고민 끝에 보호자는 지나치게 활발한 어린 고양이보다 비교적 차분하고 성격이 완성된 2살가량의 성묘를 입양하기로 한다. 보호자는 이미 다양한 자료와 경험담을 검색해 보았고, 친구를 만들어 주는 결정에 신중을 기했다.

성묘 간의 합사는 무조건 어려운 걸까? 어린 고양이와 성묘의 합사와 성묘 간의 합사를 비교해 보면 큰 차이점이 있다. 성묘와 어린 고양이의 합사 과정의 어려움이 성묘와 집사의 '극도의 피로도'에 기인

한다면 성묘 간 합사의 어려움은 '극도의 긴장감'에 있다(다행히 성격이 무던한 두 성묘가 만났을 때는 집사의 마음 준비가 무색하게 수월한 합사가 성사되기도 하는데 합사 '수월함'의 정도가 착한 어린 고양이 합사와도 비교할 수 없을 정도로 쉽다). 성묘는 기본적으로 경계심이 높고, 익숙하지 않은 존재에 대해 반사적으로 거부감을 보인다. 상대에 대한 호감 여부를 떠나 '신뢰'를 확보하기 전까지는 거리를 두려는 경향이 뚜렷하다. 양쪽 모두가 이러한 태도를 보이기 때문에, 성묘 간의 합사에서는 초기 단계의 갈등이 거의 필연적이다. (임시보호처 등에서 다른 고양이와 잘 지낸 이력이 확보된 고양이라면 이 갈등의 확률을 줄일 수는 있다. 그러나 새로 온 고양이가 아무리 사교적이어도 기존 고양이가 사회성이 낮다면 합사 초기에 발생하는 거부감 자체가 줄어들지는 않는다. 합사 초기 혹은 격리 단계 초기에서 발생하는 막강한 거부감을 몸소 체감한 보호자는 중대한 선택의 기로에 놓인다. 기존 고양이가 스트레스를 받는 건 분명한 사실이다. 새로 온 고양이 역시 낯선 환경, 낯선 고양이, 낯선 사람과 마주하며 당연히 적지 않은 스트레스를 받는다. 그렇다면, 둘 중 누가 더 많은 스트레스를 받고 있을까?

기존 고양이의 스트레스는 단 하나의 변화, 즉 새 고양이의 등장에서 비롯된다. 그 하나의 요인이 다양한 불편함 - 예컨대 보호자의 관심이 분산된다는 느낌, 익숙했던 루틴의 변화, 즐기던 장소에서의 충돌 등 - 으로 확장되는 것이다. 반면 새로 입양된 고양이는 삶의 터전 자체가 통째로 바뀌었다. 익숙했던 환경이 일순간에 사라지고, 낯설고 불확실한 공간에 던져진 것이다. 게다가 그 환경 안에서 함께 살아가야 할 상대는 노골적인 거부감을 드러낸다. 게다가 새로 온 고양이가 이전에 파양, 유기, 다묘 가정에서의 갈등 등을 경험한 이력까지 있다면, 다른 고양이를 향한 기본적인 '신뢰'조차 형성되지 않은 상태에서 환경에 적응해야 하는 상황이다.

여기서 문제가 발생한다. 보호자는 첫째 고양이와 수년간 교감해왔다. 첫째가 보여주는 사소한 몸짓 하나, 눈빛 하나에도 그 감정의 결을 민감하게 감지한다. 보호자에게 첫째는 가족이자 오랜 시간을 함께 보낸 소중한 존재이다. 그 아이가 지금 힘들어하는 모습을 보면 마음이 아프다. "우리 아이가 오죽하면 저렇게까지 화를 낼까?"라는 생각이 드는 순간, 보호자는 본능적으로 첫째의 편에 서게 된다. 이런 감정의 흐름은 처음에 머릿속으로는 인지하고 있었던 '합사의 원칙'들을 무너뜨리기 시작한다. 보호자는 첫째가 새 고양이의 존재 자체에 스트레스를 받는다고 판단해, 점차 새 고양이의 직·간접적 접촉을 줄이기 시작한다. 얼굴을 마주치지 않게 문을 완전히 닫고, 마주치는 시간이 길어지면 새 고양이를 다른 방에 격리하기도 한다. 의도는 첫째를 보호하기 위함이지만, 결과적으로는 둘 사이의 접점을 줄여가며 합사 진행을 되레 더디게 만들고 만다.

이 점은 둘째 고양이가 어쩌면 보호자의 시선 밖에 놓여 있는 것일 수도 있음을 시사한다. 새로 온 고양이의 시점으로 상황을 다시 살펴보자. 삶의 기반이 송두리째 바뀐 상태에서, 이 고양이는 낯선 공간에서 안전하게 살아남기 위한 정보를 수집하고자 한다. 그리고 이 환경에서 가장 중요한 존재인 기존 고양이 - 즉, 이 세계의 '선주민' - 과 어떻게든 관계를 맺어야 한다. 하지만 상대는 일방적인 거부 반응을 보이며 피하기 바쁘고, 보호자 역시 그런 기존 고양이의 입장에만 귀 기울인다. 게다가 이 고양이가 원래 쉽게 화를 내는 성격이 아닐지라도, 쌓이는 불안감과 외로움, 고립감이 때로는 충동적인 행동으로 표출된다. 새 보호자의 손길에 민감하게 반응하거나, 기존 고양이와의 짧은 접촉에 예민하게 반응하며 하악질을 하기도 한다. 이런 반응은 결국 '문제 행동'이라는 이름 아래 격리 조치의 대상이 되고 만다. 그렇게 이 고양이의 하루는 좌절의 연속이 된다.

나는 우리가 고양이의 마음을 들여다볼 수 있다고 믿는다. 하지만 그 마음을 이해하기 위해 방대한 정보와 이론에 매달릴 필요는 없다. 누군가의 마음을 이해한다는 것은 '분석'이 아니라 '느낌'의 문제다. 설령 그 존재가 인간이 아닌 고양이라고 할지라도 마찬가지다. 고양이는 자신을 아껴주고 믿어주는 사람에게 마음을 연다. 보호자 역시 고양이에게 사랑과 관심을 오랜 시간 쏟으며, 마침내 이들의 감정을

느낄 수 있는 단계에 도달하게 된다. 이때 형성되는 것이 '교감'이다. 보호자와 오랜 시간 함께한 고양이에게서는 이 교감이 비교적 자연스럽게 형성되어 있지만, 새로 온 고양이와는 아직 그 단계에 이르지 못했기에, 보호자는 둘째의 마음을 좀처럼 느끼지 못한다. 보호자는 첫째의 심정에는 몰입하면서도, 둘째에 대해서는 여전히 '분석' 수준에 머무를 수밖에 없는 것이다. 이 차이는 보호자의 관점을 객관적이지 못하게 만든다.

　세상에 이유 없이 문제 행동을 일삼는 고양이는 없다. 고양이의 행동이 이해되지 않을 때, 머리로는 알겠는데 마음으로는 받아들이기 어려울 때, 우리는 그 행동을 의인화해 상상해 볼 필요가 있다. "나라면 어땠을까?" 나를 낳아준 부모는 사라졌고, 지금의 가족은 낯설다. 함께 살아가야 할 존재는 나를 밀어내고, 내가 다가서려 하면 화를 낸다. 나를 보호해 줄 거라고 믿었던 사람은 저쪽만 바라본다. 나는 잘 해보려 했는데, 자꾸만 문이 닫힌다. 시간이 흐를수록, 나는 더 많이 외롭고, 더 쉽게 지치며, 더 자주 분노하게 된다. 이러한 상상은 의인화 이상의 의미를 가진다. 보호자의 입장을 벗어나 고양이라는 생명체의 입장에서 세계를 바라보는 능력, 그것이야말로 진정으로 고양이의 심리를 이해하고 이들의 복잡하고 섬세한 행동을 해석할 수 있는 첫걸음이 된다.

3. 관계에서 불화를 가진 고양이의 문제 행동

고양이는 감정을 숨기는 데 능한 동물이지만, 내면의 불안과 긴장이 일정 수준을 넘어서면 다양한 문제 행동으로 감정을 토로 하기도 한다. 보호자와의 관계에서 불협화음을 경험하거나, 함께 사는 다른 고양이와 갈등을 겪고 있는 경우라면 그 가능성은 더욱 커진다. 이들이 주로 보이는 문제 행동은 크게 다음과 같이 분류해볼 수 있다.

① 공격적인 행동

고양이의 공격성은 대개 동거묘에게 먼저 향하지만, 때로는 보호자에게도 발현된다. 공격성이 표출되는 심리적 배경은 상황과 대상을 기준으로 다소 차이를 보이는데, 핵심적인 원인은 결국 특정 자극이나 환경에 대한 부정적 인식의 고착이다.

보호자에게 공격성을 보이는 고양이는 대체로 호기심이 많고 활발하며, 동시에 예민한 성격을 지닌 경우가 많다. 가령 낯선 냄새나 사소한 변화에도 민감하게 반응하고, 집안의 새로운 사물이나 움직임에 대해 반드시 실체를 파악해야만 안심하는 고양이가 이에 해당한다. 물론 내성적이고 얌전한 고양이도 극도의 불안이나 위협을 경험한 상황에서는 방어적 공격성을 표출할 수 있으므로, 공격성과 성격의 관계는 단순히 활달함으로만 설명할 수는 없다.

보호자에게 공격성을 보이는 고양이는 강한 스트레스 상황을 맞닥뜨렸을 때, 놀란 마음을 해소하거나 위협을 차단하기 위한 본능적인 반응으로 순간적인 공격성을 주변에 표출하게 된다. 이때의 행동은 고양이 자신에게 생존을 위한 전략으로 강하게 각인되며, 유사한 상황이 반복될 경우, (다른 고양이를 괴롭힐 때마다 집사에게 강하게 제지당한 고양이가 흥분하여 집사를 물게 되고 나중에 집사가 가까이에서 움직이기만 해도 먼저 달려든다 / 예기치 못한 소리에 놀란 고양이가 곁에서 자기를 위로하려 제 몸을 만진 집사를 물게 되고 이후 집사가 가까이만 다가와도 공격 태세를 갖춘다) 과거의 반응이 습관화되어 자동으로 재현되는 것이다. 또한 보호자의 손으로 놀아주는 방식 - 이른바 '손장난' - 이 과하게 반복된 경우, 고양이는 신체 접촉을 일종의 놀이이자 도전으로 인식하게 되어 무는 행동이 강화되기도 한다. 강화된 고양이의 무는 행동이 보호자의 체벌 반응(코 때리기, 물뿌리기, 하악질 따라 하기 등)과 맞물릴 경우, 단순한 장난에서 시작된 물기 행동은 점차 공격성으로 발전할 수 있다.

반면, 다른 고양이를 공격하는 경우를 보자. 흔히 공격적인 고양이를 '사회성이 낮은 고양이'로 오해하기 쉽지만, 실제로는 그 반대인 경우가 많다. 공격 행동을 보이는 고양이는 대체로 사회성이 높고, 타 고양이와의 상호작용 욕구가 풍부한 성격을 가진 고양이가 많다. 이런 고양이는 과거에 동료 고양이와 다양한 접촉을 경험했거나, 타고난 성향 자체가 외향적이다. 이들은 자신이 관심을 가지는 대상을 직접적인 신체 접촉을 통해 파악하려는 경향이 있으며, 그 과정에서 상대방에게 부담을 주거나 스트레스를 유발하기도 한다. 상대 고양이가 이러한 접근을 불편해할 경우, 적대감을 띤 거절 행동이 나타나고, 이 반응을 사회성 높은 고양이는 '거부당한 경험'으로 각인한다. 이 부정적인 상호작용이 누적되면, 자신이 사회적 관계 형성을 위해 사용하던 신체 접촉 자체가 불쾌한 상황과 연결되어, 이후에는 (사이가 진짜 틀어지게 되면) 그 상대에게 공격적으로 변질 된 행동(신체 접촉) 언어를 사용하게 되는 것이다.

보호자가 보기에는 초기 활발한 고양이가 보이는 과격한 '말 걸기' 행동이 '괴롭힘'처럼 보일 수 있다. 그러다 보니 자연스레 이들을 제지하거나 격리하고, 괴롭힘을 당하는 고양이를 위로하며 감싸는 반응을 보이게 된다. 그러나 이런 반응은 의도치 않게 고양이 간의 부정적인 기억의 연결고리를 강화하고, 사회성이 높던 고양이마저 점차 왜곡된 방식으로 타인을 대하게 만든다. "쟤를 보면 엄마가 나를 혼내.",

"쟤가 하악질하면 나는 방에 갇혀!" 고양이 사이의 관계를 회복시키려면, 이들이 함께 있을 때마다 '불쾌한 결과'가 아닌 긍정적인 경험이 반복되도록 유도해야 한다. 이 단순하지만 중요한 원칙을 보호자가 인지하지 못한 채 어긋난 반응을 반복하게 되면, 사회성이 풍부한 고양이일수록 더 빠르게 공격적 행동으로 굳어질 수 있다.

② 잦은 하악질

일부 고양이는 다른 고양이에 비해 하악질을 유난히 자주 한다. 이들은 대체로 내성적이고 정적인 성격을 가졌거나, 활발하더라도 경계심이 강하고 자기감정 표현이 뚜렷한 고양이다. 일반적으로 하악질은 '불쾌감' 또는 '경고'의 의미로 받아들여지지만, 실제로는 훨씬 더 넓은 정서적 스펙트럼을 반영하는 표현이다. 갑작스럽게 놀랐을 때, 두려움을 느꼈을 때, 심지어 신입 고양이나 어린 동생을 훈육할 때도 하악질은 사용된다. 하악질과 함께 등장하는 또 하나의 대표적인 음성 언어는 으르렁거림이다. 보통 고양이는 불쾌한 감정을 먼저 으르렁거림으로 표현하고, 상대가 행동을 멈추지 않을 때 하악질로 강도를 높인다. 이후에도 불편한 상황이 이어진다면, 다시 으르렁거림으로 감정을 이어가며 자신을 방어한다. 흥미롭게도 고양이에 따라 어떤 음성 표현을 주로 사용하는지는 성격에 따라 다르다. 으르렁거림이 잦은 고양이는 하악질보다 신경질적이고 소심한 경향이 강하며, 하악질이 잦은 고양이는 상대적으로 직설적인 감정 표현을 선호하는 경향이 있다. 중요한 점은, 하악질이나 으르렁거림이 모두 '겁 많고 불안정한 성향'의 발로라는 공통점을 가진다는 것이다. 특히 으르렁거림은 시간이 지나면서 익숙해지면 사라지는 경우가 많지만, 하악질은 특정 상황과 장소, 대상에 쉽게 각인되어 향후 횟수나 강도가 줄어들더라도 간간이 하악질을 활용할 소지가 아주 높다. 처음엔 보호자에게 하악질을 하지 않았던 고양이도, 야단을 맞거나 억지로 케어를 당한 상황이 반복되면 해당 상황에 조건화되어 하악질을 시작하게 된다. 이때 한번 하악질이 시작되면, 이후에는 유사한 상황에서 하악질이 습관화되어 반복될 가능성이 높다. 이는 마치 사람이 욕설을 한 번 입에 붙이면 놀랄 때마다 무의식적으로 튀어나오듯, 고양이에게도 '하악질'은 일종의 정서적 자동 반응으로 남게 되는 셈이다.

③ 화장실 문제 행동

고양이 문제 행동 중 가장 빈번하게 발생하고 해결이 까다로운 것은 단연 화장실 문제이다. 화장실 문제는 '실수'인지, '의도'인지에 따라 개선 정도가 달라진다. 일시적 실수는 개선 가능성이 높지만, 심리적 불안이나 관계 문제로 인한 의도적인 대소변 문제는 단 몇 번의 반복만으로도 문제 행동으로 고착되며 완치가 어렵다. 몇 년에 한 번이라도 동일한 장소에 소변을 보는 행동이 재발할 수 있다는 얘기다. 한편, 소변 문제가 심리적 원인과 밀접하게 연결되는 반면, 대변 실수는 소화기 질환 또는 변비, 설사 등의 신체적 원인에서 비롯되기도 한다.

대변과 관련된 트라우마는 해당 장소에 대한 부정적인 인식을 남기며, 그 결과 잘못된 장소에 대변을 보기 시작하는 문제가 발생한다. 경험상, 대변 실수는 심리적 불만족 이외에도 개선된다면 완치도 가능하지만, 개선 과정 자체는 소변 문제보다 더 어렵고 더딜 수 있다. (자세한 내용은 '7장 고양이 문제 행동 개선하기' 챕터에서 다루게 된다)

④ 보호자와의 불화가 있는 고양이의 문제 행동

아무리 고양이가 본능적으로 독립적인 성향이라고 해도, 가정이라는 구조 안에서 살아가는 고양이는 보호자와의 관계가 안정적일 때 비로소 진정한 심리적 안정감을 느낄 수 있다. 고양이에게 보호자는 단순한 먹이 제공자이자 생활 공간을 함께 쓰는 존재가 아니라, 일상의 리듬을 함께 만들어가는 중요한 사회적 자극원이다. 그렇기에 보호자와의 관계가 어긋나거나 불안정할 경우, 고양이는 다양한 방식으로 그 긴장을 표현하게 된다. 특히 외동묘의 경우 보호자와의 관계는 곧 유일한 사회적 연결 고리이기에, 그 관계가 불편할 경우 심리적 불안이 문제 행동으로 전이되는 경향이 더욱 뚜렷하게 나타난다.

④-1 하악질과 회피 행동 – 고양이의 수동적 경고

보호자와의 관계에서 불화를 경험한 고양이가 가장 먼저 보이는 문제 행동은 잦은 하악질과 회피 행동이다. 이 단계에서 고양이의 행동은 공격적이라기보다는 경고적이며 수동적이다. 고양이가 보호자에게 직접적으로 하악질을 하는 경우, 이는 보호자와의 상호작용 자체가 고양이에게 부정적인 기억으로 각인되어 있다는 신호로 해석할 수 있다. 하악질은 단지 순간의 불쾌감을 표현하는 것이 아니라, 해당 상황이나 사람에 대한 명확한 중단 요청이자 감정적 거리 두기의 선언이다. 하악질이 자주 관찰되는 고양이는 대부분 이전에 강제적인 케어나 야단맞는 경험, 또는 보호자의 무리한 접촉이(귀찮을 정도의 스킨쉽) 반복된 경우가 많다. 예를 들어 억지로 안기거나, 먹기 싫은 약을 자주 먹었던 경험, 아니면 평소 보호자가 시도한 장난이 고양이 관점에서 버겁게 느껴졌던 기억들이 불쾌한 기억으로 각인되면서, 특정한 손동작이나 접근 방식에 하악질로 반응하는 것이다. 이때 고양이는 단순히 하악질만 하는 것이 아니라, 보호자의 발소리나 시선, 손의 움직임에 민감하게 반응하며 몸을 숨기거나 냥펀치를 날리거나, 도망치는 회피 행동을 동반한다. 이는 인간관계에서의 '말을 섞지 않고 피하는 방식'에 가깝다. 고양이에게 있어 이런 회피는 갈등을 최소화하면서 동시에 자신의 안전을 확보하려는 수동적 방어 전략이다.

④-2 수동적 공격성으로 진화하는 심리적 패턴

이런 회피와 경고의 방식이 오랜 시간 지속되고 보호자와의 관계가 개선되지 않으면, 고양이의 반응은 점차 공격성으로 '진화된' 형태를 띠게 된다. 여기서 주목해야 할 점은 이 공격성이 결코 고양이의 성격이 '사나워졌다'거나, '공격적인 고양이로 변했다'라는 의미는 아니라는 것이다. 실제로는 매우 방어적인 심리 기제에 기반한 수동적 공격성에 가깝다. 고양이는 한 번이라도 자기가 느끼기에 불쾌하거나 위험한 상황에서 공격적인 행동을 했고, 그로 인해 위협을 피할 수 있었다는 경험이 있으면, 이후 유사한 상황이 발생했을 때 본능적 자기방어 수단으로서 공격성을 재사용하게 된다. (7장 고양이 문제 행동 개선하기 - 고양이의 연관 기억 참조) 이는 사람의 '트라우마 회피 전략'과 유사하다. 고양이에게 특정 장소나 상황, 냄새나 보호자의 특정 행동이 과거의 불안한 기억을 환기하는 자극으로 작용할 경우, 고양이는 더 이상 기다리지 않고 먼저 공격적인 반응을 보이게 되는 것이다.

이런 공격성은 눈에 띄게 표출되지 않을 수도 있다. 때로는 보호자의 손이 가까이 올 때 슬쩍 무는 행동, 보호자가 안으려고 하면 갑자기 등을 튕기며 도망치는 행동, 아니면 예상치 못한 순간에 날카로운 소리를 내거나 냥펀치를 날리는 식으로 드러난다. 이러한 반응은 모두 위협에 대한 사전 차단의 목적을 가지며, 본질적으로는 자기 보호를 위한 표현이다.

④-3 외동묘의 화장실 문제 행동

대체로 고양이의 화장실 문제 행동은 동거묘와의 관계 갈등에서 기인하는 경우가 많지만, 외동묘 역시 보호자로부터 받는 정서적 스트레스가 심리적 불안정성으로 이어질 경우, 배변 습관에 영향을 받는 경우가 있다. 보호자와의 갈등이 반복되면, 고양이는 그 보호자가 다가오는 상황 자체를 위협으로 받아들이고, 그와 연결된 공간이나 시간대에 대한 전반적인 불안을 형성하게 된다. 이때 고양이가 가장 불안할 때 자기 냄새를 통해 불안을 해소하려는 방식으로 화장실이 아닌 장소에 소변을 보는 행동이 나타날 수 있다. 이 행위는 단순한 실수가 아니라 자신의 존재감을 공간에 새기려는 본능이자 심리적 자기 위안 방식으로 이해할 수 있다. 고양이에게 있어 배변은 단순한 생리적 배출이 아니라 영역 표시이자 정서 안정의 수단이다. 따라서 심리적 불편함이 쌓이면, 본래 화장실을 사용하던 습성이 깨지며 문제 행동으로 이어질 수 있다.

4. 외동묘와 다묘 가정, 문제 행동의 시작은 모두 '관계'에 있다.

고양이의 문제 행동은 단지 '성격의 문제'나 '스트레스 반응'만으로 설명되지 않는다. 그것은 고양이가 살아가는 환경, 그 안에서 맺고 있는 관계의 결과 밀접하게 연결되어 있다. 외동묘와 다묘 가정, 그 둘의 생활 구조는 전혀 다르며, 문제 행동의 양상 또한 다른 방식으로 나타난다. 그럼에도 불구하고 공통된 점이 있다면, 고양이의 삶에서 '관계'가 절대적인 영향을 끼치는 요소라는 사실이다.

보호자와 1:1 관계를 형성하며 살아가는 외동묘에게 보호자는 곧 유일한 사회적 접촉 대상이자 감정 에너지의 방향이다. 보호자의 관심, 반응, 접촉 빈도, 일상의 리듬은 고양이에게 직접적으로 영향을 미치  며, 이는 고양이의 정서 안정과 행동 패턴에 큰 영향을 준다.

전적으로 보호자에게 의존하는 관계 구조는 때로 고양이에게 과도한 감정 집중을 유발하기도 한다. 보호자가 집에 있는 시간에는 끊임없이 장난감을 물어 오거나, 울면서 따라다니며 눈을 마주치려 하고, 심지어 화장실까지 따라 들어오는 등의 '보채는 행동'을 반복한다. 이는 단순한 애정 표현이 아니다. 반복적으로 쌓인 무료함, 외로움, 관계적 허기가 보호자를 향해 분출된 결과다. 만약 이 관계적 허기가 계속해서 충족되지 못하거나, 보호자의 일정이 불규칙하여 고양이와 보내는 시간이 충분히 확보되지 않은 경우, 이러한 감정은 점점 자가 위로적 행동으로 전환된다. 예컨대 활동성이 높은 외동묘는 오버그루밍이나 제 몸의 털을 물어뜯는 방식으로 행동이 전환되거나, 보호자의 손과 발을 놀잇감으로 여기며 놀이 흥분을 해소하려는 모습을 보인다. 반면 활동성이 낮은 외동묘 역시도 그루밍 행동을 과도하게 반복하거나, 특정 물체(천, 고무, 플라스틱 등)를 씹고 뜯는 이식증이 발현되기도 한다. 더 나아가, 이 문제 행동이 반복되고 누적될 경우, 고양이는 보호자가 외출하거나 자리를 비울 때마다 불안 반응을 보이는 분리불안 증상으로 이어질 수 있다. 분리불안은 단순히 외로움을 느끼는 상태가 아니다. 그것은 관계의 결핍이 극단화된 결과이며, 고양이가 '혼자서는 자신을 돌볼 수 없다'라는 인식을 갖게 되었음을 뜻한다. 따라서 외동묘의 문제 행동은 단순한 스트레스 해소 방식이 아니라, 관계 안에서 발생한 균열의 표현인 셈이다.

반면, 다묘 가정에서 발생하는 문제 행동이 외동묘의 문제 행동과 다른 가장 큰 차이점은 문제의 중심축이 보호자가 아니라 동거묘라는 데 있다. 보호자와의 관계가 좋든 나쁘든, 다묘 가정에서는 그보다 더 직접적인 영향력을 미치는 존재가 동거묘다. 서로 잘 맞는 성격의 고양이들은 서로 평화롭게 공존할 수 있지만, 그렇지 않은 경우엔 미묘한 긴장 상태가 일상적으로 지속된다. 괴롭힘을 당하는 고양이는 활동 반경이 극단적으로 좁아지고, 스크래쳐나 화장실 사용조차 눈치를 봐야 하는 상황에 부닥치게도 된다. 이런 고양이는 자주 숨어 지내거나 방어적 그루밍을 반복하며 자신의 존재를 희미하게 만드는 방식으로 심리적 생존을 꾀한다. 그렇다면 괴롭히는 고양이는 괜찮을까? 그렇지 않다. 공격을 주도하는 고양이 역시 안정된 상태에 있는 것이 아니다. 자신의 영역을 침범한 존재를 심리적으로 허용하지 못한 채, 불안을 감정적 위력으로 전이하는 과정에서 공격적 행동이 반복된다.

즉, 괴롭히는 고양이 또한 스트레스 상태에 있으며, 이는 보호자에게는 지배와 서열로 보이지만, 불안과 위협에 대한 과잉 반응이다. 이처럼 다묘 가정에서는 단순한 갈등이 아니라, 쌍방향의 감정적 고통이 존재한다. 겉으로 보기엔 한쪽이 가해자이고 한쪽이 피해자처럼 보이지만, 둘 다 '관계적 긴장' 안에서 자신의 안전감을 확보하지 못한 채 반응하고 있는 것이다. 보호자가 이 상황을 충분히 인지하지 못하거나 '그냥 원래 사이가 안 좋은가 보다' 하고 방치하게 될 경우, 균열이 간 관계는 점점 고착되고, 고양이의 문제 행동은 습관처럼 굳어진다. 결국 '누구와 함께 사느냐', '그 관계 안에서 얼마나 심리적으로 수용되고 있는가'가 고양이의 일상과 정서 상태를 결정짓는 핵심 요소가 되는 셈이다.

고양이의 문제 행동을 단지 애매모호한 스트레스의 틀 안에서만 해석할 수는 없다. 문제 행동은 관계 속에서 일어난 감정의 파동이며, 서로 다른 존재와 살아가는 어려움에 대한 반응이다. 보호자와 고양이 사이의 결, 고양이 사이의 결, 그 모든 연결의 밀도와 방향이 고양이의 하루하루에 반영된다. 관계 속에서 파생되는 모든 감정의 굴곡은 고양이의 성격과 기질, 생활 리듬에 깊이 스며든다. 고양이의 마음은 고립된 방 안에서 만들어지지 않는다. 그것은 언제나 누군가와의 접점에서, 어떤 관계를 맺고 있는가에 따라 형태를 바꾼다. 그래서 고양이는 혼자 살지 않는다

3장.
고양이들의 사회성
이해하기

1. 사회성이 높은 고양이들의 특성
2. 사회성이 낮은 고양이들의 특성
3. 고양이들의 사회성을 높여줄 수 있는 환경 구성

"고양이는 사회성이 낮고 독립적인 동물이다." 고양이를 설명할 때 흔히 쓰이는 말이다. 이 말은 얼핏 들으면 고양이의 특성을 잘 요약한 듯하지만, 의외의 오해를 빚는다. 사회성이 낮다는 말은 곧 사회성이 없다는 뜻이 아니고, 독립적이라는 말도 오롯이 혼자 힘으로 살아갈 수 있다는 뜻은 아니다. 사회성이 낮다는 건 단지 누군가와 친해지기까지 시간이 걸릴 수 있고, 다수와 어울리기보다는 소수의 관계를 선호한다는 뜻이다. 고양이의 독립성 역시 다소 단선적으로 이해되고 있다. 고양이가 무리를 이루지 않고 협동 사냥을 하지 않는다는 이유로 '혼자 있는 걸 좋아한다'고 해석하지만, 실제로 야생의 고양이들은 함께 공동 육아를 하거나 친한 고양이끼리 어울려 다닌다. 고양이는 단순히 혼자 있고 싶어 하는 고립적인 존재가 아니라, 관계를 맺는 데 있어 조금 더 신중한 성향이 있는 동물이다.

이번 장에서는 고양이의 사회성이라는 주제를 바탕으로, 사회성이 높은 고양이의 특성부터 연령별로 달라지는 사회적 표현 방식, 그리고 고양이 간의 관계 형성 과정에서 보호자가 고려해야 할 요소들을 살펴보고자 한다.

1. 사회성이 높은 고양이의 특성

정작 사회성이 좋은 고양이를 반려하고 있는 보호자들은 본인의 고양이가 사회성이 높다는 사실을 모르는 경우가 많다. 이는 인간 기준에서의 사회성과 고양이의 사회성이 표현되는 방식이 다르기 때문이다. 사람의 사회성은 '친절함'과 '예의' 같은 행동으로 드러난다. 그러나 고양이의 사회성은 '호기심'이라는 본능적 감정에 기초하며, 이 호기심은 나이가 들수록 줄어들고 경계심이 그 자리를 메꿔간다.

3~5개월령의 어린 고양이는 사회성의 절정에 있다. 이 시기의 고양이는 마치 조증이 있는 듯한 양상으로 상대방에게 다가간다. 상대방이 싫다고 하악질을 해도, 귀찮다고 도망을 가도, 포기하지 않는다. 이들에게 중요한 건 '거절당한 경험'이 아니라 '접촉을 통해 배우는 것'이다. 이들의 집요함은 때때로 갈등을 불러일으켜 보호자의 개입을 유발한다. 이런 어린 고양이에게는 성숙한 사회적 매너를 기대하기 어렵다. 그렇다면 두 고양이 간의 관계가 안정적으로 자리 잡는 시점은 언제일까? 특별한 공식은 없지만, 일반적으로 완전 합사 후 3개월이면 일상에 지장이 없는 관계 수준까지 적응이 이루어진다. 당연히 이 수치는 고양이의 나이, 성격, 합사 초반의 분위기 등 여러 요소에 따라 달라진다. 합사 한 달 만에 서로 그루밍을 해주는 고양이도 있지만, 대체로 격렬한 갈등이 없었던 두 고양이라면 3개월, 미묘한 대

립이 있는 고양이라면 6개월, 다소 거친 초기 대면이 있었다면 1년까지도 시간이 필요하다. 중요한 점은 이 기간이 '서로 친해지는 시간'이 아니라, '함께 생활할 수 있을 정도로 타협하는 시간'이라는 점이다. 이 기간 동안 보호자는 적극적으로 두 고양이 사이에 긍정적인 공동 경험을 만들어 주는 것이 필요하다. 예컨대 같은 공간에서 장난감을 함께 가지고 놀거나, 서로 가까이 있을 때 칭찬과 간식을 제공하는 것이 그 예다.

성묘 간의 합사는 경계심이 기본값이 되는 경우가 많다. 그러므로 보호자는 고양이의 매끄럽지 못한 '호기심의 흔적'을 잘 살펴야 한다. 성묘는 어린 고양이에 비해 대상에 대한 호기심이 적고, 거부감이 강하기 때문에 한 번 비호감으로 인식된 상대를 받아들이는 데는 오랜 시간이 걸린다. 그러나 두 성묘가 일단 일정한 평화 상태에 도달하면, 이후 둘의 관계는 안정적인 상태를 잘 유지한다. 반대로 성묘와 어린 고양이의 합사는, 왁자지껄할지언정, 상대적으로 수월하게 시작되지만, 시간이 지나면서 사회적 역학이 바뀔 수 있다. 어린 고양이가 자라며 성격이 확립되고, 서열에 관심을 가지게 되는 2세 전후 시점부터 갈등이 생길 가능성도 있다(그 이전까지 성묘와의 유대감이 제대로 형성되지 않았을 경우). 따라서 어린 고양이와 성묘가 합사 초기의 좋은 관계를 오래 유지하려면 어린 고양이가 2세 전후가 되기까지 지속적인 유대 경험을 쌓아줘야 한다. 고양이가 서로를 편한 상대로 인식하는 과정에는 보호자의 역할이 매우 중요하다. 많은 보호자가 고양이가 다툼을 보이면 '혼내기'나 '격리'를 선택한다. 이는 가장 효과가 빠른 간편한 방법이지만 그만큼의 부작용이 따르는 잘못된 중재 방식이다. 고양이끼리의 사소한 신체 접촉이나 하악질, 또는 순간적인 긴장은 초기 관계 형성 과정에서 매우 자연스러운 일이다. 이런 상황에 보호자가 지나치게 개입하거나 한쪽만 편들면, 고양이는 상대방을 '긴장 유발 요인'으로 인식하게 된다. 올바른 중재란 싸움을 '막는 것'이 아니라, 싸움이 특별한 일이 아니라는 듯 자연스럽게 상황을 전환해 주어 긴장과 흥분을 정돈하는 것이다.

고양이 사회에서 하악질은 대표적인 경계 표현이라는 것을 우리는 알고 있다. 그런데 어떤 고양이는 상대의 하악질에도 전혀 동요하지 않고, 심지어 하악질로 대응하지도 않는다. 하악질을 하지 않는 고양이는 모두 착한 고양이일까? 우리의 예상대로 성격이 온순하면서 상대방에게 자신을 긍정적으로 어필하려는 신중한 성격의 고양이(사회성이 높고 사회적 매너를 갖춘 고양이)는 하악질을 좀처럼 하지 않는다. 그러나 활달하고 과격한 행동을 일삼는 고양이도 하악질을 하지 않는 사례가 많다. 우선 이들은 상대에게 위협감을 쉽게 느끼지 않을 만큼의 자신감과 여유가 있다. 고양이는 새로운 상대를 만났을 때 상대에 대한 정보를 수집하며 신중하게 관찰하는 탐색기를 거치는데('4장. 고양이들의 사회적 관계 형성 이해' 참조) 자신감 있는 이들 고양이는 탐색기 동안 좀처럼 호전적인 본색을 드러내지 않으면서, 상대가 자기와 공존을 할 수 있는지 아닌지를 침착하게 가늠한다. 보호자는 이들의 탐색기를 최대한 활용해야 한다. 이들이 상대를 관찰하고, 타진하는 기간 상대방과 나누는 초반의 상호작용이 긍정적인 경험이 되도록 도와야 한다. 그 탐색기의 과정이 바로 '고양이들의 첫인상'인 것이다. 활발한데 하악질을 하지 않는 고양이가 탐색기 동안 자기가 접근할 때마다 상대로부터 번번이 거절을 경험하게 된다면, 처음에는 호의적이었던 신체 접촉이 공격적 행위로 변질할 수도 있다.

고양이의 사회성을 잘 이해하는 일은 고양이 간의 관계뿐 아니라 보호자와의 관계에서도 중요한 역할을 한다. 단순히 낯가림이 심하다고 해서, 독립적이라고 해서, 혹은 싸움을 한다고 해서 모든 문제를 공격성이나 적대감으로 단정 짓기보다는, 그 안에 깔린 성격과 사회적 표현 방식을 이해하고 해석하는 것이야말로 고양이와의 삶을 풍성하게 만드는 열쇠가 된다.

2. 사회성이 낮은 고양이의 특성

합사 상담을 하다 보면 종종 난처한 케이스를 만난다. 기존 고양이의 유년기 시절, 성격, 나이 등을 종합적으로 고려할 때 다른 고양이를 반길 성향이 전혀 아님에도 불구하고, 보호자가 친구를 만들어 주겠다며 새로운 고양이를 덜컥 입양해오는 경우다. 그럴 때 나는 조심스레 말한다. "집사님 댁 고양이는 다른 고양이를 반길만한 성향이 아닌데 입양을 결정하신 특별한 이유가 있으실까요?" 그러면 돌아오는 대답은 신기하게도 늘 비슷하다. "이럴 줄 몰랐어요. 우리 애가 사람을 정말 잘 따르고, 완전 순하고 착했거든요. 잔소리할 게 전혀 없던 애였어요."

여기서 자주 간과되는 사실이 있다. 고양이의 사회성은 대상에 따라 달라진다는 것이다. 사람을 좋아하는 성향과 고양이를 좋아하는 성격은 별개라는 이야기다. 이것을 언어에 빗대어 보자면, 어떤 고양이는 모국어(고양이와의 소통)가 편하고, 어떤 고양이는 외국어(사람과의 소통)가 더 편하다. 줄곧 사람과 살아와서 사람을 더 잘 따르는 고양이는 외국어에 능통한 교포다, 바깥에서 다른 고양이와 자란 고양이는 '모국어 사용자'다. 어릴 때 사람이 사는 다묘 가정에 입양된 고양이는 '2개 국어 능통자'다. 성묘가 되어 외국어에 더 적응한 고양이는, 다시 모국어 환경에 놓이

면 낯설고 불편할 수밖에 없다. 절대다수의 성묘 고양이 - 특히 외동 묘로 살아온 이들 - 은 새로운 고양이 친구를 환영하지 않는다. 개냥이라 불릴 정도로 사람을 좋아하는 외동 성묘가, 압도적인 비율로, 새 고양이의 존재에 민감하게 반응하며 심한 스트레스를 받는 일이 발생하는 이유다. 보호자는 선한 의도로 (고양이가 혼자 있는 시간이 길어 미안해서, 혹은 너무 무기력해 보여 걱정돼서, 외로움을 덜어주기 위해) 또 다른 고양이를 들인다. 문제는, 외로움의 해소를 위한 해답이 항상 '다른 고양이 친구'는 아니라는 데 있다. 때로는 그 외로움조차도 차라리 혼자가 나은 경우가 있다. 싫은 고양이와 함께 있는 삶은, 혼자인 삶보다 더 끔찍할 수도 있기 때문이다.

그렇다면, 어떤 고양이가 '차라리 혼자 있는 게 나은' 유형에 속할까? 물론 고양이 성격을 완전히 단정 지을 수는 없다. 단지 확률적으로 외동 기질이 강하고, 다른 고양이와의 합사에서 불행해질 가능성이 큰 경우를 아래와 같이 분류할 수 있다. (이 분류는 어디까지나 '현재 동거묘 없이 혼자 사는 외동묘'를 기준으로 한다는 점을 전제로 한다)

- **사회화 기 (3~7, 8주) 혹은 그 이전에 어미와 떨어진 현재 2살에서 5살 이상의 고양이**
  이들은 사회적 기초 문법을 익힐 시기를 놓쳤기 때문에 고양이와의 소통이 익숙하지 않다. 아기 때 해외로 이민 가서 모국어를 잊은 교포처럼, '고양이 언어'에는 서툴다. 나이가 많아질수록 이 언어는 더 낯설어진다.

· 펫숍 출신의 현재 2살에서 5살 이상의 고양이

생후 2~5주령에 어미에게서 분리돼 유통되는 이들 고양이는, 앞선 경우와 거의 동일한 상황을 겪는다. 여기에 더해 어미가 임신 중 받는 스트레스 호르몬이 태아에게 전이된다는 연구도 있는 만큼, 척박한 공장에서 생활하며 임신을 거듭한 어미의 상태가 태아에게 긍정적인 영향을 줄 리 만무하다. 펫샵 출신 고양이는 출발선부터가 다르다. 품종묘의 아름다움이나 성격적 특징은 인정할 만하지만, 이런 특성을 원한다면 반드시 고양이들에게 풍요로운 환경을 제공하는, 신뢰할 수 있는 브리더에게 분양받는 것이 바람직하다.

· 사람을 너무 좋아하는 현재 2살에서 5살 이상의 고양이

사람과의 사회성과 고양이와의 사회성은 별개의 영역이다. 사람을 좋아하는 것과 다른 고양이에게 친절하다는 건 전혀 다른 이야기다. 이들은 사람과의 교감에는 능하지만, 고양이와의 관계 형성에는 큰 어려움을 겪는다.

· 성격이 까다로운 현재 2살에서 5살 이상의 고양이

이들은 '싫은 게 많은' 고양이다. 타협도 없고, 자기 고집도 세다.

변화에 적응하는 유연함도 적고, 훈련이나 행동 교정도 잘 따르지 않는다. 더군다나 간식 취향까지 까탈스럽다면 간식 보상 기반의 훈련도 어렵다. 까다로운 고양이가 교육에 비협조적인 이유는 단순히 '머리가 나빠서'가 아니라, '아쉬운 게 없어서'다. "굳이 저딴 걸 먹자고 내가 이 훈련을 해야 해? 말도 안 돼. 그냥 안 먹고 말지!" 이런 태도는 훈련은 물론이거니와, 새로 온 고양이를 향해서도 부정적 인식이 확장된다.

· 개와 함께 자란 현재 2살에서 5살 이상의 고양이

"개랑 잘 지냈으니, 고양이도 괜찮지 않을까?"라는 생각은, 사회성 개념을 단편적으로 보는 시선이다. 개와의 유대는 개와의 유대일 뿐, 고양이와는 다른 영역이다. 고양이 사회성은 인간 사회성과도, 개와의 관계와도 구분되어야 한다. 게다가 개와도 사이가 안 좋았던 고양이가 2살 이상이라면, 다른 고양이와의 합사는 더욱 험난할 수밖에 없다.

사회성이 낮은 고양이는 새로운 고양이와의 만남에서 쉽게 위축되거나, 극단적인 회피 혹은 과잉 방어로 반응하게 된다. 이들에게 필요한 것은 어쩌면 동거묘가 아니라, 자기 삶의 리듬을 존중해주는 보호자의 세심한 관찰과 배려다. 이들에게 외로움을 덜어주고 싶다면 함께 보내는 질 높은 시간, 혼자 있어도 안정감을 느낄 수 있는 환경, 그리고 무엇보다 이 고양이가 진짜로 원하는 삶의 방식에 대한 깊은 이해가 우선되어야 한다. 모든 고양이가 친구를 원하지는 않는다. 그리고 그 친구가 '또 다른 고양이'일 필요는 더더욱 없다.

3. 고양이의 사회성을 높여줄 수 있는 환경 구성

고양이를 반려하는 집사라면 누구나 고양이를 위한 생활환경에 관심을 갖게 된다. 특히 다묘 가정의 경우, 고양이 사이의 행복과 평화를 위해 어떤 구조가 필요한지 고민하지 않을 수 없다. 먼저 고양이 육아의 '절대 진리'처럼 여겨지는 몇 가지 원칙들과 요즘 새롭게 대두된 트렌디한 정보들을 살펴보자.

- 수직 공간이 필요하다.
- 밥그릇과 물그릇은 따로, 멀리 둬야 한다.
- 고양이를 각기 따로 놀아줘야 스트레스를 줄인다.
- 매일 다른 장난감으로 놀아줘야 한다.
- 레이저 포인터는 정신건강에 해롭다.
- 캣타워나 소파를 벽에서 떨어뜨려 뒷골목을 만든다.
- 각자의 공간(숨숨집 포함)이 필요하다.

·고양이 각자의 휴식 공간은 독립적으로 지켜줘야 한다.

그런데, 이 정보들 정말 전부 다 맞는 걸까? 틀린 말은 아니다. 하지만 필요 이상으로 강조되었거나 상황에 따라 다르게 해석되어야 할 지침들이다. 게다가 외동묘와 다묘 가정은 생활환경 구성 자체가 다를 수밖에 없다. 이제 이 절대 진리들이 가진 현실적 문제점이 무엇인지 하나씩 뜯어보자.

·수직 공간만 있으면 된다?

고양이에게 수직 구조물은 중요하다. 고양이는 공간을 입체적으로 활용하는 동물이기 때문이다. 하지만 캣타워만 잘 갖춰 놓는다고 끝이 아니다. 많은 집들이 웅장한 캣타워를 거실 한쪽에 세워두었지만, 정작 그 캣타워까지 뛰어가야 할 '운동장'이 없는 경우가 허다하다. 고양이의 달리기 동선, 즉 지그재그가 아닌 직선 공간이 얼마나 확보되어 있는지 여부는 매우 중요하다. 고양이의 기본 행동 루틴을 보자. 고양이는 바닥을 달려서 목적지인 높은 곳까지 도달한다. 달릴 공간이 확보되지 않으면 고양이는 걸어 다녀야만 한다. 이런 정적인 활동 패턴만 반복된다면 성격이 정적인 아이들은 무기력해진다. 에너지 넘치는 아이들은 답답함을 해소하지 못해 보호자를 보채거나, 동거묘를 괴롭히거나, 문제 행동을 유발한다. 우리의 실내 환경은 고양이에게 어떻게 인식될까? 한번 상상해보자. 복도는 고양이의 고속도로다. 거실의 넓은 곳은 운동장이다. 수직 공간은 집을 입체적으로 만들어 공간을 더 크게 인식하게 하는 필수 구조물이다. 고양이에게 수직 공간만을 강조하는 것은 상식적으로도 맞지 않는다. 고양이는 높은 곳에서 사는 동물이 아니다. 지금 바로 창문을 열고 바깥을 내다보자. 그리고 직접 확인해 보자. 야생 고양이가 길 위에 더 많이 있는지 나무 위에 더 많이 있는지.

· 밥그릇은 편히 먹을 수 있게 서로 멀리 떨어뜨려야 한다?

고양이에게 밥그릇의 위치는 공동체 의식을 반영한다. 고양이는 독립적인 동물이라는 전제하에 '밥그릇은 반드시 따로, 멀리 두어야 한다'라는 말이 생겨났다. 하지만 이 원칙은 유대감을 활성화하려는 다묘 가정에선 오히려 마이너스가 될 수 있다. 가령 어린 막내 고양이가 새로 들어온 상황에서는, 이들은 성묘가 먹는 밥을 같이 먹으려는 행동을 반복한다. 그런데 성묘 밥그릇이 저 멀리 있다면 어린 고양이 때문에 밥그릇을 뺏긴 (사실상 뺏긴 게 아니라 같이 먹자는 행동이 과격해서 성묘가 밀려난 상황) 성묘는 저 멀리 다른 장소에 있는 밥 먹기를 포기한다. 그런데 옆자리에 또 다른 밥그릇이 있다면 쉽게 자리만 옮겨서 식사를 계속할 수 있다. 물그릇까지 나란히 놓을 필요는 없다. 물그릇은 옹달샘의 개념으로 집안에 하나씩 떨어뜨려 두는 것이 좋다. 다만 물그릇 중 하나 정도는 큰 그릇에 놓아두어 함께 물을 마실 수 있는 기회가 환경적으로 마련되면 관계에 더욱 도움이 될 것이다.

사이가 좋은 고양이는 적극적으로 서로를 모방한다. 친구가 밥 먹으면 따라 먹고, 안 먹던 간식도 같이 먹는다. 이 상호 모방은 유대감을 쌓는 데 큰 역할을 한다. 완전한 독립보다 '적당한 공유'가 더 건강한 관계를 만드는 것이다. 단, 사이가 좋지 않다면 거실의 서로 다른 위치에 두되, 완전히 분리된 구역은 피하자. 공동 영역의 개념이 사라지면, 고양이는 서로를 더 피하고 고립된 행동을 하게 된다.

· 1:1로 따로 놀아주어야 한다?

고양이를 위한 사냥놀이에 대해서 '고양이는 독립적인 동물이므로, 각자 따로 놀아줘야 한다.'라는 정의가 지배적이다. 그러나 이 말은 이론적으로는 맞지만, 고양이의 사회성을 키우는 데에는 오히려 방해된다. 이들의 독립적인 성향을 고스란히 지켜주면, 이들은 동거묘와 함께 있는 것 자체를 스트레스로 느낀다. "쟤가 없어야 행복해." 하는 마인드가 고착되는 거다. 따라서 다묘 가정에서는 고양이의 놀이 경험을 '공유 활동'으로 만들어야 한다. 함께 사는 고양이들이 함께 사냥놀이에 참여하게 하면, 서로를 관찰하고 반응하는 기회가 늘어나며, 그 안에서 유대감이 쌓인다. 놀이 반응이 좋은 고양이와 그렇지 않은 고양이가 있다면 두 명 이상의 보호자가 팀을 나누어 충분한 거리를 두고 각각 놀이를 진행하자. 보호자가 한 명이라면 바닥과 높은 곳으로 고양이들 각자의 사냥터를 나눈다. 한 마리는 바닥에서, 다른 한 마리는 캣타워나 소파 위에서. 놀이 반응이 부족하거나 너무 월등한 고양이는 공동 놀이 시간 후 별도로 보충 놀이 시간을 가질 수는 있다. 그러나 핵심은 '같은 공간 안에서 함께 움직이는 경험'이다. '공유 활동' 개념의 사냥놀이야말로, 고양이끼리의 유대감을 자연스럽게 높여주는 가장 효과적인 방법이다.

· 매일 다른 장난감으로 놀아주어야 한다?

고양이에게 매일 새로운 장난감을 제공해야 한다는 부담감을 가질 필요는 없다. 물론 놀이의 다양성은 고양이의 반응을 유지하거나 증가시키는 데 도움이 된다. 동일한 장난감을 반복해서 사용하면 고양이는 쉽게 싫증을 내며, 놀이에 대한 반응도 점차 저하되기 때문이다. 하지만 이미 특정 형태의 놀이 선호가 고착된 고양이에게는 오히려 선호하는 유형의 놀이를 중심으로 하되, 그 안에서 변형을 시도하며 반응의 폭을 확장해주는 것이 바람직하다. 이를 테면, 낚싯대형 장난감보다 꿩깃털과 같은 정적인 형태의 장난감을 선호하는 고양이는 보통 움직임보다 '관찰과 순간 반응'에 강한 사냥 패턴을 가진 경우다. 이들에게는 꿩깃털이나 막대기형 장난감을 중심으로 하되, 가늘고 유연한 끈이나 강아지풀 등의 정교한 움직임을 활용해서 변형된 방식의 관찰형 놀이 반응을 끌어내 볼 수 있다.

초반에는 앞발을 살짝 휘젓을 뿐이더라도, 시간이 지나면서 점차 목표를 따라 움직이도록 유도하는 것이 핵심이다. 한편 낚싯대를 좋아하는 고양이가라도 모든 종류의 사냥감에 동일하게 반응하지는 않는다. 관건은 '낚싯대 끝에 무엇이 달려 있는가'이다. 어떤 고양이는 벌레나 나방처럼 작은 크기의 사냥감을 선호하고, 또 어떤 고양이는 펄럭거리고 소리가 나는 자극적인 사냥감을 더 좋아한다. 일반적으로 성묘 중에서도 낚싯대를 선호하는 고양이는 전자, 활달한 성묘나 어린 고양이는 후자에 속하는 경우가 많다. 따라서 집사는 자기가 키우는 고양이가 어떤 사냥 자극에 반응하는지를 파악할 필요가 있다. 반려묘가 선호하는 놀이 방식이 보편적인 장난감 트렌드와 다르다고 해서 실망하거나 불안해할 필요는 없다. 중요한 것은 놀이의 격렬함이 아니라, 놀이가 고양이의 '심리적 각성 - 호기심'을 자극하는지 여부다.

· 흥미로운 뒷골목 구조가 좋다?

최근 들어, 마치 유행하는 인테리어 트렌드처럼 캣타워나 소파를 벽에서 떨어뜨려 의도적으로 뒷골목을 만드는 집들이 있다. 외동묘라면 이 구조는 신선한 자극이 될 수 있다. 하지만 다묘 가정에서는 주의해야 한다. 다묘 가정에서는 서로 싸움이 발생하거나, 누군가가 쫓기게 되는 상황이 종종 일어나기도 하는데, 그때 뒷골목은 갈등을 고조시키는 공포의 장소가 되어버린다. 소심한 고양이는 그 안에 웅크려서 하악질을 하거나, 퇴로가 있어도 두려워서 움직이지 못한다. 그 결과 대치가 길어지고, 쫓는 고양이와 도망가는 고양이 모두 흥분 상

태가 되어 싸움으로 번지기 쉽다. 다묘 가정에서 가장 중요한 환경 요소는 "개방성"이다. 공격을 하는 고양이든, 당하는 고양이든, 내가 있는 자리에서 상대 고양이의 위치와 행동을 확인할 수 있어야 한다. 지나치게 긴장하거나 불필요하게 집착하지 않는다. 서로 존재를 인식하되 방해받지 않는 거리감은 개방성에 기반한다.

· 고양이 각자의 공간은 독립적 유지되어야 한다?

고양이에게 각자의 공간이 필요하다는 말이 틀린 건 아니다. 비단 고양이뿐만이 아니라, 개도 사람도 혼자만의 공간이 필요하다. 각자의 공간을 대표하는 구조물은 단연 '숨숨집'이다. 하지만 고양이와 함께 살아본 사람이라면 하나같이 고백한다. "우리 고양이는 내가 있는 자리에 늘 따라와요. 비싼 숨숨집은 무시하고, 소파 위에서 자요." 실상 서로 사이가 좋은 고양이는 숨숨집을 거의 사용하지 않거나, 일시적인 호기심으로만 이용한다. 이들에게 실내 공간은 안전이 확보되어 숨을 필요가 없는 장소이기 때문이다. 심리적으로 안정되고 자신감 있는 고양이는 숨숨집을 처음 사 왔을 때 호기심으로 며칠 들어가 보기는 해도, 장기적 사용 빈도는 극히 낮다. 영역에서 안전함을 체감한 고양이에게 필요 이상으로 많은 수의 숨숨집은 오히려 공간 낭비이다.

반면 사이가 나쁜 고양이가 사는 집은 어떨까? 이들에게 숨숨집은 문제를 더욱 악화시키는 구조물이다. 공격을 피해 숨숨집으로 숨어드는 행동은 쫓아오던 고양이의 집착을 유발하고, 갈등은 더 잦아지고 커진다. 숨숨집은 인간이 고안해낸 '고양이의 은신처'다. 고양이는 어딘가에 숨는 것을 좋아한다는 단편적 정보에 의지해서 말이다. 고양이의 숨기 본능은 두 가지 심리에서 발생한다. 안에 뭐가 있나 궁금하거나, 위험으로부터 피하거나. 또한 위험으로부터 피하고자 몸을 숨길 때도 고양이는 저 지점을 이용해 다른 곳으로 도망칠 상황을 염두에 두지 그 안에 갇힐 것을 생각하고 숨지 들지 않는다. 고양이는 퇴로가 없는 공간을 절대 좋아하지 않는다. 그런 고양이에게 숨숨집을 여러 개 마련하면 어떻게 될까? 두려움을 느껴 본능적으로 숨었는데 퇴로는 없고, 들어온 입구에는 추격자가 버티고 있어 나갈 수도 없는 상황이 벌어지는 것이다. 그럼에도 불구하고, 그 위험한 지점에 숨었을 때의 두려운 경험은 어이없게도 생존 경험이 되어 같은 상황이 되면 이 소심이는 또 숨숨집으로 숨고 추격자는 기필코 쫓아와서 살벌한 대치 상황이 다시 이어지는 악순환이 반복된다. 즉, 숨기를 반복하며 점점 사회성과 자신감을 잃는다. 다묘가정에서 꼭 필요한 것은 '개방된 안전지대'다. 특히 높은 곳에 마련된 개방형 공간은 안전과 안정감을 동시에 제공한다. 캣타워 위, 높은 선반, 방석, 소파 등은 사방이 열려 있으면서 고양이가 주도적으로 선택할 수 있는 훌륭한 장소다. 다묘 가정이라면 숨숨집보다 이런 개방형 구조물을 우선시해야 한다. 숨숨집을 굳이 사용하고자 한다면, 입구가 두 곳 이상이거나 탁자나 의자 아래처럼 '사방으로 열려 있는 지붕 아래의 구조'를 선택하는 것이 좋다. 그렇지 않으면 심리적으로 위축된 고양이는 안에서 좁은 공간에서 나오지 않으려 버티고, 숨는 상황 자체로 인해 다른 고양이의 타겟이 된다.

'독립적인 고양이를 위한 각자의 공간'이라는 이론에서 파생된 부작용은 또 있다. 집안에 마련해준 고양이 용품을 둘러보자. 하우스, 쿠션, 숨숨 집, 스크래쳐, 캣타워, 심지어 급식기와 식탁까지도 대부분 '1묘 전용' 구조로 제작된다. 모두 하나같이 '각자의 공간', '독립적인 생활'을 강조하는 경향이 뚜렷하다(요즘은 추세가 살짝 바뀌어 가고 있기는 하다). 그러나 문제는 고양이의 독립성을 지나치게 강조한 나머지, 이들이 지닌 사회적 가능성은 종종 배제된다는 점이다. 더 나아가, '1묘 전용' 환경이 이들의 사회성을 더욱 저하할 수 있다는 사실은 충분히 고려되지 않는다. 예를 들어 고양이가 쉬는 지점들을 둘러보자. 한 마리 성묘가 들어가 누울 수 있을 정도의 크기가 대부분이다. 겉보기에야 딱 알맞은 '개묘 맞춤'처럼 보이지만, 실상은 다르다. 두 마리 이상의 고양이가 어릴 적부터 함께 자라며 유대감을 공유해 왔다면, 이들은 커서도 좁은 바구니나 하우스 안에도 기꺼이 서로의 몸을 겹치며 들어간다. 그러나 성묘가 된 이후 처음 만난 고양이와는 좁은 장소에서 함께 웅크리며 시간을 보내기란 훨씬 어렵다. 둘 중 하나가 어린 고양이라면 형이  있는 자리를 함께하고자 좁은 하우스 안으로 덥석 들어가지만, 원래 그 자리에 있던 성묘는 불편함을 느끼고 자리를 떠나게 된다. 이 일련의 상황들을 우리는 '어린놈이 형 자리를 뺏는' 자리싸움으로 오해해 버린다.

나는 상담을 할 때 이러한 1묘용 고양이 용품들을 '고시원'에 비유하곤 한다. "참 이상하죠? 독립적이고 사회성이 떨어진다고 고시원에 살아야만 행복한 게 아닌데도 우리는 고양이가 혼자 고시원에 살아야만 행복한 거처럼 생각하잖아요," 물론 고양이 혼자 있는 것을 즐긴다. 원할때는 당연히 혼자 있을 수 있다. 하지만 혼자 있는 공간이 반드시 나만 사용할 수 있을 크기일 필요는 없다. 처음엔 혼자 편히 있으라고 마련해 두었던 장소가 시간이 지나며 '혼자만 사용해야 하는 곳'으로 고정되고 그렇게 환경적으로 자리 하나가 한 마리 전용이라는 개념이 각인되면, 이후 다른 고양이와 공간을 공유하는 데서 지속적인 갈등이 발생하게 된다.

　이 상황을 단적으로 보여주는 대표적인 예가 침대다. 사람의 침대는 충분히 넓고, 실제로 사이가 좋은 고양이라면 서너 마리 이상이 함께 올라가 낮잠을 청하기도 한다. 하지만 사이가 그다지 좋지 않은 고양이들의 상황은 사뭇 다르다. 내가 좋아하지 않는 고양이가 먼저 침대에 올라가 있을 경우, 후발 고양이는 올라가려 하지 않는다. "하나의 공간은 한 마리만 사용하는 것"이라는 규칙이 내면화되어 있기 때문이다. 이렇듯 고양이 용품이 고양이의 인식을 지배하기 시작하면 행동도 영향을 받는다, 사회성의 발달도 그만큼 제약을 받는다. 다묘 가정이라면 처음부터 하나의 자리를 여럿이 공유할 수 있는 가능성을 열어두는 인테리어가 필요하다. 단순히 용품의 개수만 늘리는 것이 아니라, 한 공간에 여러 마리가 동시에 머물 수 있는 넉넉한 크기의 프레임을 가진 쉴 자리를 마련해주자. 넓은 스크래쳐나 대형 바구니, 함께 누울 수 있는 소파 위 공간 등이 고양이끼리 자연스럽게 몸을 부대끼며 서로를 익히고, 가까운 거리를 허락하는 관계로 나아가게 한다.

　'고양이에게 각자의 공간을 만들어줘야 한다'라는 의무감이 낳은 또 다른 오해는, 반드시 공간을 '고양이 전용으로 구매'해야 한다는 인식이다. 최근 '고양이 웰빙' 시대의 흐름 속에서 수많은 고양이 용품이 출시되고 있다. 가슴으로 낳아 지갑으로 키운다고들 한다. '내가 널

얼마나 사랑하는지 신용 카드로 증명하리라!' 그런데 지금 함께 사는 고양이를 살펴보자. 이들이 실제로 좋아하는 곳은 고양이 전용 자리가 아니다. 소파, 침대, 냉장고 위, 식탁 의자, 택배 상자, 화장실 발 매트…… 집 안의 모든 곳이 고양이에게는 쉼터가 된다. 고양이 용품은 고양이의 습성을 관찰해온 인간이 '이런 모양이면 좋아할 것 같다'라는 전제로 만든 것이다. 다시 말해, 그저 도구일 뿐이며, 본질은 아니다. 그래서 아무리 '고양이가 난리 나는 OOO'이라는 광고 문구가 붙은 제품이라도, 정작 우리 고양이는 나의 발 냄새가 진동하는 욕실 발 매트 위를 더 선호한다. 고양이의 공간은 우리가 정해주는 것이 아니라, 고양이가 스스로 선택한다. 고양이 용품을 사면 안 된다는 뜻이 아니라 고양이는 고양이 전용 공간이 필요해, 라는 무거운 책임감에서 더 자유로워져도 괜찮다는 뜻이다.

환경은 고양이의 습성을 고정하기도 하고, 습성의 확장을 유도하기도 한다. 고양이가 혼자만 사용하게끔 설계된 좁은 공간은 이들의 독립성과 분리성을 강화할 수밖에 없다. 반대로 영역에서 공간이 넓고 개방된 지점이 많다면, 고양이는 점차 '함께 있어도 괜찮다'라는 인식을 학습하게 된다. 이때 중요한 것은 고양이가 스스로 선택할 수 있는 여지를 주는 것이다. 함께 있을 수도 있고, 떨어져 있을 수도 있는 선택권이 존재하는 구조에서 고양이는 타자와의 거리 조절을 통해 사회성을 안전하게 실험한다. 그리고 그 과정에서 우리는 합사의 성공 가능성을 조금씩 높여나갈 수 있다.

① 사이가 좋은 고양이를 위한 환경

서로 사이가 좋은 고양이는 때때로 혼자 있는 시간을 가지더라도 주로 함께 자고, 함께 쉬는 경향이 있다. 이들은 널찍하고 안락한 공간을 공유하며 사용하는 것을 선호한다. 침대, 소파처럼 여러 마리가 동시에 사용할 수 있는 공간이 대표적이다. 동거묘 간에 사이가 좋은 가정이라면 고양이 전용 용품 외에도 사람용 제품을 적절히 활용하는 것이 효과적일 수 있다. 유아용 바구니, 어린이용 텐트, 기다란 벤치 등은 한 마리 이상의 고양이들이 함께 모여 쉬기 충분한 공간적 여유를 제공하며, 인간과의 공간 공유 또한 가능하게 만든다. 다만 사이가 좋은 고양이라도 때로는 혼자만의 공간이 필요하다. 따라서 1묘용 바구니나 스크래쳐 등도 지나치게 강조되지 않는 선에서 병행하는 것이 좋다.

② 사이가 그저 그런 고양이를 위한 환경 구성

서로 특별히 싸우지는 않지만, 가까이 지내지도 않는 고양이. 혹은 한쪽의 일방적인 호감과 다른쪽의 거부가 뒤섞인 관계의 고양이는 환경 구성에서 세심한 조율이 필요하다. 예컨대 첫째 고양이는 혼자 있는 것을 좋아하고, 둘째는 첫째와의 교류를 원한다면, 이들은 끊임없는 갈등을 잠재적으로 안고 있는 셈이다. 이러한 조합을 단순히 공간

분리로 해결하려 하면, 각자의 독립성이 강화되고 유대감 형성은 더 멀어지게 된다. 이때는 분리보다는 '병렬적 배치'를 고려해야 한다. 소파형 스크래쳐, 바구니형 스크래쳐 등의 고양이 전용 공간을 나란히 붙여 배치하면, 고양이는 같은 공간을 이용하면서도 '나의 자리가 확보된' 느낌을 받을 수 있다. 서로 직접적으로 접촉하지 않아도 되지만(첫째의 타협점), 가깝게 머무는 것(어린 고양이의 타협점)에 익숙해질 수 있으니 말이다. 심리적 거부감이 큰 경우는 울타리가 둘러쳐진 바구니형 제품을 나란히 놓는 것이 효과적일 수 있다. (나만의 자리가 좀 더 명확하게 구분된 쉼터의 병렬배치)

③ 다묘 가정 환경의 핵심: 개방성과 가시성

고양이는 은신처를 좋아하는 동물이다. 위험을 느낄 때는 본능적으로 몸을 숨길 수 있는 공간에서 안정을 느끼고, 필요할 때 언제든 퇴각할 수 있는 경로를 확보하는 것을 중요시한다.

앞서 다묘 가정을 위한 환경을 설계할 때 가장 중요한 기준은 단연 '개방성'이라는 점을 강조한 바 있다. 개방성은 고양이끼리 서로의 위치와 움직임을 인지할 수 있는 가시성과 직결된다. 고양이는 시각적 정보를 매우 중요하게 활용하는 동물이다. 영역 안에 누가 있는지, 어디로 움직였는지, 접근 의도가 있는지를 눈으로 파악하면서 상황을 예측하고 감정을 조절한다. 이런 가시성이 확보되지 않으면 고양이는 '어디에 있는지도 알 수 없는 누군가'의 존재를 끊임없이 경계하게 된다. 불확실성은 곧 위협으로 인식되고, 이는 불필요한 추격과 공격, 혹은 위축과 회피로 이어지며 고양이 사이의 불신과 긴장을 더욱 키운다. 고양이는 '보이지 않는 적'보다 '보이는 존재'를 훨씬 덜 두려워한다. 심지어 자기를 긴장하게 하는 상대라 하더라도, 그 존재가 시야에 들어오는 한 어느 정도의 예측 가능성이 확보되기 때문이다. 이는 곧 "숨지 않아도 안전하다"는 감각과 연결되며, 고양이의 자신감을 키우는 첫걸음이 된다.

반대로, 항상 숨어 있어야만 안전하다고 느끼는 환경(숨숨집이 도처에 마련된)은 고양이에게 서로를 회피하고 거부하게 만들며, 갈등을 해소하거나 관계를 개선할 기회를 원천적으로 차단해버린다. 그렇다고 고양이의 은신처를 모두 제거해야 한다는 뜻이 아니다. 다만 각자의 휴식 공간에서 퇴각 경로는 반드시 확보돼야 한다. 생활환경에서 쉬거나 머무는 공간들은 완전히 닫힌 구조가 되어서는 안 된다. 은신과 개방, 회피와 가시성 사이의 균형이 중요하다. 캣타워나 수직 공간을 활용해 고양이가 높고 개방된 장소에서 상대를 관찰할 수 있도록 하고, 반개방형 은신처나 시야가 열려 있는 구획 분리 등을 통해 고양이가 완전히 단절되지 않도록 해야 한다.

실제 상담 사례를 떠올려보면, 같은 정도로 사이가 나쁜 고양이가 있었을 때, 넓고 개방된 구조의 집에서 사는 고양이는 서로를 의식하면서도 싸우는 빈도가 현저히 낮았다. 왜일까? 이 집의 고양이는 서로가 부담을 느끼지 않을 거리만큼 탄력적으로 '안전거리'를 유지할 수 있었기 때문이다. 이들은 정면 대치 대신 옆으로 돌아 나가거나 높은 곳으로 피하는 등 다양한 회피 경로를 활용할 수 있었다. 심지어 필요 시에는 서로를 마주하지 않고도 편히 쉴 수 있는 다른 방이 있었다. 이런 물리적 자유도는 두 고양이의 긴장도가 높아질 때마다 심리적 안정을 도모할 수 있는 장치로 이어졌다.

반면, 좁고 복잡한 공간에 사는 고양이는 같은 정도의 관계 갈등이 있어도 싸움의 빈도가 훨씬 높았다. 단순히 집의 '크기'만의 문제는 아니다. 이는 고양이가 충분히 시야를 확보하고, 몸을 돌려 물러날 수 있는 구조인가의 문제이다. 시야가 확 트인 운동장 구조 (널찍한 거실), 도망치는 데 어려움이 없는 공간, 수직 이동이 원활한 가구 배치 등은 모두 고양이에게 "내가 회피할 수 있다",는 감각을 심어주며, 이것이 고양이의 감정 조절 능력을 비약적으로 높여준다.

개방된 환경은 단지 갈등을 줄이는 데에만 효과적인 것이 아니다. 시간이 흐르면서 고양이 사이에 자연스러운 노출이 반복되면, 서로에 대한 긴장이 서서히 낮아지고 결국은 무심한 공존의 단계로 진입할 수 있는 기반이 된다. 고양이 사회성의 특징 중 하나는 '정면 대치나 물리적 접촉'보다는 '서서히 익숙해지고 받아들이는 비접촉적 관계 맺기'에 있다는 점을 떠올려보자. 이는 고양이답게 관계를 쌓아가는 가장 자연스러운 방식이다. 다묘 가정에서 중요한 것은 '고양이가 갈등 없이 사는가'만이 아니다. 그보다 더 본질적인 질문은 "고양이가 서로의 존재를 인식하고 받아들이고 있는가?"이다. 서로를 완전히 회피하고 숨어 있는 상태는 갈등이 없는 것이 아니라, 갈등을 방치하고 있는 것이라고 볼 수 있다.

고양이는 신중하고 까탈스럽다. 그런 이들이 맺는 관계는 누가 더 강하고 약한지의 문제가 아니라, 서로를 어떻게 인식하고, 어디까지 받아들이는지의 문제다. 다묘 가정에서의 환경 구성은 바로 그 인식과 수용의 바탕이 되는 공간을 설계하는 일이다. 고양이가 자기 존재를 안전히 드러낼 수 있고, 상대를 부담 없이 인식할 수 있는 공간 - 그런 공간이야말로 진정한 의미의 '고양이 중심 환경'이다.

4장.
고양이들의
사회적 관계 형성 이해

1. 고양이의 서열
2. 고양이의 유대감 형성
3. 영역 동물들의 탐색기
4. 고양이들의 합사
5. 집사의 역할
6. 관계 개선 (장기 격리 관계, 재합사)
7. 새로운 고양이를 들이기 전 반드시 생각해야 할 것들
8. 모두가 싫은 고양이

1. 고양이의 서열

고양이는 자신만의 방식으로 사회적 관계를 맺고, 사회를 구성한다. 이러한 관계 형성 방식은 크게 두 가지 축으로 나눌 수 있다. 하나는 유대감이고, 다른 하나는 서열이다. 이 두 개념은 아주 간단하게 정의할 수 있다. 고양이는 마음에 드는 상대와는 유대감을 형성하고 그렇지 않은 상대와는 영역 다툼을 통해 서열을 조성한다. 다시 말해, 고양이는 특정 개체와는 유대감으로 친분을 맺고, 나머지 고양이와는 서열을 기반으로 질서를 형성한다. 이러한 구조는 인간 사회와 매우 닮아 있다. 예를 들어, 우리가 새로운 회사에 입사했을 때를 떠올려보자. 초기에는 친밀한 유대감을 형성하기보다 직급이라는 서열에 따라 역할이 주어진다. 그러나 시간이 지나면서 마음이 맞는 동료와 친밀감을 나누게 되고, 이 관계는 조직의 구조와는 별개로 '개인적 유대'가 형성된다.

고양이의 사회 역시 마찬가지다. 고양이는 영역 동물이며, 야생에서는 수십에서 수백 마리의 고양이가 하나의 영역 안에 공존하기도 한다. 하지만 사회성이 낮은 특성상 이 많은 고양이와 모두 친해지기는 어렵다(이는 고양이뿐 아니라, 사회성이 높은 동물에게도 마찬가지다). 따라서 소수의 고양이와는 깊은 유대 관계를 맺고, 나머지 고양이와는 서열 구조 안에서 역할을 나눈다. 서열이 높은 고양이에게 인정받은 개체는 사회성이 좋거나 행동이 신중한 고양이일 가능성이 크다. 그렇지만 서열에서 밀려난 고양이가 반드시 사회성이 떨어지는 것은 아니다. 단지 이들이 해당 영역의 대장 고양이와 맞지 않았기 때문에 서열상 불이익을 받은 것일 뿐이다. 특정 영역에서 대장 고양이와 다른 구성원들에게 괴롭힘을 당했던 고양이가 새로운 영역에서는 잘 적응하며 살아가는 사례도 있다. 이처럼 서열은 고양이 사회에서 전체적인 질서를 유지하는 기능을 하며, 유대감은 친밀한 사적 관계의 기초가 된다. 하지만 서열이 정리되는 것과 평화가 찾아오는 것은 다른 개념이다. 사회적 관계란 본질적으로 쌍방의 합의와 타협이 필요한 과정이다. 내가 아무리 조심하고 예의를 지켜도 상대가 나를 싫어하면 평화는 성립되지 않는다. 더구나 상대방이 해당 영역의 대장 고양이라면, 나의 존재 자체가 그에게 불쾌감을 줄 수 있다.

이론적으로는 서열이 정리되면 질서가 생기며 갈등이 줄어들 것처럼 보이지만, 실제로는 대장 고양이의 성격에 따라 갈등의 빈도와 강도는 큰 차이를 보인다. 대장이 너그러우면 낮은 서열의 고양이가 제 눈에 띄더라도 관용을 보이지만, 이는 대장의 컨디션이나 기분에 따라 언제든지 바뀔 수 있다. 이러한 이유로 실내에서 함께 사는 고양이에게는 '서열'이

아니라 '유대감'이 기반이 되어야 한다. 실내 공간은 아무리 넓어도 실외 영역보다 훨씬 좁아서, 서로를 마주치지 않고 사는 것은 불가능에 가깝다. 밥을 먹고, 물을 마시고, 화장실을 이용하기 위해서는 반드시 동선이 겹치게 마련이다. 복층 이상의 구조에서 위아래로 나눠 사는 구조라면 서열 문제가 해결될 수 있다고 생각할 수도 있지만, 현실은 다르다. 고양이는 영역 동물이기 때문에, 대장 고양이는 자신의 세력을 넓히기 위해 집 전체를 수시로 순찰하고 개입하려 한다. 따라서 서열이 정해진 상태에서는 고양이 간 갈등이 필연적으로 심화되며, 물리적인 격리 없이 평화로운 공존은 불가능해진다. 반면, 유대감은 서열과 달리 서로의 존재를 인정하고 수용하는 심리에서 비롯된다. 이 유대감의 강도는 매우 다양한 스펙트럼으로 존재한다. 아주 친밀하게 지내는 관계부터, 일정 거리를 유지하면서도 서로를 존중하는 관계까지. 고양이가 아무리 독립적이고 사회성이 낮더라도, 같은 영역에서 살아가기 위해서는 일정 수준 이상의 사회적 수용 태도, 즉 유대감이 필요하다.

2. 고양이의 유대감

고양이가 유대감을 형성하는 가장 대표적인 경우는 혈연관계, 특히 어미와 자식 간의 관계다. 고양이의 모성은 성격과 경험에 따라 편차가 있지만, 일반적으로 어미는 새끼와 강한 유대감을 형성한다. 다만 초산인 고양이나 사람을 지나치게 신뢰하는 고양이의 경우, 모성 본능이 약하게 나타나기도 한다. 이 경우, 자식에 대한 친밀한 반응이 약하거나, 심지어 방어적 태도를 보이기도 한다.

어미와 자식 간의 관계 못지않게 강한 유대가 형성되는 또 다른 관계는 형제자매 간의 관계다. 이들은 태어날 때부터 함께 생활하며, 신체 접촉과 놀이를 통해 끊임없이 상호작용한다. 상담 사례에서도 어미-자식 관계보다 형제간 유대가 더 끈끈하게 유지되는 경우를 많이 보게 된다. 특히 성격이 잘 맞고 생활 방식이 유사한 개체들은 성묘가 되어서도 매우 친밀한 유대감을 유지하는 경우가 흔하다. (물론 성격 차이로 인해 생후 2년 전후를 기점으로 사이가 벌어지는 사례도 존재한다) 어릴 때부터 상호간의 신체 접촉과 그루밍, 공동 생활을 해온 고양이일수록 유대는 깊어진다.

반면, 아비와 자식 간의 관계에서는 혈연 관계의 고양이들이 보이는 전형적인 유대감이 유의미하게 관찰되지는 않았다. 아비 고양이가 사회성이 높거나 성격이 유순하다면 좋은 관계가 형성되기도 하지만, 이 역시 혈연보다는 개체 간 성향이 맞았기 때문으로 보아야 한다. 혈연 외에도 고양이 간 유대감은 충분히 형성될 수 있다. 비단 성묘과 어린 고양이와의 합사 외에, 성묘 간 합사 사례 중에도 두 고양이가 깊은 친밀감을 보이며 지내는 경우도 많다. 초기에 서로 하악질을 하며 경계심을 드러내던 고양이가, 시간이 지나면서 가까워지고, 결국 나란히 앉아 그루밍을 해주는 모습은 매우 인상적이다. 그럼에도 불구하고, 이처럼 혈연이 아닌 사이에서 유대가 잘 형성되기 위해서는 몇 가지 조건이 필요하다.

가장 중요한 것은 나이다. 생후 1년 이하의 어린 고양이는 학습 능력이 뛰어나고 호기심이 높아서, 새로운 동료와 관계를 맺는 데 매우 유리하다. 어린 고양이끼리의 만남은 단순한 '합사' 이상의 의미를 갖고, 끈끈한 유대 형성으로 이어질 확률이 굉장히 높다. 다만 여기에는 주의가 필요하다. 많은 반려인이 어린 고양이의 높은 사회성을 이유로 '너무 어린 나이'의 고양이를 선호하는 경향이 있다. 하지만 이미 1장에서 다룬 것처럼, 생후 1~2개월령에 어미와 형제자매로부터 분리되는 것은 바람직하지 않다. 사회화 시기에 어미와 동배 형제들과 함께 있는 경험은 평생을 좌우할 심리적 기초가 되기 때문이다. 어릴 때 적절한 사회화 경험 없이 성장한 고양이는 이후 다른 고양이와 관계를 맺는 데 어려움을 겪을 수 있다. 사회성이 낮은 성묘와 안정된 사회화 시기를 보내지 못한 히스토리를 가진 어린 고양이가 만나 친해졌다 하더라도, 이들의 유대감을 잘 유지, 발전시켜 주지 않는다면 생후 2년을 기점으로 관계가 갑작스럽게 소원해지는 사례도 적지 않다.

이렇듯 고양이 간 유대는 태생적이거나 환경적으로 쉽게 형성되기도 하지만, 반대로 작은 차이에도 쉽게 금이 갈 수 있다. 그러므로 고양이를 입양할 때는 단순히 나이만이 아니라 이 고양이가 경험한 사회화 환경까지도 고려해야 한다. 만약 사회화 기반이 약한 고양이를 첫째로 입양하는 경우라면, 이후 함께 지내게 될 고양이는 가능하면 사회화 기반이 튼튼하고 유대감 형성에 적극적인 성향이 있는 개체로 선택하는 것이 좋다. 다묘 가정에서의 갈등이나 무기력, 혹은 애매모호한 거리감 문제로 상담을 의뢰받는 경우, 상당수는 어릴 때 적절한 사회화를 경험하지 못한 고양이가 구성원인 사례가 허다하다. 이들의 히스토리를 보면 2개월도 채 되지 않은 나이에 구조되거나 입양된 케이스가 대부분이다. 물론 사회화 시기도 채 끝내지 못한 채 어미를 잃거나 어미에게서 버림받은 어린 고양이들의 이야기는 우리의 연민을 자극하는 것은 사실이다. 그러나 안타까운 사연만을 이유로 그런 고양이만을 입양하는 것은, 오히려 입양되는 고양이들 저마다에게 더 큰 어려움을 안겨줄 수도 있다. 핵심은 '밸런스'이다. 사회화 기반이 약한 고양이가 있다면, 그를 보완해줄 수 있는 사회성이 탄탄한 고양이가 함께 있어야 한다. 서로가 서로의 약점을 메워줄 수 있어야 장기적인 관계의 지속이 가능해진다.

그렇다면 이제 다음 질문이 자연스럽게 떠오른다. 사회성이 낮고 독립적인 본성을 지닌 고양이는 어떤 식으로 낯선 상대와 유대감을 형성하게 되는가, 혹은 어떤 이유로 실패하는가?

3. 영역 동물들의 탐색기

우리는 고양이가 낯선 상대를 만났을 때 곧바로 치열한 영역 싸움에 돌입할 거라고 우려한다. 하지만 실제로는 그렇지 않다. 고양이는 타고난 성향에 따라 각기 다른 방식으로 낯선 상대를 마주하지만, 대부분은 일정한 '탐색기'를 거친다. 이 시기는 상대방에 대한 정보를 확보하고, 관계의 가능성과 거리를 가늠해보는 매우 중요한 단계이다. 탐색기는 고양이 특유의 조심스러운 본성에서 비롯된 경계심이 바탕이 된다(성묘는 이 양상이 더욱 두드러진다). 기존 고양이 입장에서, 새로 유입된 상대는 일종의 변수다. 그래서 섣불리 행동하기보다 상대방의 정보를 신중하게 수집하기 시작한다.

성격이 소심하거나 무던한 고양이는 일정 거리를 두고 조용히 관찰하며 낯선 존재를 평가한다. 이들은 다소 소극적으로 보일 수 있지만, 상대방의 행동 양상을 계속 주시하며 조심스럽게 상대의 성향을 파악해 간다. 반면 성격이 활달하거나 호전적인 고양이는 좀 더 직접적인 방식으로 탐색기를 시작한다. 강한 척 허세를 부리거나, 의도적으로 시비를 거는 것처럼 보이는 행동을 통해 상대방의 반응을 수집하는 것이다. 이는 본격적인 공격 의도가 아니라 '너는 어떤 녀석이냐?'라는 질문을 던지는 일종의 시험이기도 하다. 무난한 사회적 매너를 갖춘 고양이라면 이 과정에서 몸을 낮추거나 시선을 피하는 방식으로 상대의 심기를 자극하지 않으려 애쓴다. 거리를 유지하며 천천히 조심스럽게 이동하는 식으로 말이다. 그러나 모든 고양이가 이런 이상적인 대응을 보이는 것은 아니다. 유기묘처럼 갑작스럽게 외부 환경에 노출된 고양이나, 다른 고양이에게 괴롭힘을 당해 쫓겨난 경험이 있는 고양이는 심리적 불안이 커서 과민 반응을 보이기 쉽다. 이들은 상대방의 단순한 접근이나 시선에도 격하게 반응하며, 하악질, 으르렁거림, 회피형 냥펀치 등 방어적 행동을 과하게 드러낸다. 이런 과잉 방어는 오히려 기존 고양이의 심기를 자극해 본격적인 갈등의 불씨가 되기도 한다.

    탐색기 동안 고양이 사이에는 크고 작은 갈등과 긴장이 발생할 수 있다. 까칠한 접촉이나 위협 행동이 오갈 수도, 긴장감이 감도는 살얼음판 같은 조용한 시기가 도래할 수도 있다. 하지만 이런 장면을 곧바로 '싸움'이라 규정하는 것은 위험한 오해다. 이는 단순한 영역 다툼이나 공격이 아니라, '상대가 누구인지, 어떻게 반응하는지를 파악하기 위한' 의사소통의 포문과도 같다. 상대의 의도를 모르는 상황에서 고양이들은 서로 조심스럽고 방어적으로 반응할 수밖에 없으며, 양측 모두가 서로의 행동 언어에 대한 사전 정보를 갖고 있지 않기 때문에 긴장을 늦추기 어렵다. 중요한 점은, 이 탐색기 동안 고양이는 아직 상대방에 대한 명확한 판단을 내리지 않았다는 것이다. 즉, 적도 친구도 아닌, 단지 '어색한 존재'일 뿐이다. 이 불확정의 상태에서 점차 경계심이 누그러지고, 존재 자체를 수용하거나 심리적 관심이 생길 때 비로소 이들의 관계는 첫 단추가 끼워진다. 이후 이들은 유대감의 가능성이 싹트거나, 적어도 서로를 인정하는 독립적 공존 관계로 발전할 수 있다. 반대로, 이 과정에서 갈등이 격화되거나 경계심이 강화되면 끝내 불안정한 관계로 고착되거나, 분리 및 격리의 필요성이 생기기도 한다.

우리가 '고양이에게 첫인상이 중요하다'라는 말을 자주 듣는 것도 바로 이 탐색기의 특수성 때문이다. 여기서의 '첫인상'은 단순히 첫 만남을 의미하는 것이 아니라, 며칠 혹은 몇 주에 걸쳐 지속되는 '초기 관계 인식 형성의 전 과정'을 뜻한다. 짧게는 2~3주, 길게는 한 달 이상 이어질 수 있는 이 시기는 고양이 간 관계의 성패를 결정짓는 중요한 전환점이다.

4. 고양이의 합사

'고양이의 행동 언어' 챕터에서 살펴본 것처럼, 고양이 간의 소통은 단일 의미로 단정하기 어려운 복합적 신호들의 조합이다. 그렇기에 고양이에게 있어 탐색기란 단순한 '상대방 인식 시간'이 아니라, 상대의 행동 언어를 읽어내고 그 의미를 해석해보는 고도의 사회적 과정이다. 그래서 처음 대면하거나 초반 며칠간은 경계심을 완전히 거두기 어렵다. 상대의 냥펀치가 공격인지, 아니면 호기심 어린 접촉 시도인지 판단할 수 없기 때문이다. 어린 고양이는 상대적으로 경계심이 빠르게 풀리는 편이다.

생존 본능이 이끄는 이들의 1차 목표는 다른 고양이를 피하는 것이 아니라, 이 영역의 성묘와 친해져 자신들의 생존 확률을 높이는 것이다. 그래서 아깽이들은 성묘와 첫 대면을 하더라도 하악질 없이 조용히 상대를 지켜보거나, 놀라 도망가는 수준에 머무는 경우가 많다. 상대가 격한 하악질로 거부감을 표현하더라도 막무가내로 맞대응하기보단 '잘 보이기 위해 과잉 어필'하는 태도를 보이는 경우도 흔하다. 만약 격리 시기나 초기 합사 시기에 어린 고양이가 성묘를 행해 반복적으로 하악질을 하거나 활동 반경이 점점 줄어든다면, 두 가지를 의

심해봐야 한다. 하나는 어린 고양이의 과거 불안정한 환경에서 비롯된 심리적 취약성이고, 다른 하나는 이곳에서 새로 만난 성묘에게 그간 받은 위협 혹은 불편한 신체 접촉 으로 발생한 거부감이다. 성묘의 하악질은 지극히 자연스럽지만 어린 고양이의 하악질(거부감 표현)은 상당히 드물다. 그래서 사회성 좋은 나이의 어린 고양이 몇 주가 지나도록 성묘에게 자주 하악질을 한다면 이들의 관계 첫출발은 그리 순탄치 않다고 볼 수 있다. 반면 성묘들은 상대가 꽤 괜찮은 고양이라 해도 일단 싫다고 한다. 이들의 본능은 아직 결론이 나지 않은 관계에 대비하기 위해 기선 제압을 시도한다. 그래서 기본적으로 하악질은 물론, 자기가 먼저 다가갔다가도 눈이 마주치면 냥펀치를 날리고 도망치는 이중적인 행동을 일삼는다. 이 시점에서 성격 차이가 가장 크게 작용한다. 긴장과 호기심, 경계와 탐색이 얽혀 있는 이 불분명한 행동 양상이 오랫동안 이어지면, 상대방은 혼란을 겪고 결국 '싫다'라는 결정을 내릴 수 있다.

이렇듯 고양이의 탐색기는 고도의 심리전이다. 야생 고양이는 넓은 영역 안에서 상대와의 거리를 조절하며 이 탐색기를 통과한다. 이들에게는 중재자도 훈련도 없고, 오직 본인의 사회적 경험과 눈치에 의존해야 한다. 그렇기에 성묘가 새로 나타난 영역에 적응하기란 절대 쉽지 않다. 실내 고양이의 합사도 마냥 호락호락하지는 않다. 실내는 영역이 제한적이기 때문에, 회피나 거리 두기가 원활하지 않다. 그 때문에, 실내 고양이가 탐색기에 느끼는 긴장감은 한층 직접적이고 밀도 높게 작용할 수밖에 없다(야생 고양이만큼 충돌 강도가 크지는 않을지라도). 이런 환경적 한계점으로 인해 실내 고양이의 합사에서 집사의 역할은 매우 중요하다. 집사는 처음 만난 고양이들이 안전하게 서로를 마주하며 탐색기를 보낼 수 있도록 튼튼한 격리문을 이용하고, 상호 놀이로 긴장감을 낮추는 다양한 개입을 해줄 필요가 있다. 그렇듯, 실내 고양이에게는 '격리문'이라는 훌륭한 안전장치가 있고, 집사의 전략적 도움이 존재한다. 이 두 가지 이점을 적극적으로 활용한다면, 고양이들의 합사가 그저 어렵기만 한 여정은 아닐 것이다. 탐색기를 잘 보내야 한다. 탐색기는 합사의 성공 여부를 가르는 아주 중요한 시기이다. 이 시기에 고양이들이 서로를 얼마나 긍정적으로 인식하기 시작했느냐에 따라 고양이 간 유대 형성의 가능성과 그 강도가 결정된다.

① **격리 – 중매 결혼의 시작**

고양이의 합사는 상대에 대한 선택권이 없다는 점에서 중매 결혼에 비유할 수 있다. 운 좋게도 서로가 서로를 마음에 들어 하면 더할 나위 없겠지만, 설령 그렇지 않더라도 함께 살아야 한다. 아니, 데려온 이상 우리는 이들이 함께 잘 살도록 만들어야 한다. 그러기 위해서는 가장 먼저 격리문의 종류를 잘 선정할 필요가 있다. 격리문이라고 다 같은 격리문이 아니다. 방충망이나 격자망 형태의 격리 도구는 몇 가지 한계를 지닌다. 방충망은 얼굴을 볼 수는 있지만 신체 접촉을 전혀 할 수 없어 행동 언어 교환이 불가능하다. 오히려 흐릿한 실루엣으로 인해 서로의 꺼림칙한 집착이나 회피심리를 강화하기 쉽다. 격자망은 그보다 나은 선택이지만, 격자망을 사이에 두고 두 고양이를 놀아줄 때 좁은 격자 구멍 안으로 장난감을 집어넣어 놀아주기 수월하지 않다. 그럴 뿐만 아니라 지그재그로 이뤄진 격자문은 활달한 고양이가 타고 올라가거나 뛰어넘는 사고 위험도 있다. 갑작스러운 접촉은 인식 후퇴의 가장 큰 원인이 되기 때문에 격리문은 무조건 견고해야 한다. 세로 쇠창살로 된 튼튼한 격리문은 이런 단점을 보완하면서도 탐색을 가능하게 해준다. 창살 사이로 고양이들이 서로 앞발을 들이밀거나 냄새를 맡으며 자연스럽게 행동 언어를 교환할 수 있고, 낚싯대 장난감이나 꿩 깃털 등의 놀이 도구를 활용해 양측이 동시에 참여할 수 있는 놀이를 도모할 수도 있다. 더욱이 성묘들은 상대방의 장점보다 단점을 먼저 눈여겨보며 거부감을 표현하는 못된 버릇이 있는데, 이들이 안전하게 상대를 파악하기에도 견고한 격리문은 필수적이다.

격리 기간은 길수록 좋다는 통념도 이제는 바뀌어야 한다. 합사는 '심리적 타이밍'이 훨씬 중요하다. 격리 기간이 지나치게 길어지면 고양이의 호기심이 사라지고, 호기심이 사라진 관계에서는 친밀감이 생길 여지가 없다. 일반적으로 완전 격리(방문을 완전히 닫아 시야를 전적으로 차단한 상태)는 1~3일이면 충분하다. 그 이후는 방문을 열고 격리문만 닫은 상태를 만들고 모든 상황을 격리문에 맡겨두자. 많은 보호자가 당연하다고 믿는 '정석적인 격리 방법' - 1주일 완전 격리 → 2~4주의 격리문 단계 → 보호자가 있을 때만 서로 만나는, 부분 합사로 넘어가는 방식 - 은 지극히 비효율적이다. 이 방식은 격리문이 없던 시절에 나온 방책이다. 얼굴을 볼 수 없는 상황에서 문을 열면 위험하니까, 간접적인 냄새 교환 중심의 탐색을 시도한 것이다. 하지만 격리문이 있다면 이야기가 달라진다. 고양이는 스스로 거리 조절을 하며 언제든지 상대방을 볼 수 있고, 냄새도 자연스럽게 맡을 수 있다. 우리가 볼 때 냄새 적응이 안 되는 것처럼 보이는 고양이도, 엄밀히 말하면 적응이 안 된 것이 아니라 냄새를 '맡기 싫은' 심리이다. 이는 냄새에 대한 거부가 아니라 '상대 자체'에 대한 경계다. 이런 경우는 격리문을 통해 상대가 해를 끼치지 않는 존재라는 걸 반복적으로 경험해야만 해결된다. 냄새 교환은 격리문을 사용한다면 따로 신경쓰지 않아도 된다. 더군다나 방 바꾸기까지 병행한다면 더더욱 인위적인 냄새 교환은 의미가 없다. 간접 정보를 전달하는 목적의 냄새 교환은 일종의 '맞선 전 프로필 사진'일 뿐, 중요한 건 직접 마주한 뒤의 상호 작용이다.

② 방 바꾸기의 중요성과 사람과의 잠자리

격리 기간 중 우리가 진행해볼 수 있는 효율적인 훈련은 격리문 사이로 함께 놀아주기와 방 바꾸기다. 서로의 영역을 바꿔 하루 1~2시간 정도 탐색할 수 있게 해주는 과정은 합사 준비 단계에서 큰 도움이 된다. 이는 고양이가 능동적으로 서로의 냄새를 탐색하고 자기 냄새 정보를 남길수 있도록 환경적으로 유도한다. 또한 새로 온 고양이에게 격리 방이 아닌 이 집의 다른 영역, 특히 메인 영역을 안전하게 탐색해 보는 경험을 주면서 자신감과 안정감을 형성해주는 중요한 기회이다. 방 바꾸기에서 중요한 건 '빈도'보다 '질'이다. 성묘라면 매일 최소 1~2시간 이상은 거실을 비롯한 격리 방 이외의 공간에서 머물게 해주는 것이 좋다. 변화에 천천히 적응하는 성향의 고양이에게는 긴장감이 해소되기까지 충분한 시간이 필요하다. 해서 10~20분씩 격리 방 바깥에 잠깐 나왔다 다시 격리 방으로 들어가는 것은 긴장감이 채 가시지 않은 채 다시 복귀하게 되므로 비효율적이다. 방 바꾸기와 격리문 사이로 서로 놀아주기 이외에도 새로 온 고양이와 함께 잠을 자는 것도 좋은 방법이다. 가능하다면, 기존 고양이와 가장 유대가 깊은 집사는 기존 고양이와 그리고 다른 가족 구성원이 새 고양이와 밤을 보내는 것이 이상적이다. 1인 가구라면 각 고양이와 번갈아 하루씩 자는 것도 좋다. 이는 새로운 고양이에게 인간과의 신뢰감을 높여주고, 고양이의 심리적 안정에 큰 도움을 준다.

제대로 된 격리문을 사용하고 있다면, 다툼의 장면이 있을 때 집사가 중재자 역할을 할 필요는 없다. 이 모두는 탐색기에 나타나는 자연스러운 행동의 일부이며, 정상적인 과정이다. 격리문이 견고하게 설치되어 있고 고양이 중 한 마리가 갑작스럽게 튀어나오거나 격리문을 타 넘어가는 일이 없다면, 격리 상태의 고양이들이 위험한 싸움으로까지 번지는 일은 드물다. 이 외에 격리문 사이로 난무하는 하악질이나 냥펀치 정도로 격리 상태의 고양이들이 인식이 급격하게 나빠지는 일은 없다. 격리문이 매우 훌륭한 장치인 이유는 '중재가 필요 없는 환경'을 통해 두 고양이가 능동적으로 서로에게 적응하게 하는 용도의 구조물이기 때문이다.

> **핵심 요약**
>
> · 냄새 교환은 격리문을 통해 고양이가 능동적으로 처리할 수 있다.
>
> · 하악질과 냥펀치는 탐색동안의 자연스러운 행동으로, 격리문이 안전하게 두 고양이를 보호하는 한, 인식에 부정적 영향을 주지 않는다.
>
> · 격리문은 고양이의 탐색과 상호작용을 안전하게 할 수 있는 필수 장치이며, 세로 쇠창살 구조가 가장 이상적이다.
>
> · 방 바꾸기는 영역 안정과 냄새 정보의 능동적 확보에 유익하며, 특히 적응력이 낮은 성묘에게는 충분히 긴 시간(1~2시간 이상)이 필요하다.

격리 기간 중 가장 중요한 것은 '자주 상대를 확인하는 것', '그때마다 내가 안전하다는 경험을 주는 것', 그리고 '행동 언어를 안전하게 교환할 수 있는 환경 - 쇠창살 사이로의 냥펀치, 상대를 보면 격리문 바로 앞까지 훅훅 달려가는 행동, 상대의 과격한 행동에 맞서거나 침착하게 대응하는 태도'을 마련해 주는 것이다.

합사의 첫인상이란 '첫 대면의 순간'이 아닌, 탐색기 전반 - 완전 합사 이후 한 달까지의 흐름을 포함하는 개념이다.

③ 격리문 해제, 합사의 시작

자, 이제 두 마리의 고양이가 한 영역에서 만나게 되었다. 이제야말로 본격적인 합사 시작이다. 대개 1주일에서 길게는 2주 정도의 격리 기간을 거치고 나면 격리문을 열고 두 고양이는 직접 만나게 된다. 격리문을 통해 어느 정도 서로의 존재와 냄새, 분위기에 익숙해졌다고는 하지만, 본격적인 합사에 돌입한 이후에도 여전히 두 고양이 사이에는 심리적 거리가 존재한다. 이들이 하나의 생활권을 마찰 없이 공유하게 하려면, 어떤 방식으로 접근해야 할까? 많은 이들이 떠올리는 방법은 바로 '가까이서 간식 먹이기'일 것이다. 서로의 존재에 대한 긍정적인 인식을 심어주는 데 있어 가장 쉬운 접근이자 효과적인 수단으로 알려져 있기 때문이다.

실제로 합사 상담을 하며 자주 마주치는 웃지 못할 사례 중 하나는,

합사 중인 고양이 중 간식 때문에 살이 찌는 고양이가 꽤 많다는 사실이다. 서로를 가까이에서 마주하고 좋은 인상을 남겨야 한다는 생각에 집사들은 연신 간식을 제공한다. 특히 츄르형 간식을 함께 먹을 때는 두 고양이가 뽀뽀하듯 얼굴을 맞대고 있는 광경이 연출되기도 한다. 하지만 그 순간의 다정함도 잠시, 간식 시간이 끝나자마자 하악질을 하며 뿔뿔이 흩어지는 모습에 집사들은 실망하고 만다.

　과연 낯선 두 고양이가 가까이에서 간식을 나눠 먹는 것만으로 관계가 진전될 수 있을까? 물론, 간식 먹기도 긍정적인 첫인상을 심어주는 데는 일정 부분 효과가 있다. 다만 이 방식은 매우 초기, 특히 격리문을 사이에 두고 처음 얼굴을 마주하는 며칠 동안에 한정해 활용해봄 직하다. 간식을 함께 먹는 행위는 말 그대로 '먹기'라는 1차원적인 보상이기 때문에 관계의 본질적인 발전을 끌어내기에는 부족하다. 이미 서로의 냄새와 존재를 인지하고 격리문 너머로 간단한 행동 교환까지 마친 상황에서는 간식만으로는 심리적 거리를 줄이는 데 한계가 있다. 먹이 보상 자체는 동물 훈련에서 여전히 매우 유효한 수단이다.

관건은 보상을 제공하는 타이밍과 맥락이다. 단순히 근접해 있는 상황에서 간식을 주는 것이 아니라, 효과적인 보상은 두 고양이가 함께 어떤 활동을 수행한 상황 자체에 대해 주어져야 한다. 영역 동물인 고양이에게는 '공동 활동'이 아주 중요하다. 같은 공간에서 움직이며 식사하거나 화장실을 이용하고, 나아가 함께 놀거나 쉬는 일상을 공유할 수 있어야 진정한 의미의 공존이 가능해진다.

우리가 알고 있듯, 고양이는 독립적이고 사회성이 낮은 동물이다. 고양이 양육 이론도 대부분 이 전제를 바탕으로 세워졌다. 고양이는 각자의 쉴 공간이 있어야 하고, 각자 따로 놀아주어야 하며, 밥그릇도 화장실도 모두 따로 마련해줘야 한다는 식이다. 게다가 이러한 이론은 수많은 모범 집사들의 노하우를 거치며 더욱 구체화하기에 이른다. 각자의 밥그릇, 각자의 자리, 각자의 화장실, 각자의 놀이 시간……. 그런데 여기서 상식적인 의문이 하나 생긴다. 사회성이 낮고 독립적인 두 고양이가 한정된 실내에서 함께 살아간다면 이들은 과연 행복할까? 더 나아가, 이런 개체들이 '함께' 살아가는 것이 현실적으로 가능한 일일까? 거듭 말하지만, 고양이는 사회성이 낮을 뿐이지 없는 것이 아니다.

독립적인 동물이라고 해서 평생 혼자 살아야 한다는 뜻도 아니다. 우리는 '고양이 습성'이라는 개념을 지나치게 고정된 틀에 가두고, 그 결과 고양이의 사회성을 과소평가하는 오류를 범하고 있다. 고양이가 독립적이기 때문에 오직 이들만이 특별히 각자의 공간이 필요한 것이 아니다. 사람도, 개도, 동물 대부분도 저마다 쉴 수 있는 공간은 필요하다. 365일 내내 누군가와 붙어 있어야만 하는 삶은 아무리 사회성이 뛰어난 동물에게도 버거운 일이다. 다만, 각자의 공간이 '독점적 공간'일 필요는 없다는 사실에 주목해야 한다. 유연한 공간 인식이야말로 고양이들의 평화로운 공존의 핵심이다. 내가 좋아하는 자리에 다른 고양이가 머물러도 기분 나쁘지 않고, 내 밥그릇에 다른 고양이가 얼굴을 들이밀어도 싸움으로 번지지 않으며, 화장실을 공유하는 것에도 거리낌이 없는 상태가 순조로운 합사 상태이다. 고양이 합사란, 단순히 두 고양이가 한집에서 함께 살아간다는 모호한 개념으로 설명할 수 없다. 경계심 많고 예민한, 두 영역 동물들이 한 영역을 공유한다는 것은 '각자의 공간'이라는 인식이 희미해지고, 내 것과 네 것의 구분이 없어지며, 더 나아가 '함께 하는 활동'에 거부감이 없어져야 한다는 것을 의미한다. 고양이의 본성을 바꾸자거나 바꿀 수 있다는 얘기가 아니다. 고양이의 본래 성향을 존중하되, 그 성향에 갇히지 않도록 돕자는 것이다. 그리고 그 가능성을 펼칠 수 있는 환경을 만들어 주는 것은 전적으로 집사의 몫이다.

5. 합사 과정에서 집사의 역할

합사 상담을 하다 보면 보호자들로부터 다음과 같은 고민을 굉장히 자주 듣는다. "첫째 자리를 둘째가 자꾸 뺏어서 첫째가 화를 내요.", "첫째 밥을 자꾸 둘째가 먹는데, 자기 밥만 먹게 할 수 없을까요?", "숨숨집이 여러 개가 있는데도 둘째는 꼭 첫째가 좋아하는 데만 들어가서 자꾸 싸워요." 이런 상황에서 둘 중 '합사에 더 협조적인 쪽'은 누구일까? 우리의 예상과는 다르게 합사를 잘해보려고 심혈을 기울이는 있는 쪽은 둘째다.

두 고양이가 한 공간에서 살기 시작했다는 것은 이제 영역이 '공유되기 시작했다'라는 뜻이다(수동적 공유). 하지만 같은 지점을 공유하는 인식은 그보다 훨씬 나중에야 형성된다(능동적 공유). 그리고 이 과정에서, 이미 독립적으로 살아온 첫째는 자신의 영역에 대한 소유 의식이 강한 반면, 새로 온 고양이(특히 어린 개체나 사회성이 높은 고양이)는 첫째와 가까워지고 싶고, 첫째가 쓰는 물건에서 정보를 얻고 싶어 한다. 합사의 궁극적인 목표는 '내 것, 네 것'의 경계를 흐리는 데 있다. 그런데 많은 보호자가 고양이 간의 유대는 바라면서도, 공간이나 자원의 공유는 철저히 금지하는 경우가 있다. 이는 결국 모순된 조건을 만드는 셈이다. 그 결과, 첫째를 따라다니고 함께 있고 싶어 하는 둘째는 쉽게 '냥아치', 혹은 '애물단지'로 오해받는다.

① 공간 충돌을 해결하는 몇 가지 방법
·기존 고양이가 신입 고양이의 지나친 짝사랑에 거부감이 심한 경우

→ 둘째의 일방적인 짝사랑은 제지와 분리만으로는 해결할 수 없다. 두 고양이가 서로 가까운 거리에 머무는 상황을 서로 타협하도록 전략을 써야 한다. 비슷한 형태의 쉴 공간(스크래쳐, 방석, 바구니 등)을 나란히, 약간 거리를 두고 놓아보자. 나란히 두는 것으로 두 고양이가 곧장 사이좋게 하나씩 자리 잡고 앉을 것이다. 그래도 좌절하지 말고 기다려주자. 시간이 지나면 그 거리를 점차 좁히는 방식으로 유도하자. 둘째는 '완전히 같은 자리는 아니지만 그대로 가까이 있는' 상태에서 함께 하고 싶은 욕구를 어느 정도 해소할 수 있다. 첫째는 자신만의 공간이 어느 정도 보장된다고 느끼며, 동생이 근접 거리에서 머무는 상황을 허용하게 된다.

·고양이끼리 한 장소에서 잦은 충돌이 발생할 경우

→ 해당 지점을 아예 없애버리고, 그 대신 다른 곳에 새로운 쉼터를 마련하자. 이때도 동일한 방식으로 두 개의 용품을 나란히 두되, 처음에는 몇 걸음 정도 거리를 두고 점차 가까워지도록 한다. 고양이는 집 전체를 영역화하고, 각 지점을 특정 행동과 연결해 기억하기 때문에 불쾌한 상황이 과도하게 각인된 장소는 과감히 제거해 주는 편이 낫다.

· 신입 고양이를 향한 기존 고양이의 거부감이 잦아든 경우

→ 첫째의 거부감이 어느 정도 사그라지면 두 마리가 함께 머무를 수 있는 넓은 프레임의 쉴 곳을 군데군데 마련해 보자. 시중에서 판매되는 대형 고양이 방석, 원형 바구니, 대형 스크래쳐 등을 활용할 수도 있고, 벤치, 유아용 텐트, 아기 요람, 널찍한 소파처럼 사람용 가구를 병행해 활용할 수도 있다. 굳이 새 제품을 구매하지 않더라도 식탁 의자를 두 개 붙이거나 선반을 비워두는 것만으로도 두 고양이가 같이 앉아서 머물 수 있는 충분한 휴식 공간이 만들어진다. 물론, 두 고양이가 함께 앉을 수 있는 넓은 방석이나 바구니를 마련했다고 해서 곧바로 둘이 사이좋게 지내는 모습이 연출되지는 않는다. 기존 고양이는 혼자서 공간을 사용하는 것에 익숙해져 있어서, 상대방과의 물리적 거리감이 좁혀지는 것에 부담을 느끼기 때문이다. 그럼에도 불구하고 합사 초기 고양이의 밥자리나 휴식 공간을 두 뼘 정도의 간격을 두고 나란히 배치해주거나 함께 쉴 수 있는 공간을 마련해 주는 노력을 중단하지 말자. 함께 이용하는 공간 구성은 서로에 대한 관찰과 모방, 그리고 학습을 가능하게 하여 자연스럽게 두 고양이 사이의 유대감을 키워준다.

장기적인 관점에서 볼 때, 두 고양이가 단순히 하나의 영역을 함께 쓰는 것을 넘어서 하나의 지점까지 자연스럽게 공유하고 번갈아 사용할 수 있도록 관계를 발전시키는 것이 올바른 합사의 진행 방향이다.

이를 위해서는 시간이라는 자원이 필수적이며, 고양이 각자가 가진 심리적 준비 상태를 세심하게 살피며 단계를 조율해야 한다. 결국 합사의 최종 목표는 고양이의 본래 성향을 존중하되, 그 성향에 갇히지 않도록 돕는 것이다. 고양이는 독립적인 동시에, 충분히 사회적일 수 있다. 그리고 그 가능성을 펼칠 수 있는 환경을 만들어 주는 것은 전적으로 집사의 몫이다.

② 고양이의 유대감 형성을 위한 공동 활동 (관련 내용은 6장 '놀이의 중요성'에서 상세히 다룬다)
✔ 두 고양이를 넓은 공간에 두고 사냥 본능을 자극하는 장난감을 번갈아 흔들며 놀아주기
✔ 집사가 청소나 정리 정돈을 할 때, 싱크대 하부장이나 서랍장 등을 함께 구경하게 하기
✔ 집안의 소가구를 가끔 재배치하여 함께 변화된 환경을 탐색하게 하기
✔ 두 고양이가 집사 주변에 모여 있을 때, 집사가 두 고양이 사이에 앉아 양쪽을 번갈아 쓰다듬어주며 스킨십 공유하기
✔ 평소 개방되어 있던 방을 일정 시간 동안 닫아두었다가 다시 개방하기. 호기심을 이용해 두 고양이가 함께 그 방을 탐색하는 상황을 유도.

공동 활동 후 제공되는 보상은 고양이가 스스로 움직이며 얻을 수

있는 형태가 바람직하다. 예를 들어, 간식을 낮은 그릇에 담아 개별적으로 주는 대신 주변 바닥에 트릿을 흩뿌리거나, 액상형 간식을 바닥에 소량씩 짜서 고양이가 스스로 찾아 먹게 하자. 억지로 간식을 미끼로 붙여놓는 방식은 고양이의 스트레스를 오히려 증폭시킬 수 있다. 중요한 것은 고양이가 능동적으로 행동하게 만드는 것이다. 훈련을 강제로 시도하기보다는 자연스러운 선택과 행동을 통해 서로 간의 거리를 좁혀가도록 돕는 것이 효과적이다. 고양이는 자신이 훈련받는다는 인식을 하지 않을 때 더 잘 학습한다. 자발적 참여와 반복 경험을 통해 긴장을 완화하고 관계를 발전시키는 환경을 조성하자.

③ 합사 중 자주 발생하는, 오해받기 쉬운 행동 패턴

·화장실 따라가기

고양이 한 마리가 화장실을 사용하는데 다른 고양이가 화장실 앞까지 따라가거나 귀찮게 하는 행동은 관찰자인 우리의 눈에 심각한 문제처럼 보일 수 있다. 특히 방광염이나 배뇨 문제와 관련된 염려가 있을 때 더더욱 그렇다. 그러나 이러한 행동을 무조건 화장실 사용 방해 행동으로 간주해서는 안 된다. 합사 초기에는 상대방으로부터 직접적으로 획득할 수 있는 정보의 양이 턱없이 적다. 그러니 자연히 간접 정보 수집에 더 의존하기 마련이다. 고양이 화장실이 '상대방의 가장 신

선하고 따끈따끈한 냄새 정보가 집중된 곳'이라는 사실을 고려하면, 호기심 많은 고양이가 그 공간을 확인하고자 하는 욕구는 지극히 당연하다. 이때의 귀찮게 하는 행동은 상대방의 화장실 사용을 직접적으로 막으려는 의도가 아니라, 낯선 관계에서 비롯된 조급함이 만들어낸 어색한 반응에 가깝다. 경험이 부족하고 관계 맺는 법을 아직 배우지 못했거나, 마음이 조급한 고양이는 자신이 할 수 있는 방식대로 행동하기 때문에 때때로 너무 들이대는 방식으로 불쾌감을 유발하게 되는 것이다.

·동거묘가 화장실을 사용할 때마다 따라가는 상황을 중재하는 방법

따라가는 고양이가 극성스럽든 아니든, 화장실을 따라가는 행동 수정의 기준은 화장실을 사용하는 고양이가 볼일을 무사히 마치고 나오는지 아닌지에 달려 있다. 만일 화장실에 볼 일을 보러 간 고양이가 뒤따라온 고양이 때문에 화장실 사용이 힘들다면, 뒤따라간 고양이를 간식이나 장난감을 이용하여 화장실에서 3~4걸음 떨어진 곳으로 불러서 유인하자. 집사가 화장실 앞에서 간식이나 장난감으로 유혹해 다른 곳으로 데려가는 게 아니라 간식이나 장난감으로 유혹해 화장실로부터 3~4걸음 떨어진 집사에게 스스로 오게 하는 해야 한다. 이 방

법은 집사의 부름에 곁으로 유도된 고양이를 새로운 자극(장난감, 간식 등)에 집중하면서, 그동안 상대방은 화장실을 편히 사용할 수 있도록 보조해 주기 위함이다.

반면, 따라간 고양이가 다소 부산스럽게 구는 상황에서도 상대 고양이가 화장실을 무난히 사용하고 나온다면, 별도의 중재는 필요 없다. 대신 화장실 사용을 성공적으로 마친 고양이에게 보상을 제공해 자기 효능감을 높여주는 것이 좋다. 조금은 번거롭고 복잡하게 느껴지는 이 유인책의 장점은 화장실을 따라가는 고양이에게 새로운 흥미 요소를 제공해 스스로 행동을 선택하게 하는 것이 핵심이다. 보호자가 직접 고양이들에게 다가가 상황을 정리하는 노골적인 개입은 '너 잠깐 다른데 가서 있어', '내가 널 도울게', '너는 내 도움이 필요해!'라는 명확한 표현이다. 이는 고양이의 능동성을 떨어뜨려 집사의 대처에 과도하게 의존적으로 되게 한다. 이를 테면, 화장실 앞의 마찰을 악화시키는 집사의 대처에는 다음과 같은 것들이 있다. 화장실을 따라가서 귀찮게 하는 고양이를 안아서 다른 공간에 격리함. 화장실을 사용하고자 하는 고양이를 안아서 일부러 화장실 안이나 근처로 데려다주거나 화장실을 편히 쓰도록 화장실이 있는 방문을 닫아두도록 배려함. 이렇게 되면 한 고양이는 집사의 도움 없이는 화장실을 쓸 수 없게 되고 다른 고양이는 집사가 자기를 말리지 않는 한 절대 스스로 행동을 멈추지 않게 된다.

· 동거묘의 화장실 사용을 방해하고 가로막는 행동

한편, 시간이 몇 개월이 흘러도 한 고양이가 다른 고양이의 화장실 사용을 매번 방해하고 심지어 동거묘의 화장실 진입을 차단하는 행동이 명확하게 관찰된다면, 두 고양이 간의 불화는 꽤 심각한 수준에 이르렀다고 할 수 있다. 이러한 행동은 오랜 시간 적대적인 관계를 유지해온 고양이 사이에서 발생한다. 이 행동은 더는 간접 정보를 수집하려는 호기심에 따라가는 것이 아니라, 화장실을 특정 상대와 공유하고 싶지 않은 거부 심리의 형태이다. 즉 이런 상황은 단순히 화장실에서 발생하는 껄끄러운 장면이 아니라 전반적인 관계의 변질을 의미한다. 이 경우 우선순위는 중재를 통한 행동 수정이 아니라 관계 회복이다. 유대감을 증진할 수 있는 공동 활동을 늘리고, 갈등 상황에서는 장난감 등을 활용해 분위기를 부드럽게 중재해주어야 한다.

이들에게는 필히 개방된 형태의 환경 구성이 필요하다. 폐쇄된 공간이 아닌, 서로의 존재를 쉽게 인지할 수 있는 열린 구조는 고양이의 긴장감을 줄여준다. 사이가 좋지 않은 고양이가 사는 환경에서, 화장실을 베란다나 작은 방, 혹은 고양이 방에 따로 배치하는 것은 바람직하지 않다. 진입로가 제한적이고 좁은 공간은 특정 고양이가 입구를 차단하기 매우 용이하며, 이는 괴롭힘을 당하는 고양이를 심한 긴장 상황에 빠뜨린다. 고양이 간의 불화가 있는 가정에서는 거실이나 안방 등 고양이의 주요 생활권에 화장실을 분산해 배치해야 하며, 가능하면 최소한 3곳 이상(2마리 기준 - 또한 3개의 화장실을 의미하는 것이 아니라 세 군데의 화장실 위치를 의미)에 화장실을 배치하는 것이 좋다. 만약 환경 조정과 집사의 훈련으로도 관계 개선이 어렵다면, 전문가의 조언을 받는 것도 현명한 선택이다.

· '냥아치' 고양이의 행동에 숨겨진 진짜 의미

합사가 시작되면 종종 두 고양이 사이에 불편한 장면이 연출된다. 둘 중 한 마리가 동거묘의 밥을 가로채 먹거나, 쫓아다니며 자리를 빼앗는 듯한 행동을 보이는 것이다. 이러한 행동은 기존 고양이가 갑작스러운 변화에 불안함을 느끼며 주도권을 행사하려 할 때도 나타나지만 대개는 새로 온 고양이에게서 나타난다. 이 모습을 본 보호자들은 곧잘 걱정에 빠진다. '우리 아이가 성격이 나쁜 건 아닐까?' '왜 이렇게 못되게 굴지?' 하지만 이 행동은 결코 단순한 공격성이나 성격의 문제로 치부할 수 없다. 오히려 그 이면에는 친해지고자 하는 본능적 시도와 생존 전략이 숨어 있다.

아직 서로에게 낯선 두 고양이 중, 상대방에게 더 큰 호기심이나 호감을 느끼는 쪽이 먼저 적극적인 신체적 접근을 시도한다. 이른바 '밥을 뺏어 먹는' 행위는 단순한 영역 침범이 아니라, 주요 활동을 공유하고자 하는 본능적인 교류의 심리가 밑바탕에 깔려 있다. 특히 새로 온 고양이는 이미 이 공간에서 생존하고 있는 고양이가 먹는 음식이 가장 안전하고 신뢰할 수 있는 자원이라고 판단하기 마련이다. 마치 새끼 고양이가, 어미가 물어다 준 먹이를 당연히 받아들이듯 말이다. 그렇다면 왜 굳이 '빼앗아 먹는' 형태가 되는 걸까? 이유는 4단계의 심리적 인지 과정을 거쳐 정리할 수 있다.

1단계, 사료의 종류가 서로 다르다.
2단계, 내가 원하는 밥은 저 멀리 떨어진 밥그릇에 담긴 밥(검증되지 않은 음식)이 아니다.
3단계, 설령 서로 멀리 떨어진 두 그릇에 동일한 사료가 담겨 있더라도 동거묘가 먹고 있는 밥(믿을 수 있는 좋은 먹거리)과 자기 밥이 '같은 것'이라는 확신이 없기다.
4단계, 나는 동거묘가 먹고 있는 저 밥을 함께 먹어야 한다.

고양이는 본능적으로 움직이는 대상을 관찰하고, 타 고양이의 행동을 모방하는 습성을 가지고 있다. 예를 들어 친한 동거묘가 평소에 관심 없던 간식을 맛있게 먹는 모습을 보면, 자신도 그 간식에 흥미를 보이며 함께 먹어보려 한다. 합사 초기에는 이런 모방 심리가 유난히 강하게 작동한다. 이 시기의 행동을 잘 활용하면 유대감 형성에 큰 도움이 되지만, 반대로 고양이는 사회성이 낮다는 고정관념에 따라 밥그릇과 휴식 공간을 철저히 분리하게 되면 오히려 고양이의 관계 형성을 방해하는 결과를 초래하기도 한다. 각자의 밥그릇이 따로 떨어져 있고, 자리를 함께 쓸 수 없는 구조라면 친해지고자 다가간 신입 고양이는 반복적으로 거절당하거나, 기존 고양이의 불쾌한 반응에 불안해지거나 위축될 수밖에 없다. 특히 밥을 먹으러 갔더니 상대가 자리를 피하거나, 밥을 아예 먹지 않고 돌아서는 상황이 반복되면 신입 고양이 역시 식사를 포기하기도 한다.

합사 초기 둘 중 한 마리의 호기심 내지는 호감이 출중하게 높다면 밥그릇들을 같은 영역에 두자(아이들의 관계 상태에 따라 같은 영역의 다른 지점, 또는 두 뼘 정도 떨어뜨린 같은 지점 등으로 조절할 수 있다). 합사가 잘 진행되고 있는 집에서는 고양이가 저들도 모르게 상대방의 행동 패턴을 모방하는 경향을 강하게 보인다. 누군가 밥을 먹으면 멀리서 지켜보던 고양이도 밥그릇으로 다가오고, 한 마리가 화장실에 들어가면 다른 한 마리가 따라가며 같은 자리를 두고 옥신각신하기도 한다. 간식을 서로 바꿔 먹거나, 스크래쳐 옆에 각각 나란히 앉는 풍경도 자주 목격된다. 심지어 이전에 잘 먹지 않았던 음식도 내가 좋아하는 상대가 먹는 모습을 보면 먹어 보려 시도하기도 한다.

영역 동물인 고양이가 특정 영역에서 행복할 수 있는 기본 조건은, 자기가 사는 영역 안에서 자기가 가고 싶은 곳을, 원하는 때에 자유롭게 이동할 수 있는 것이다. 그런데 종종 이러한 기본 권리가 무시된다. 지나친 걱정이 앞서 격리를 무기한 감행하거나, 하네스 훈련이 반드시 필요한 상황이 아님에도, 기존 고양이의 거부 반응을 이유로 새로 온 고양이에게 하네스를 채워 긴 시간 묶어두는 집들도 있다. 이런 상황에서 신입 고양이는 극심한 스트레스를 경험하게 되고, 경우에 따라 공격성으로 이어지기도 한다. 더욱 안타까운 사실은, 이처럼 '필요하지 않은 훈련'은 자주 해당 고양이의 사회성을 꺾고 본연의 긍정적 성향을 퇴색시키기도 한다. 안전한 환경은 고양이에게 필수적인 요소이다. 그러나 너무도 자주, 합사를 진행하는 집사들의 두려움과 걱정이(혹시나 싸울까 싶어, 혹은 첫째가 너무 스트레스를 받는 것 같아서) '안전한 환경 제공'으로 정당화된다. 이로 인해 한 고양이가 자신의 영역을 온전히 누릴 권리가 제한되는 환경이 '안전'을 빌미로 당연해지는 상황은 늘 안타깝다.

6. 관계 개선 (장기 격리 관계, 재합사)

지금까지 우리는 처음 만난 고양이가 무리 없이 한 공간에서 생활하게 되는, 이른바 '합사'에 대해 알아보았다. 하지만 모든 고양이의 합사가 같은 심리적 흐름을 정확하게 따르지는 않는다. 합사는 그 시작점에 따라 심리적 역학이 달라진다. 처음 만난 고양이의 관계를 형성하는 '합사'와, 이미 알고 지내던 고양이의 '관계 회복'을 위해 진행

되는 '재합사', 또는 초기 합사에 실패해서 입양 이후 줄곧 격리 상태(6개월 이상)로 지내 온 '장기 격리 관계의 합사'는 일반적인 합사와는 다른 관점이 필요하다. 나는 개인적으로 이 둘을 '합사'가 아닌 '관계 개선'의 카테고리로 분류한다.

　같은 관계 개선이라도 과거에 사이가 그럭저럭 나쁘지 않았던 고양이 사이에서 벌어진 갈등과 처음부터 적대감이 뚜렷했던 고양이 간의 갈등은 회복 가능성에서 차이를 보인다. 예를 들어, 병원 마취가 필요한 치료 후 집에 막 돌아온 상황(특히 스케일링), 목욕 후 체취가 바뀐 상황, 혹은 낯선 손님들이 다녀간 뒤의 스트레스 상황은 두 고양이 사이에 싸움이 촉발할 수 있다. 이처럼 외부 요인에 의한 충돌은, 보호자가 상황을 오히려 악화시키는 방식으로 개입하지 않는 한(보호자가 싸우는 고양이의 모습에 놀라 소리를 크게 내거나 싸움을 말리는 과정에서 오히려 고양이를 더 흥분시켜 싸움이 커진 경우) 대개 몇 시간 내지는 며칠간의 격리 후 안정을 되찾으며 회복되는데 이들의 이전 관계가 얼마나 튼튼했느냐가 관계 개선과 속도의 중요한 변수가 된다.

한 번의 큰 싸움후 관계가 틀어졌기에 보호자가 보기에는 돌발적 싸움이 원인으로 느껴진다. 그러나 사실 그 이전부터 이들의 유대가 그다지 단단하지 않았기 때문에 위기 상황에서 쉽게 무너진 것이다. 보호자가 목격한 큰 싸움은 촉발의 트리거였을 뿐 관계 악화의 원인은 아니라는 얘기다. 이러한 관계 악화의 가장 큰 문제는, 기존에 형성되어 있던 행동 언어의 약속이 깨져버린다는 데 있다. 서로의 행동을 긍정적으로 해석할 수 있었던 시절에는, 상대방의 치근덕거림이 귀찮더라도 공격적인 의도가 아니라는 걸 알고 넘어갈 수 있었다. 하지만 한번 크게 싸운 뒤에는 같은 행동을 전혀 다르게 받아들이게 된다. 의심과 경계가 앞서고, 자연스럽게 다가가던 방식도 어색해진다.

유대감이 깊었던 고양이들은 단 몇 시간 안에 다시 가까워지기도 하지만(그러나 유대감이 깊은 고양이는 돌발상황으로 인해 관계가 틀어지는 일이 매우 드물기는 하다), 관계가 데면데면했던 경우는 수주 또는 수개월이 걸리기도 한다. 그럼에도 불구하고 이들 사이의 관계 회복 가능성은 처음 합사를 시도했을 때부터 반응이 부정적이었던 고양이, '장기 격리 관계의 합사'보다 훨씬 높다. 처음부터 서로를 거부하던 고양이는 긴 시간 동안 격리와 해제를 반복해도 관계가 좀처럼 나아지지 않는 경우가 많다. 그들은 한 번도 서로를 좋아한 적이 없기 때문이다.

처음부터 격리와 해제를 반복하거나, 아예 수개월 동안 따로 지낼 수밖에 없었던 고양이는 관계 개선이 훨씬 어렵다. 그들은 서로에 대해 왜곡되고 부정적인 인식이 굳어질 대로 굳어져 있다. 이들이 지닌 거부감과 적대감은 단순한 낯가림이 아니다. 또한 이들이 서로에게 형성한 부정적 인식은 그저 자주 얼굴 보면서 간식을 먹는 시간이 해결해주는 선을 넘어서 있다. 이미 고착된 부정적 인식은 쉽게 바꾸기 어렵다. 마치 고대 사람들이 '태양이 지구를 돈다'고 믿던 시절, 아무리 '지구가 태양을 돈다'고 설명해도 납득하지 못하던 것과 같다. 압도적인 비율로, 6개월 이상 격리 생활을 했고, 한 번도 제대로 함께 생활해 본 적 없는 고양이(24시간 격리 없이 지내본 경험이 거의 없다)는 둘 중 한 마리가 매우 강한 공격성을 보인다. 이들을 일반적인 방식(인터넷에서 얻은 정보나 조언)대로 보호자가 독자적으로 합사 훈련을 진행하는 것은 아주 위험할 수 있다. 만약 가정의 고양이가 이런 상황에 놓여 있다면 전문가의 도움을 받아 현재 고양이들의 심리상태를 정확히 파악해 보자. 이들의 합사가 가능한지, 가능하다면 어떤 방식으로 접근해야 할지를 점검받는 것이다. 양측 고양이의 심리상태를 고려하지 않은 비체계적인 합사 방법, 위험에 대한 적절한 대안이 고려되지 않은 합사 시도는 고양이가 누려야 할 삶의 질을 회복 불가능한 수준으로 망가뜨릴 수 있다.

7. 새로운 고양이를 들이기 전 반드시 생각해야 할 것들

이미 고양이를 반려하고 있는 가정에서 동생 혹은 친구 고양이를 입양하는 데는 나름의 이유가 있다. 혼자 남겨진 고양이가 외로워 보여서, 함께 살던 고양이를 떠나보낸 뒤 우울해 보여서, 혹은 우연히 마주친 고양이의 사연이 자꾸 마음에 걸려서. 이런 사연 속에서 입양을 결정하는 것은 응당 공감 가능한 일이지만, 그 결정의 결과가 자칫 누구도 원하지 않던 방향으로 흘러갈 수 있다는 점도 고려해야 한다. 잘만 된다면, 합사는 기존 고양이와 새로 온 고양이 모두 더할 나위 없이 행복해질 수 있는 길이다. 하지만 현실은 우리의 바람만큼 항상 따뜻하지만은 않다. 새 고양이를 데려온 뒤 기존 고양이가 스트레스로 힘들어하는 모습을 보며 죄책감을 느끼고, 격리 방안에서 몇 달째 나가지 못하는 새 고양이를 바라보며 마음이 무너진다. 진퇴양난의 이 상황을 어떻게 하면 예방할 수 있을까?

합사가 힘든 고양이들은 전형적으로 두 부류로 나뉜다. 다른 고양이를 거부하면서 하악질을 하는 욕쟁이와 다른 고양이를 쫓아다니면서 괴롭히는 깡패다. 많은 보호자가 다른 고양이를 공격하는 고양이를 '사회성이 낮은' 고양이라고 생각하지만 실상 둘 중 사회성이 더 낮은 쪽은 욕쟁이다. 왜냐면 하악질을 하는 심리는 회피 심리이며 이는 거부감에서 비롯된다. 그러나 공격하는 심리는 적대감에서 출발하는 데 적대감이란 상대방을 향한 불쾌한 인식에서 출발한다. 또한 공격 행동은 어디까지나 신체 접촉이다. 신체 접촉은 가장 기본적인 고양이 행동 언어이다. 따라서 공격적인 고양이는 사회적 소통에 활용하는 행동 언어를 가지고 있는 고양이들이 상대방에 대한 나쁜 인식이 축적될 경우 평소 자주 사용하던 신체 접촉이 변질되어 공격 행동으로 표출되는 것이다. 1장에서 설명한 바와 같이 고양이는 나이별로 성향의 변화를 겪는다. 사회성이 급감하기 시작하는 2살 이상의 고양이는 새로운 사회적 관계를 형성하는 데 한계가 있을 수 있다. 이 시기를 지나면 호기심 많고 활동적인(사회성이 풍부할 여지가 높은) 고양이라 하더라도, 그 성향이 공격성과 감정적 격앙으로 발현될 가능성이 있다.

여기서 한 가지 아이러니한 상황이 생긴다. 사회성이 낮은 고양이는 하악질이나 으르렁거림으로 거부감을 표현하긴 하지만, 물리적 충돌은 적다. 그러니 이들은 집안 분위기를 껄끄럽게 만들지언정 굳이 격리하지 않아도 괜찮은 경우가 참 많다(다른 고양이를 심하게 공격하지 않으니 위험도가 낮다). 그렇게 어영부영 같이 살다 보면 어느새 거부감도 상당 수준 둔감화 되어 데면데면한 공존이 가능해지는 것이다. 그러나 높은 호기심과 에너지를 지닌, 이른바 사회성이 높을 여지가 더 많은 고양이는 상대와의 부정적 인식을 반복하게 경험하면 상대를 스토킹하고 공격 타이밍을 노려 괴롭히는 공격 행동으로 퇴색하기 쉽다. 이들은 직접적인 신체 공격을 하기 때문에 격리 없이 같이 두기가 힘들 수 있다. 즉 사회성이 더 높았던 이들이 삐뚤어지면 합사가 굉장히 어려워지는 것이다.

　기존 고양이가 있는 상태에서 새로운 고양이 입양을 염두에 두고 있다면 기존 고양이의 성격뿐 아니라, 나이와 사회화 히스토리 등을 모두 객관적으로 짚어볼 필요가 있다. 현재 반려하고 있는 고양이가 어린 시절 3개월령까지 어미와 동배 고양이 사이에서 함께 자란 고양이라면 2~3살까지는 비교적 합사가 원활할 수 있다. 반면, 펫샵 출신이거나 일찍 어미와 떨어져 자란 고양이라면 1년 6개월만 되어도 합사가 힘들어진다. 강아지와만 자란 고양이도 마찬가지다. 다른 동물과 함께 자란 경험이 있다고 해서, 고양이 간의 사회성을 지닌 것은 아니다. 고양이의 사회성은 고양이와의 접촉 속에서, 즉 고양이의 '모국어' 속에서 길러지는 것이다. 이미 두 마리 이상의 고양이를 키우고 있는 가정에서도, 새로운 고양이의 입양은 신중히 판단해야 한다. 기존 고양이가 평화를 유지하면 지내는 듯 보여도 이들이 속으로 조용히 감정을 억누르고 있는 것일 수도 있다. '이번 한 번만 더 참자'라는 내면의 인내 속에서 이미 피로가 누적되고 있을 수 있다. 또한 집이 넓다고 해서 반드시 고양이를 키우기 좋은 환경인 것도 아니다. 보호자의 동거 시간, 고양이와의 상호작용 빈도와 기간, 개체 수 대비 욕구 충족 정도가 훨씬 더 중요하다.

외동묘 보호자들에게 자주 듣는 질문이 있다. '혼자 있는 시간이 긴 게 더 불행한 걸까요? 친구가 있는데 친하지 않은 게 더 불행한 걸까요?' 이 질문의 정답은 안타깝게도 '어느 쪽이 덜 불행한가'에 가깝다. 고양이는 혼자서만 살 수 있는 동물이 아니다. 사람과 살든, 동물과 살든, 그 누구에게든 심리적으로 '의지'하며 살아간다(의존이 아닌, 의지다). 그런데 사회성을 잃어가는 시기의 고양이에게 싫은 친구와 종일 함께 있는 삶은, 외롭지만 평온한 독거보다 더 불행할 수 있다.

8. 모두가 싫은 고양이, 다묘 가정에서 '모두 공격하는 고양이'가 만들어지는 과정

　다묘 가정에서의 관계 갈등은 흔히 '일대일 구도' 즉 괴롭히는 고양이와 괴롭힘을 당하는 고양이가 뚜렷이 구분된다. 괴롭히는 고양이는 유난히 한 고양이에게만 못되게 굴고, 나머지 고양이와는 상대적으로 무난한 관계를 유지하는 게 전형적이다. 해서 보호자들은 이들의 관계를 '가해묘와 피해묘'의 이분법으로 판단하기 쉽다. 물론 고양이 사이에 실제로 위계가 생기거나, 한 고양이가 지속적인 스트레스의 원인이 되기도 하지만, 고양이의 공격성은 일방적 지배 욕구보다는 불안, 혼란, 스트레스 같은 감정 상태에서 비롯된다.

그런데 이 불안정성이 일정 지점을 넘어가면 상황은 복잡해진다. 이들의 공격이 단지 한 마리에게만 향하는 것이 아니라, 집 안에 있는 여러 고양이에게(주로 공격을 가하는 대상이 있다고 할지라도) 무차별적으로 확산 되기 시작하는 것이다. 하루에도 몇 차례씩 눈에 띄는 아무나 쫓고, 덮치고, 기습적으로 발길질을 하며, 고양이 모두가 그 공격하는 고양이를 피해 몸을 숨기거나 긴장한 상태로 하루를 보내게 된다. 보호자의 눈에는 갑작스레 '집 안의 누구든 다 싫은' 고양이가 된 것처럼 느껴질 수 있다. 흔히 이런 행동을 보이는 고양이를 '공격하는 고양이'라고 부르지만, 실제로 이 고양이의 내면은 공격성으로 가득한 것이 아니라, 모두에게 등을 돌릴 수밖에 없는 수준의 극심한 스트레스에 놓인 것이다.

모두를 공격하는 고양이는 사실 '그 누구와도 연결되어 있지 않은 상태'에 가까운 존재다. 단지 동거묘와의 갈등만이 아니라, 보호자와의 애착도 약해져 있는 경우가 많다. 보호자에게 애정을 느끼는 고양이는 사회적 갈등이 있더라도 비교적 유연하게 감정을 조절한다. 반면, 보호자와의 관계에서 신뢰를 느끼지 못하거나 무관심하게 방치되어 온 고양이는 집 전체를 불안한 공간으로 인식하고, 관계의 균형을 지키기 위한 노력보다는 관계 자체를 단절하려는 반응을 보인다. 생활 반경 안의 모든 것에서 불만족과 불안정을 느끼기에 이들의 공격성은 점점 더 광범위하고 충동적으로 악화 된다. 결국 고양이는 자신을 방어하려는 본능적 행위로 주변 모두를 밀어낸다. 이런 상태에 이르면, 문제는 단순한 '고양이 사이의 관계'로만 다룰 수 없다.

공격하는 고양이가 된 고양이는 이미 환경 전체에 대해 적대적이고 피로한 인식이 있다. 이는 단지 다른 고양이가 마음에 들지 않아서가 아니라, 삶 자체에 만족하지 못하고 있다는 하나의 신호인 셈이다. 식사 시간에도 주변을 경계하고, 쓰다듬으려 다가가면 몸을 비틀며 피하거나 심지어 보호자에게도 공격 행동을 보이기도 한다. 일부 고양이는 사람이 없는 밤에만 활동하고, 대낮에는 따로 떨어진 장소에서 외롭게 지내며 모든 접촉을 피하는 패턴을 보이기도 한다. 이것은 단지 성격이 까칠한 고양이의 모습이 아니다. 자신을 둘 곳이 없다고 느낄 때 고양이가 선택할 수 있는 생존 방식 중 하나다. 특정 고양이가 보이는 공격성의 확대는 때로 다른 고양이에게도 전염된다. 반복되는 긴장과 위협 속에서 이전까지는 잘 견뎌왔던(이들도 괜찮았던 것은 아니다) 고양이까지 불안정한 반응을 보이게 되고, 머지않아 다묘 가정 전체의 분위기가 뒤틀리기 시작한다. 보호자는 특정 고양이 하나를 문제의 중심으로 바라보지만, 실상은 그 한 고양이를 통해 모든 고양이의 스트레스 지수와 환경의 부조화가 드러난 것일 뿐이다. 그래서 이를 해결하기 위해서는 '문제를 일으키는 고양이'를 고립시키는 방식은 임시방편일 뿐이다. 궁극적인 해결을 위해서는 함께 사는 고양이들 전체의 생활 패턴을 다시 바라보는 프레임 전환이 필요하다.

 가장 먼저 보호자는 공격하는 고양이의 일상을 섬세히 되짚어볼 필요가 있다. 이 고양이가 평소 어디에 주로 머무는지, 하루 중 언제 가장 예민한지를 관찰하고, 공격하는 고양이가 가장 좋아하는 활동이나 간식(동거묘와 함께 하는), 사람과의 상호작용을(야단맞지 않고 칭찬받고 사랑받는 경험) 늘려줘야 한다. 그것을 중심으로 다시금 보호자와의 유대감과 신뢰를 회복하자. 간단한 장난감 놀이조차 이 고양이에게는 '내가 이 집에서 아직 무언가를 즐길 수 있다'라는 감각을 되살리는 통로가 될 수 있다. 이와 함께 고양이 간의 불화를 '한 고양이의 문제'로 단정 짓지 않는 태도를 갖추어야 한다. 공격하는 고양이는 단지 '나쁜 고양이'가 아니다. 이들은 가장 절실히 도움을 갈구하는 고양이다. 모든 관계에서 등을 돌리고 있다는 건, 이 고양이가 느끼는 세상이 얼마나 불안정하고, 외롭고, 위협적인지를 그대로 보여주는 지표다. 우리가 이 고양이에게 줄 수 있는 가장 강력한 지원은 '너는 혼자가 아니야'. '너도 사랑받고 있어'라는 메시지다. 고양이는 혼자 살지 않는다, 라는 말은, 가장 먼저 우리가 외면하고 있던 이 고양이에게 향해야 한다.

잘못된 합사는 고양이의 일상 전체를 위협한다. 사람처럼 이혼도 마음대로 할 수 없는 고양이는, 상호 간의 고통 속에서 견디다 못해 심각한 스트레스와 공격 행동으로 터져버린다. 이쯤 되면 보호자도 뒤늦게 합사를 단념하게 되지만, 이미 고양이는 너무 많은 것을 잃은 후다. 여기에 더해 어떤 보호자들은 셋째 입양을 통해 기존의 갈등을 해결하려 하기도 한다. 첫째가 둘째를 힘들어하니, 셋째가 둘째의 관심을 끌게 하여 첫째에게 쉴 틈을 주려는 전략이다. 이론상 그럴듯하지만, 현실에서 이 핑크빛 미래는 실현 가능성이 매우 낮다. 서로 사이가 나쁘다고 할지라도 보통 둘째는 첫째를 멘토로 여기는 동시에 집착한다. 마치 애증의 감정을 갖는 것처럼 말이다, 그렇기 때문에 셋째가 와도 첫째를 향한 둘째의 관심과 집착은 쉬이 사라지지 않는다. 셋째와 둘째가 친해진다고 해도 첫째에게는 둘 다 부담스러운 존재가 된다. 둘째가 첫째를 대신해 셋째와 교류하면서 생기는 집단 외로움의 감정이, 오히려 첫째를 더 고립시키기도 한다. 집사의 의도와는 달리, 첫째와 둘째가 연대하여 셋째를 피하거나, 셋째로 인해 생긴 스트레스를 서로에게 전가하는 상황도 빈번하다. 셋째 입양이 둘째에게 긍정적인 영향을 미칠 확률은 첫째가 둘째를 귀찮아하지만 둘째가 아직 어린 경우에 한정된다.

나는 고양이의 심리와 행동을 설명할 때 '확률'이라는 단어를 자주 사용한다. 확률은 어디까지나 확률이다. 지구상의 어떤 현상도 100%

를 보장하지 않는다. 그럼에도 확률은 단순한 예측의 편의가 아니다. 사람의 시선으로, 감정 섞인 주관적 관점으로만 고양이를 판단하는 실수를 줄이기 위한 도구다. '아이가 외로워 보여서', '심심할까 봐', '불쌍한 아이니까 잘 보듬어줄 거 같아서' 하는 마음만으로는, 우리가 예상하지 못한 결과를 감당해 낼 수 없다. 고양이 합사는 언제나 가능성과 위험성을 함께 품고 있다. 그만큼 사전 준비와 충분한 이해, 그리고 냉철한 판단이 요구된다.

5장.
마음의 상처가 있는 고양이들과 함께 살기

1. 사회화 시기를 어미와 함께 보내지 못한 고양이
2. 학대 경험이 있는 고양이
3. 잦은 파양 경험이 있는 고양이 임시보호처를
   자주 이동했던 고양이
4. 사람을 많이 따르는 길고양이와 유기묘
   (집을 나온 고양이)
5. 아기가 태어난 집에서 고양이가 우울해질 때

예전에는 고양이 하면 다가가기 어려운, 사람에게 정을 주지 않는 야생적인 동물로 인식되곤 했다. 그러나 요즘 들어 고양이와 함께 살고 싶어 하는 사람들이 눈에 띄게 늘어났다. 많은 사람이 이들의 차가운 표정 뒤에 감춰진 깊은 애정과 교감의 농도를 알게 되었다. 조용한 성격, 자기 스스로 돌볼 줄 아는 독립성, 그리고 마음을 연 사람에게만 보여주는 희소한 애정 표현은 고양이만이 지닌 고유한 매력이다. 이들의 특별함은 짧은 시간 안에 수많은 사람의 마음을 사로잡았고, 이제는 '고양이 시대'가 도래했다고 해도 과언이 아니다. 하지만 빛이 밝을수록 그림자 또한 짙게 드리운다.

세상에는 고양이를 제 인생에서 가장 소중한 존재 중 하나로 여기는 보호자도 있지만, 그렇지 않은 사람들도 존재한다. 어떤 고양이는 실내에서 지내다가 어느 날 갑자기 보호자의 애정이 식어 길거리로 내몰리기도 하고, 마치 애물단지처럼 이 집 저 집을 전전하다 결국 떠돌이 신세가 되기도 한다. 어떤 고양이는 베란다 구석 한편에서 몇 년을 고립된 채 지내거나, 심지어 목줄에 묶여 생활하기도 한다. 어떤 고양이는 참혹한 학대를 견디다가 구조된다. 이런 악의적인 의도가 아니더라도 또 다른 고양이는 보호자의 갑작스러운 사망으로 하루아침에 터전을 잃고 낯선 공간에 보내지기도 한다.

이들의 공통점은 이들 모두가 마음의 상처를 안고 있다는 것이다.

마음의 상처가 있는 고양이를 마주할 때 꼭 기억해야 할 사실이 있다. 마음의 상처는 반드시 눈에 띄는 방식으로 표출되지는 않는다는 점이다. 이따금 이들의 아픔은 매우 조용하게, 그리고 천천히 드러난다. 이전의 삶과는 비교할 수 없을 만큼 좋은 환경에 놓이게 되었더라도, 이들은 쉽게 마음을 열지 않는다. 아니, 정확히 말하면 그러지  못한다. 이전에도 전혀 예상치 못한 순간에 고통을 겪었던 기억이 이들의 마음을 단단히 틀어막았기 때문이다. 다정한 손길 앞에 어느새 마음이 스르르 풀리다가도 갑자기 얼어붙고, 조금 전까지 머리를 비비던 보호자의 발소리에 화들짝 놀라 침대 밑으로 숨어버리기도 한다. 아무 걱정 없어 보이는 일상적인 자극조차 이들에게는 공포가 되어 되돌아오기도 한다. 부드러운 이불, 흥미로운 장난감, 푸짐한 식사 모두 이들의 마음을 열기에는 부족할 수 있다. 그렇게 이들은 구석에서 조용히 웅크린 채, 자신을 지켜낸다.

보호자들 대부분은 과거 학대나 반복된 파양 경험이 있는 고양이를 입양할 때, 어느 정도 마음의 준비를 한다. 아이가 마음을 열 때까지 기다려주겠노라, 다짐하면서 말이다. 그러나 이 기다림에는 기한이 없다는 사실을 미처 실감하지 못한다. 이들의 상처받은 마음이 열리기까지 얼마의 시간이 걸릴지는 아무도 알 수 없다. 심지어 고양이 저 자신도 모른다. 다행히도, 이 끝이 보이지 않는 인내 속에서도 많은 보호자는 진심 어린 시간을 함께 쌓아갈 테지만, 그 과정에서 어떤 보호자는 슬며시 지치고, 점차 서운한 감정을 품게 되기도 할 것이다. '이렇게 잘해 주는데도 얘는 왜 아직도 마음을 열지 않을까'

그나마 다행인 건, 마음의 상처를 전형적인 방식으로 드러내는 고양이는 보호자의 공감을 사기 쉽다는 점이다. 예를 들어 불안과 두려움으로 인한 위축, 식욕 부진, 무기력한 상태, 경계심 가득한 회피 행동 같은 태도는 우리에게도 분명히 상처의 징후로 느껴진다. 하지만 모든 고양이가 이렇게 '교과서적인' 방식으로만 마음의 상처를 표현하는 건 아니다. 일부 고양이는 겉보기에 지나치게 활달해 보인다. 과잉 활동이나 새벽 시간대의 산만하기 그지없는 텐션, 또는 끊임없이 무언가를 물어뜯거나 먹지 말아야 할 것을 먹는 이식증, 화장실 외의 장소에서 배변하기, 지나친 울음 등 다양한 문제 행동의 형태로 마음의 불안을 표출한다. 어떤 고양이는 다른 고양이에 대한 극심한 경계심과 거부 반응으로, 혹은 보호자에게 지나칠 정도로 집착하는 방식으로 내면의 상처를 표현한다. 이들의 모습은 얼핏 행복한 '개냥이'처럼 보일 수도 있다. 그러나 심리적 의지가 아닌 의존적인 과도한 애착은 '건강한 사랑'이 아니라 '불안한 집착'일 수 있다는 사실을 간과해서는 안 된다.

다양한 형태로 상처를 품은 고양이를 진심으로 사랑하고자 한다면, 우리는 이들을 알아야 한다. 이해는 관계의 시작이며, 기다림은 그 관계를 지탱하는 사랑의 언어다. 이들을 온전히 이해하고자 하는 마음은 단지 이들을 돕는 것을 넘어서, 인간과 고양이 모두에게 더 건강한 공존을 가능하게 해주는 길이기도 하다. 이번 장에서는 마음의 상처가 있는 고양이가 처한 상황별 심리상태와 그에 따른 주요 행동 양상을 살펴보고자 한다. 물론 고양이의 정서나 태도는 복합적인 요소로 이루어져 있어, 상황마다 딱 떨어지게 구분해 설명하기는 어렵다. 하지만 우리가 이들을 조금 더 깊이 이해하고자 한다면, 각기 다른 상황을 기준으로 나누어 살펴보는 시도 자체가 의미 있는 첫걸음이 될 것이다.

1. 사회화 시기를 어미와 함께 보내지 못한 고양이

생후 1~2개월 사이, 즉 사회화 시기 혹은 그 이전에 어미와 떨어진 고양이는 자라면서 성향상 어딘가 모난 구석을 갖게 될 가능성이 크다. 다만 이 '모난 구석'이라는 표현이 곧 문제 행동을 의미하는 것은 아니다. 이들이 보호자와 충분한 시간을 보내고, 다양한 실내 놀이를 접하며, 풍요로운 환경에서 안정적으로 자란다면 함께 살기에는 전혀 문제가 없는 고양이로 성장하기도 한다. 즉, 여기서 말하는 '모남'은 행동의 파괴성보다 '적응력'과 밀접한 관련이 있다.

보호자의 사랑을 똑같이 받고 자란 두 고양이 중, 한 고양이는 어미와 동배 형제들과 함께 사회화 시기를 보냈고, 다른 한 고양이는 생후 1개월령에 사람에게 입양되었다고 가정해보자. 이 경우, 어미와의 분리 시점이 이른 고양이일수록 새로운 환경이나 상황에 대한 적응력이 낮게 나타나는 경향이 있다. 여기에 더해 각 개체가 지닌 고유의 성격도 큰 영향을 미친다. 기질적 성격이 무던한 고양이는 변화에 유연하게 반응하지만, 까칠한 기질을 타고난 고양이는 같은 히스토리를 가졌다고 해도 적응에 더 큰 어려움을 겪는다. 어린 고양이는 대체로 호기심이 많아서 성격 차이를 한눈에 구분하기는 어렵지만, 시간이 지나면서 그 차이가 점차 드러난다.

그렇다면 이러한 성장 배경을 가진 고양이는 언제 어떤 상황에서 '모난 구석'을 드러내는 것일까? 이들이 살아가는 환경이 풍족하다면 - 먹거리, 놀거리, 보호자와 보내는 시간이 충분하며, 외동묘이거나 동거묘와의 관계가 원만하다면-겉으로 드러나는 문제는 거의 없다. 생활에서 일정 정도의 불편함을 감수할 심리적 여유가 있기 때문이다. 가령, 주요 활동 공간에서 멀리 떨어진 화장실 위치가 다소 불편하더라도 소변 문제 없이 잘 사용한다. 그러나 반대로, 보호자와의 교감이 부족하거나 동거묘와의 사이가 불편해지면 이 작은 불편함이 심리적으로 감당하기 어려운 부담이 되며, 이때부터 '모난 구석'이 모습을 드러낸다.

실제로 여러 마리의 고양이를 함께 반려하다 보면, 모두 같은 방식으로 돌보고 있음에도 어떤 고양이는 성격이 유난스러워 손이 많이 가기도 한다. 이는 각 개체의 성격 차이 외에도, 유년기 히스토리가 큰 영향을 미친 결과다. 태어난 이후 유년기의 환경이 불안정했던 고양이는 환경 변화에 매우 민감하다. 가장 대표적인 상황은 새로운 고양이의 등장이다. 평소엔 비교적 순한 모습을 보이던 고양이가 새 고양이가 들어오자 갑작스럽게 공격적인 행동을 보이거나, 예민함이 폭발하는 사례는 결코 드물지 않다. 성격이 원래 소심한 고양이는 회피와 긴장이 강화되고, 활발하던 고양이는 과도한 텐션으로 호전성을 보이기도 한다. 나는 고양이의 합사를 앞두고 상담이 들어올 경우, 반드시 보호자가 키우고 있는 기존 고양이의 유년기 히스토리를 반드시 확인한다. 이들의 과거가 현재의 반응을 좌우하는 핵심 요인이 되기 때문이다.

이들이 또 다른 방식으로 '모난 구석'을 드러내는 상황은 일상 자극에 대한 민감도에서도 찾을 수 있다. 고양이는 기본적으로 예민한 감각을 지니고 있다. 소리에 귀를 쫑긋 세우고, 낯선 냄새에 각성하며, 손님이 방문하면 대부분 은신처로 몸을 숨긴다. 그러나 일부 고양이는 낯선 이에게 다가가 몸을 비비는 행동을 하기도 한다. 많은 사람이 이 모습을 '접대묘'로 착각하지만, 이는 단순한 애정 표현이 아니라 경계를 유지한 채로 이방인을 탐색하는 과정이다. 이때 성급한 손길은 그들의 갑작스러운 하악질이나 공격 행동을 유발할 수 있다. (따라서 누군가의 가정에 방문했을 때, 고양이가 먼저 다가왔다고 해도 가정의 집사에게 이 고양이의 반응 경험을 물어보는 것이 바람직하다) 우리는 고양이의 이와 같은 예민함을 익히 들어 알고 있다. 그렇기에 고양이는 예민하다는 사실 자체에 이의를 제기하지는 않는다. 다만 주목해야 할 점은 회복력이다. 평소 잘 놀라지 않는 고양이뿐만 아니라 놀라더라도 곧장 원래의 차분한 상태로 회복하는 시간이 짧은 고양이는 무던한 고양이다. 무던한 고양이는 일시적으로 놀라지만 금세 안정된 상태로 돌아가고, 점차 자극에 둔감해지며 여유로워진다. 나는 이러한 고양이를 '멘탈이 좋은 고양이'라 부른다. 유년기 히스토리가 불안정했던 고양이는 일반적인 고양이에 비해 자극 이후 회복까지 걸리는 시간이 긴 양상이 자주 관찰된다.

그뿐 아니라, 회복의 계기를 놓치면 불안이 증폭되기도 한다. 이런 고양이에게 집사의 대응은 매우 중요하다. 많은 보호자가 예민한 고양이를 위해 지나치게 조용한 환경을 만들고, 자극을 즉각 제거하며,

고양이를 극진히 달래는 경향이 있다. 그러나 이러한 과보호는 오히려 민감성을 강화하는 결과를 낳는다. 일상적인 생활 소음에 조금씩 익숙해지게 하고, 자연스러운 일상에서 적당한 자극을 경험하게 하는 것이 회복 탄력성을 기르는 데 더 도움이 된다.

또 하나, 유년기 히스토리가 좋지 않은 고양이는 문제 행동 발생률이 비교적 높다는 특징이 있다. 문제 행동의 양상은 단번에 생겨나는 것이 아니라, 고양이가 기존에 보였던 행동 중 하나가 불만족이라는 조건과 맞물려 과도하게 발현된 결과물이다. 원래 야옹거림이 많았던 고양이는 환경이 불만족스러울 때 울음이 극단적으로 늘어날 수 있다. 어릴 때 어떠한 이유로 인해 대소변 문제가 있었던 고양이는 스트레스를 받을 시에 화장실 문제 행동을 보일 수 있다. 스크래칭이나 그루밍 등의 고유 습성이 문제 행동이 되어, 충분한 스크래쳐가 있음에도 이불이나 가구에 발톱을 긁고, 과잉 그루밍처럼 일상적인 습성인 그루밍이 자해 수준으로 과도해지기도 한다. 역설적이게도 고양이가 본래 갖고 있던 이와 같은 습성 기반 행동들이 '문제 행동'으로 변질되는 실질적 원인은 대부분 환경적 요인과 보호자의 대처 방식에 있

다. 한 예로, 방 3개에 넓은 거실을 갖춘 넉넉한 집에서 집사 한 명이 여러 고양이와 함께 살고 있었다. 집사와 함께 사는 고양이는 모두 1개월 이전에 구조되어 그녀가 인공 수유로 살려낸 아이들이었다. 그런데 집안의 고양이 모두가 울기, 소변 문제 행동, 이식증, 과잉 그루밍 등의 크고 작은 문제 행동을 보이고 있었다. 모두 어릴 때부터 함께 살기 시작했음에도 고양이 간의 사이도 그리 돈독하지도 않았다.

이 고양이들이 이런 문제점을 보이는 이유는 환경적 이유가 가장 주된 원인으로 보였다. 1인 가정이란 조건에 묘구수가 많았고 결정적으로, 보호자가 취침 시간을 제외하고 고양이와 함께 보낼 수 있는 시간은 하루 4시간이 채 되지 않았다. 이 말은 고양이 각자의 심리적 불만족을 드러내기 시작하는 시점에 보호자가 적절하게 대처하여 행동을 개선해줄 시간이 부족했다는 뜻이기도 했다. 실제로 집사는 아이들이 문제 행동을 보일 때마다 친절하게 달래서 해당 행동을 부드럽게 무마했다. 왜냐면 그 방법이 가장 빠르게 고양이의 문제 행동을 멈출 수 있는 방법이었기 때문이다. 그러나 문제 행동을 대체할 다른 긍정적인 할 거리가 없는 상태에서 행해지는 이런 상냥한 제지는 오히려 '보호자의 관심'이라는 반응과 맞물려 문제 행동을 강화한다) 이런 환경 조건은 해당 가정이 결코 좁지 않고 (방 3개에 넓은 거실) 풍족함(캣타워 3개를 비롯한 여러 개의 스크래쳐, 자동급식기를 이용한 식사 등등)에도 불구하고 고양이들이 저마다의 문제 행동을(우는 고양이, 소변 문제 고양이, 오버그루밍을 하는 고양이) 보이게 되는 결과를 초래했다.

영유년기 히스토리가 좋지 않았다고 해서 '적응을 못 하는 것'은 결코 아니다. 다만 이들 중 대다수는 '적응에 시간이 오래 걸린다'다. 변화에 대한 스트레스가 지나치게 크다면 일시적으로 변화를 유예하거나 점진적으로 노출을 줄여야 하겠지만, 일반적인 수준의 변화라면 고양이 대부분은 변화에 잘 적응해낸다. 내 경험에 따르면, 적응력이 없는 고양이는 한 마리도 없었다. 또한, 고양이의 예민함을 오로지 어릴 적 히스토리에만 귀속시키는 것 역시 바람직하지는 않다. 본래 예민한 기질을 지닌 고양이가 섬세하고 철두철미한 집사와 함께 생활하면서 더욱 예민한 성향으로 강화되기도 한다. 나는 이런 경우의 고양이를 '금쪽이' 고양이라고 부른다. 이들에 관한 이야기는 이 책의 마지막 장에서 보다 깊이 있게 다룰 예정이다.

2. 학대 경험이 있는 고양이

사람에게 학대를 받았거나, 이전 보호자로부터 방치된 경험이 있는 고양이는 공통으로 불안정한 심리상태를 보인다. 하지만 이 불안정함은 천편일률적이지 않다. 고양이가 타고난 성격에 따라 그 두려움과 불안을 드러내는 방식은 제각기 다르기 때문이다. 그럼에도 불구하고 가장 뚜렷하게 나타나는 일반적 특징은 사람, 특히 과거의 상처를 연상케 하는 대상과의 소통에 어려움을 겪는다는 점이다. 예를 들어 남성에게 학대를 받은 고양이는 이후 남성 보호자에게 유독 예민하게 반응하거나 경계심을 드러낸다. 또 키가 크거나 목소리가 굵은 사람에게도 위협을 느끼는 경우도 흔하다. 이는 상대가 아무리 다정하고 부드럽게 다가간다 해도, 이들의 신체적 조건만으로도 과거의 공포를 자극할 수 있기 때문이다.

그렇다고 해도 이들이 끝내 마음을 열지 않는 것은 아니다. 진심 어린 애정과 꾸준한 배려 앞에서, 시간이 걸리더라도 이들은 조금씩 마음의 문을 연다. 예컨대 과거에 남성에게 학대를 받았던 고양이가 모든 남성을 경계하더라도, 새로운 보호자가 진심으로 다가가고 일관된 태도로 안정감을 주면 결국 그 한 사람만큼은 신뢰하게 된다. 비록 처음 만났을 땐 낯설고 두려웠더라도, 그 대상이 꾸준히 다정하고 예측 가능한 행동을 보여주면 고양이는 그 사람을 '위협이 되지 않는 존재'로 인식하게 되는 것이다. 하지만 시간과 애정이 모든 아픔을 완벽하게 치유해주는 것은 아니다. 일부 경험은 고양이의 심리 속에 지워지지 않는 흉터로 남는다. 이는 일상에 큰 지장을 주지는 않지만, 특정한 상황에서는 여전히 영향을 미치곤 한다. 보호자에게 먼저 다가와 애교를 부리면서도, 막상 보호자가 손을 내밀면 황급히 도망치는 행동을 보이는 식이다. 특정한 장소에서는 쓰다듬는 것을 허용하면서도, 장소가 바뀌면 전혀 다른 고양이처럼 경계심을 보이기도 한다. 위와 같은 행동은 단순히 예민함에서 비롯된 것은 아니다. 고양이의 심리적 능동성과 영역 의식이 함께 작용한 결과다. 고양이가 스스로 다가가는 행위는 능동적인 선택이며, 그 선택에는 '상황이 여의치 않으면 도망가겠다'는 준비까지 포함되어 있다. 이들은 애정을 표현하면서도 동시에 도피 경로를 확보해 두는데, 이는 불안정한 신뢰 구조에서 비롯된 신중한 접근 방식이다. 일반적인 고양이들도 실내의 특정 지점을 자신의 심리적 '안전지대'로 설정하곤 한다. 그런데 이들은 이 양상이 훨씬 두드러진다. 어떤 장소에서는 쓰다듬는 것을 받아들이지만, 다른 장소에서는 같은 행동조차도 위협적으로 받아들이는 것은 이러한 지점 기반의 신뢰 구조 때문이다.

극단적인 심리적 위축상태에 있지 않은 이상, 상당수의 학대 경험이 있는 고양이도 다른 고양이와 크게 다르지 않다고 느껴질 수도 있다. 실제로 우리가 상상하는 최악의 심리적 위축을 보이는 경우는 아주 흔하지는 않다. (하지만 노파심에 밝혀두건대 우리 눈에 보이는 불안정함의 정도가 실제 트라우마의 정도를 나타내는 척도가 될 수는 없다) 과거 트라우마의 경험이 없더라도 소심한 성격의 고양이는 대체로 위험을 느끼면 숨고, 대담한 고양이는 위협 앞에서 공격적으로 반응한다. 이 말은 곧, 학대받은 경험이 있는 고양이와 일반 고양이의 불안정성과 예민함의 차이는 겉으로 드러나는 강도가 아니라 그 깊이에 있다는 사실이다. 학대를 경험한 고양이의 반응은 비슷해 보이지만, 그 회복 속도와 마음을 여는 데 걸리는 시간은 일반적인 고양이가 우리 사람을 처음 만났을 때보다 훨씬 더디고 오래 걸린다.

누군가에게 학대당했거나 이전 보호자로부터 방치되었던 고양이는 환경에 대한 신뢰가 무너져 있다. 물리적인 학대를 당하지 않았더라도, 보호자로부터 무책임하게 방치된 고양이는 곰팡이 핀 사료, 지저분한 화장실, 냄새나는 베란다에서 자랐을 수 있다. 애정은커녕 기초적인 생활 케어조차 받지 못했을 것이다. 이런 고양이가 새집에서 보이는 대표적인 양상은 극도의 위축이다. 다정한 집사가 있고 넓고 안락한 집으로 옮겨졌음에도 불구하고 광장공포증이 있는 것처럼 이들은 구석에만 웅크려 있다. 또는 반대의 양상으로, 쉴 새 없이 울며 밤 혹은 낮에 또는 밤낮을 가리지 않고 집안을 배회하기도 한다. 이런 모습은 새로운 환경을 곧바로 믿지 못한다는 방증이다. 화장실 문제 행동이나 이식증, 과잉 애정 표현, 스크래칭 문제, 과잉 그루밍 등 다양한 문제 행동을 보일 수도 있다. 이는 단순히 '버릇없는 행동'이 아니다. 과거 환경에서의 왜곡된 생활 방식이 현재의 문제로 전이된 결과다. 더러운 화장실을 피해 화장실이 아닌 다른 장소에 볼일을 보던 고양이는 새로운 집에서도 그 습관을 이어갈 수 있다.

제대로 된 놀이 자극이 없던 고양이는 장난감 대신 이불이나 가구를 물어뜯고, 상한 사료를 자주 접했던 고양이는 차라리 먹을 수 없는 물건을 먹는 이식증을 보이기도 한다. 학대나 방치의 과거가 있는 고양이의 이와 같은 모습은 많은 보호자를 지치고 좌절하게 한다. 좀 괜찮아졌나 싶다가도 다시 숨어 있거나 어떤 날은 곁으로 다가와 무릎 위에 앉아 보기까지 하더니, 다음 날엔 하악질을 하며 도망친다.

답답해진 보호자는 참다 참다 고양이에게 투정 어린 말투로 언성을 높인다. "나는 너한테 화 한번 낸 적도 없이 잘해 주는데, 도대체 넌 왜 아직도 그러는 거니…….?" 그런 마음이 들 땐 잠시, 이 고양이의 시선으로 세상을 상상해보자. 친절한 말투나 간식 제공조차도 이들에게는 위협의 전조일 수 있다. 그를 학대한 사람도 처음엔 친절했을지도 모르니까. 간식을 주고 쓰다듬어주며, 방심한 틈을 타 폭력을 가했을지도 모르니까. 그러니 아무리 좋은 환경에 있어도 이 환경이 안전한지 아닌지 아직은 믿을 수 없을지도 모른다. 오랜 불행에 길든 동물은 체념하고 무기력해진다. 조금 의인화해서 설명을 덧붙이자면, 체념한 존재는 감히 희망을 꿈꿀 수 있는 심리적 여력까지 잃어버린다. 그런 점에서 새 환경에 도착한 초기에, 단기간에 보여지는 보호자의 친절과 다정함은 이들에게 오히려 과거의 자극을 이끌어내는 버튼일 수 있다.

이들이 불안정한 행동을 안정된 상태로 되돌리는 데는 시간이 필요하다는 사실을 우리는 이미 알고 있다. 다만 이 기약 없는 기간을 함께 헤쳐 나가기 위해 보호자는 늘 침착해야 한다는 사실을 우리는 자주 잊는다. 이 말이 너무 당연하고 뻔하기 때문이다. 그러나 많은 보호자가 이 원칙을 지키지 못해 '페이스'를 잃는다. 사랑으로 시작한 관계가 보호자의 조급함과 기대감에 의해 흔들리기 시작하는 것이다.

단기간의 애정 표현과 풍족한 환경만으로는 이들이 지닌 마음의 상처를 보듬을 수 없다. 아픈 과거를 겪은 고양이에게 가장 필요한 것은 지속적인 '신뢰의 단서'이다. 그저 친절한 것, 그저 다정한 것으로는 충분하지 않다. 꾸준히, 항상 친절하고 다정해야 한다. 우리는 인내하는 마음으로, 이들을 꾸준히, 그리고 진득하게 설득해야만 한다. 나의 친절함과 다정함은 네가 하늘나라에 갈 때까지 영원할 거라고 끊임없이 알려주며 그들의 닫힌 문을 두드려야 한다. 하물며 우리의 근심 어린 손길에 맞선 그들이 반응이 사납고 날카로워도 우리는 한결같은 다

정함으로 그들을 대해야 한다. 고양이를 향한 사랑이 먼저가 아니다. 이들을 대하는 우리의 한결같은 태도가 먼저다. 그러면서 우리의 동정(우리

는 처음부터 이들을 사랑해서 데려왔다고 믿지만, 사실은 사랑해서 데려온 게 아니라 가여워서, 그래서 마음에 남아서 데려오는 것이다) 은 비로소 진실한 사랑이 된다. 그때쯤이면 이들도 우리를 오롯이 믿게 될 것이다. 그때가 오기까지 고양이가 움직이지 않아도, 놀지 않아도, 숨기만 해도, 보호자는 그 옆에서 말없이 있어 주어야 한다. 편안한 목소리로 말을 걸고, 정성스레 밥을 주고, 함께 같은 방에서 잠을 자보는 거다. 자연스럽고 일관된 태도, 그것이 이들이 우리를 믿을 수 있게 한다.

고양이를 한 번도 반려해보지 않은 사람들은 이들의 아픈 사연을 보고 특정 고양이가 눈에 밟혀도 선뜻 입양할 용기를 내지 못할 때가 많다. 학대나 방치로 아픔을 겪은 고양이에게 손을 내미는 사람들 대다수는 이미 고양이를 반려하고 있거나 거대규모 다묘 가정들이다. 예측해보건대 고양이를 한 번도 키워보지 않은 사람들은 '고양이에 대해 아무것도 모르는 내가 과연 이렇게 아픔이 있는 고양이를 제대로 보듬을 수 있을까?' 하는 고민을 하기 때문으로 보인다.

그러나 너무 어렵게 생각하지 않아도 된다. 이들이 천천히 마음을 열어가는 과정을 곁에서 진득이 기다려 줄 인내심과 용기만 있다면 누구라도 아픔을 가진 고양이의 보호자가 될 수 있다. 거대규모 다묘 가정의 보호자들은 고양이 양육에 관해 자신감이 있기 때문에 마음의 준비와 결단을 오히려 너무 쉽게 내리는 경향이 있다. 이미 묘구 밀도가 높아 기존 고양이조차 생활 만족도가 떨어져 있는 환경이라면, 과거의 아픔이 있는 고양이가 진실로 행복한 삶을 누리기에는, 보장된 행복은, 현실적으로 한계가 있을 수밖에 없다.

많은 보호자가, 입양한 고양이가 '나를 좋아한다'라고 느끼는 순간, 생활 케어나 훈련을 시도한다. 그러나 이것은 매우 안일한 착각일 수 있다. 고양이가 보호자를 '좋아하는 것'과 '신뢰하는 것'은 완전히 다른 차원의 감정이다. 좋아함은 접근을 가능케 하지만, 신뢰는 침범을 허용한다. 고양이가 보호자를 신뢰하지 않으면 발톱을 깎는 것도, 약을 먹이는 것도 극심한 스트레스로 다가온다. 따라서 고양이의 마음이 열리기 시작했다고 해서 조급하게 다음 단계로 나아가려 하지 말자. '좋아함'이 그들의 마음으로 향하는 문이라면, '신뢰'는 그 문 안으로 들어설 수 있는 열쇠이다.

3. 잦은 파양 경험이 있는 고양이, 임시 보호처를 자주 이동했던 고양이

여러 차례 파양을 경험한 고양이도, 학대나 방치 경험이 있는 고양이와 유사한 심리적 궤적을 따라간다. 그리고 다양한 임시 보호처를 전전한 고양이 역시, 아무리 좋은 환경에서 애정을 듬뿍 받았더라도, 이들과 유사한 행동 양상을 보이는 경우가 의외로 많다. 다만 두 카테고리의 고양이가 지닌 심리적 불안감의 강도는 일반적으로 차이를 보인다. 가장 극단적인 불안감은 학대와 방치 경험을 지닌 고양이에게서 나타나고, 그보다 낮은 수준은 파양을 반복 경험한 고양이, 그리고 가장 약한 형태의 불안감은 임시 보호처를 자주 옮긴 고양이에게서 주로 관찰된다.

그러나 이는 어디까지나 일반적인 경향일 뿐, 고양이의 성격과 구체적인 히스토리에 따라 강도와 양상은 얼마든지 달라질 수 있다. 학대나 방치를 경험한 고양이, 파양 경험이 있는 고양이, 임보처를 전전했던 고양이를 하나의 범주로 바라보아야 하는 이유는, 이들의 불안정성이 결국 동일한 기원, 즉 '환경과 대상에 대한 신뢰 결여'에서 비롯되기 때문이다. 모든 고양이가 새로운 환경에 적응하는 데 시간이 필요하지만, 학대 경험이 있는 고양이는 적응기 동안의 불안감이 겉으로 선명하게 드러나는 게 다반사다. 일상 기능이 마비될 정도의 심리적 위축, 극도의 식욕 부진, 사람과의 교감을 완전히 차단하는 행동 등으로 보호자도 쉽게 이를 인지할 수 있다.

반면, 파양이나 임시 보호처의 반복된 이동을 겪은 고양이는 예상

보다 평범한 행동을 보이는 경우가 많다. 보호자가 마련해 둔 격리 방을 스스로 탐색하거나, 이전에 사람 손길에 익숙했던 고양이라면 새 보호자에게 스스럼없이 다가가 애교를 부리는 일도 있다. 문득문득 드러나는 이들의 불안정한 행동은 학대 경험이 있는 고양이와 유사한 양상이지만, 예민함의 강도는 상대적으로 낮은 편이다. 이로 인해 보호자는 이 고양이가 곧 안정을 찾을 것이라고 기대한다. 그러나 이들이 지닌 불안정성은 '강도'보다 '지속 기간'에 있다. 쉽게 표현하면, 이들의 뜨뜻미지근한 불안정함은 학대받은 고양이에 비견될 정도로 오래도록 이어진다는 것이다. 비록 이들이 겉으로 보기에 괜찮은 듯 보일지라도 회복이 다 된 게 아닐 수 있다.

입양 초기에 고양이가 눈에 띄게 위축되고 긴장하는 모습을 보인다면, 보호자는 자연스레 "아직은 시간이 필요하겠구나"라고 생각하며 인내심을 갖는다. 그러나 새 고양이가 겉보기엔 비교적 일상적인 행동을 하면서도 밤마다 울거나, 먹기는 하지만 식욕이 그리 왕성하지 않거나, 종종 다른 고양이에게 괜히 시비를 거는 듯한 행동을 보이면 보호자는 혼란스럽다. "쟤는 왜 성격이 저럴까? 스트레스 때문은 아닌 것 같은데……."라는 의문이 생기는 것이다. 이러한 기대와 현실의 간극은 입양된 고양이에 대한 관찰과 해석에 영향을 준다. 잦은 파양이나 임시 보호 이동을 겪은 고양이가 보여주는 '큰 문제 없어 보이는 불안정성'은 그저 얕은 상처가 아니라, 마치 아무렇지 않아 보이지만 깊이 자리 잡은 만성적 상처에 가깝다. 보호자는 이들이 겪어온 반복된 상실과 단절의 경험이, 불안정함을 깊숙이 내면화하도록 만든다는 사실을 이해해야 한다. 이들은 새로운 환경과 사람에게 '온전한' 신뢰를 형성하지 못한 채 '낫지 않는 상처'를 지닌 상태로 오랜 기간을 지난다. 따라서 이 고양이를 마주한 보호자에게 가장 필요한 태도는, 그 상처가 '온전히' 봉합되는 동안의 인내심이다.

그간의 상담을 바탕으로 한 통계에 따르면, 학대 경험이 있는 고양이를 입양한 보호자보다, 여러 임시 보호처를 오간 고양이를 입양한 보호자가 이들을 다시 파양하는 비율이 훨씬 더 높았다. 이는 우리에게 매우 중요한 심리적 시사점을 제공한다. 직설적인 예를 들어 이 부분을 설명해 보고자 한다. 문제 행동을 보이는 두 고양이 중 한 마리는 학대받은 과거가 있고 다른 한 마리를 파양 경험이 있다면 사람들은 파양 경험을 더 미미한 트라우마로 간주한다. 따라서 미미한 트라우마에도 문제 행동이 있는 고양이는 키우기 힘든 성격의 고양이로 판단하여 다시 파양하는 경향이 있다는 얘기다. 겉보기에는 큰 문제가 없는 듯 보이는 고양이도 실제로는 깊은 불신과 체념을 안고 있다는 사실을 많은 보호자가 간과한다. 입양 후에도 여전히 밤마다 울거나, 아무 이유 없이 다른 고양이를 괴롭히는 등 특이한 행동을 보이는 경우, 우리는 그 이유를 '성격 문제'나 '질투'라고 단정 짓기 쉽다. 그러나 그것이 어쩌면 사랑받는 법을 학습하지 못한, 혹은 '언젠가 또 떠나게 될 것'이라는 마음의 방어일 수도 있다는 점을 잊지 말아야 한다. 파양의 경험과 임보처를 전전해 온 고양이들도 학대받은 고양이나 황폐한 환경에서 방치된 고양이처럼 상처가 있다.

학대, 방치, 파양, 임시 보호. 어쩌면 우리는 이들 카테고리의 고양이가 지닌 마음의 상처를 이 각각의 단어들이 우리에게 주는 자극의 강도로 판단하여 오해하는 것은 아닐까? 가장 자극적으로 다가오는 '학대 경험'을 가장 큰 마음의 상처로, 가장 자극도가 낮은 '임시 보호를 전전한 경험'을 가장 낮은 마음의 상처로 말이다. 내가 이런 말을 하는 이유는 임시 보호처를 전전한 고양이가 가진 마음의 상처가 너무도 가볍게 여겨지는 사례를 수없이 접했기 때문이다. 임시 보호자 대부분은 최선을 다해 고양이를 돌본다. 다만 '보호자의 돌봄'과 '보호자와의 심리적 유대감'은 다르다. 그리고 바로 이 지점에서 잦은 파양과 임시 보호처 이동이라는 유사한 경험을 가진 두 유형의 고양이 사이에 미묘한 차이가 발생한다.

파양을 겪은 고양이는 대체로 '신뢰의 상처'를 지닌다. 반면 임시 보호처를 반복적으로 이동한 고양이는 '애착 형성에 대한 체념'을 품고 있는 경향이 자주 관찰된다. 파양을 당한 고양이 대부분은 적어도 한 시기에는 보호자의 애정을 받았던 기억이 있다. 그러나 임시 보호 고양이는 보호자와 깊은 애착을 나누기에는 한계가 있는 환경 속에서 지낸 경우가 많다. 이로 인해 이들은 사람과의 관계에 있어서 '기대하지 않기'를 학습하게 된다. 임시 보호자는 최선을 다해 임보 고양이를 돌보지만, 일상에서 임시 보호 고양이와 기존 고양이 사이에 발생하는 미묘한 우선순위의 차이는 피할 수 없다. 합사 시에 갈등이 생기면 임시 보호자는 본능적으로 기존 고양이의 안위를 먼저 생각하게 되고, 이는 임시 보호 고양이에게 반복적인 심리적 배제를 경험하게 만든다. 짧은 교감 시간, 제한된 공간, 자율성의 부족 등은 이들에게 불균형한 삶의 경험을 안겨준다. 반복되는 배제의 기억은, 결국 사람과의 관계에서 적극성을 잃게 만든다. 고양이 쉼터 역시 다르지 않다. 한정된 인원의 보호자가 수많은 고양이와 모두 똑같은 수준으로 교감하며 유대감을 나누는 것은 현실적으로 불가능하다. 임보처를 전전한 과거를 가진 어떤 고양이는 입양 후에 애정 결핍이 있는 듯 사람에게 과도하게 집착하기도 한다. 하지만, 그마저도 진정한 교감으로 이어지기는 쉽지 않다. 나는 상담 중 보호자들에게 이런 이야기를 자주 한다. "고양이는 자기가 몇 번째로 사랑받는지 압니다. 마음속에 일 순위 고양이가 있더라도, 아이들 앞에서는 그걸 절대 드러내지 마세요." 그런 점에서 임보 고양이들은 매번 자기가 몇 번째 순위인지를 체감해 왔을 것이다.

고양이는 자신이 속한 관계 속에서 미세한 감정의 균열까지도 감지해낸다. 잦은 파양과 임시 보호 경험을 지닌 고양이는 단순히 '한 번 더 버림받은' 존재가 아니다. 이들은 반복된 이별의 경험 속에서 자기를 철저히 보호해온 존재이다.

4. 사람을 많이 따르는 길고양이와 유기묘
   (집을 나온 고양이)

야생 길고양이 가운데 유독 사람을 잘 따르는 고양이가 있다. 이들은 낯선 사람에게도 쉽게 경계를 풀고, 부르면 다가오며, 손길을 허락하기도 한다. 이런 모습은 고양이를 좋아하는 이들에겐 사랑스럽게 비치지만, 반대로 고양이를 싫어하거나 해를 끼치려는 이들에게 쉽게 노출될 수 있는 약점이 되기도 한다. 사람 친화적인 성격이 때로는 생존을 위협받는 원인이 된다. 그런 이유로 유난히 사람 손을 타는 길고양이들이 종종 구조되어 가정으로 입양된다. 그런데 사람을 잘 따르는 고양이 중 상당수가 막상 가정에 들어 왔을 때 기존 고양이와의 합사가 순탄치 않다. 왜 이런 일이 벌어지는 걸까?

길고양이가 사회적 관계를 맺는 대상은 크게 두 부류다. 같은 영역에 함께 사는 고양이와 이 고양이를 돌보는 사람들. 사람을 유독 잘 따르는 고양이는 대체로 다른 고양이와의 관계가 좋지 않다. 같은 무리 안에서 배척받았거나 괴롭힘을 당하며 서열이 낮은 위치에 머물렀던 고양이는, 점차 사람에게 심리적으로 의지하게 되며 사람 친화적인 형태로 진화해 가기 쉽다. 단, 한 살 이하의 어린 고양이는 예외다. 사회성이 높은 어린 고양이는 고양이와도 원만한 관계를 맺고, 사람도 잘 따른다. 그러나 어릴 적에는 고양이와 사람 모두와 관계를 잘 맺던 고양이라도, 시간이 흐르며 다른 고양이와의 사이가 틀어지기 시작하면 점차 사람을 더 선호하게 된다. 고양이 사회에서 멀어지면서도, 살아가기 위해선 의지할 대상이 필요하므로 오히려 고양이가 아닌 사람에게 마음을 기울이게 되는 것이다. 이들의 이러한 선택의 이유가, 영역 안의 모든 고양이로부터 철저한 배척을 당했기 때문이라고 보기는 힘들다. 아마도 서열이 높은 고양이와의 갈등이 주변 고양이와의 관계를 연쇄적으로 위축시키며 이들의 고립을 키웠을 가능성이 크다.

그래서 이들은 다른 고양이에게 우호적이지 않다. 이들은 다른 고양이가 있는 가정에 입양되어 격리문 너머에서 기존 고양이와 마주쳤을 때, 성격에 따라 극도의 거부감을 드러내며 하악질을 하기도, 철창을 두드리며 격렬한 적대감을 보이기도 한다. 그렇다고 해서 사람 친화적인 고양이의 합사가 무조건적으로 불가능하다는 뜻은 아니다. 다만, 야생에서 다른 고양이와 유대 관계를 맺지 못했던 고양이를 기존 고양이와 합사하는 과정이 녹록지 않다는 점은 염두해둘 필요가 있다.

유기묘도 비슷한 맥락을 공유한다. 특히 한국 고양이-도메스틱 코리안 숏헤어, 일명 '코숏'-의 경우, 겉모습만으로는 유기묘인지 야생 고양이인지 구분하기 어렵다. 하지만 해당 지역의 고양이들을 돌보는 캣맘들은 유기묘의 등장을 단번에 알아챈다. 어느 날 갑자기 출몰하여 다른 고양이에게 집중적인 괴롭힘을 당하거나, 처음 보는 사람에게도 거리낌 없이 다가오는 고양이. 병원에 데려갔을 때 귀커팅 없이 중성화가 되어 있다면, 의심의 여지 없이, 유기묘이거나 집을 나온 고양이다. 흥미로운 건, 유기된 지 얼마 되지 않은 고양이도 사람에게 경계심을 보이는 이들도 많다. 급작스러운 환경 변화는 이들을 세상 모든 것에 대한 불신으로 무장하게 하고 구석진 곳에 은신하게 만든다. 그렇게 두려움에 갇혀 며칠간 숨죽여 지내지만 생존을 위해서는 끝내 밖으로 나올 수밖에 없다. 그리고 그때부터 다른 고양이의 공격이 시작되는 것이다.

구조된 유기묘가 가정에 입양되어 기존 고양이와 합사를 시도할 때, 합사 성공률은 일종의 '복불복'이다. 이들 유기묘 중에는 과거 동거묘와 함께 산 경험이 있거나 변화에 유연한 성향도 있을 것이다. 따라서 우리는 알 길 없는 이들의 과거 경험이, 합사 성공률에 영향을 끼친다. 그렇다고 해도 이들이 바깥에서 생활했던 기억 속 다른 고양이로부터 겪은 괴롭힘의 잔재는 며칠, 몇 주 만에 사라지지는 않는다.

특별한 과거 경험이 있는 고양이를 입양한 신중한 보호자들은 이들과 기존 고양이의 안정을 위해 오랜 기간(충분한 시간이라고 표현하는)의 격리를 감행한다. 천천히, 조금씩, 스트레스 없게 얼굴을 보여주는 것, 신중한 보호자들의 절대 지침이다. 그러나 앞서 다루었듯이 격리 생활을 오래 한다고 해서 합사 성공률이 높아지는 것은 아니다. (3장 고양이의 사회성 이해하기 -고양이 합사 참조) 만약 한 마리의 유기묘 혹은 사람을 잘 따르는 야생 고양이의 사연이 당신의 마음에 들어왔다면, 앞으로 펼쳐질 상황에 대해 마음의 준비를 해두는 것이 좋다. 그래야 기존에 함께 살아온 고양이도, 새로 들어올 고양이도, 그리고 집사인 당신 자신도 덜 지치고, 예측 불허의 돌발상황에 현명하게 대처할 수 있다.

5. 아기가 태어난 집에서 고양이가 우울해질 때

고양이의 우울함은 반드시 입양 전의 트라우마에서만 비롯되는 것은 아니다. 새로운 환경에서 일정 기간 잘 적응해왔던 고양이가 특정 계기로 인해 어느 날부터 조금씩 무기력해지고, 놀이 반응이 줄고, 예민해지는 모습이 나타나기도 한다. 이런 고양이의 감정 변화를 들여다보면, 그 중심에는 '바뀐 삶의 흐름'을 확인할 수 있다. 익숙했던 리듬이 깨지고, 믿었던 관계가 어그러졌다고 느낄 때, 고양이는 깊은 우울감을 느낀다. 특히 보호자의 관심이 급격히 줄어드는 상황은 고양이에게 강한 정서적 충격으로 작용한다.

대표적인 예가 '아기의 탄생'이다. 인간의 삶에서 축복으로 가득찬 이 사건은, 아이러니하게도 많은 고양이에게는 혼란과 상실의 사건이 되기도 한다. 모든 고양이가 아기의 존재 자체를 힘겨워하는 것은 아니다. 많은 고양이는 아기를 가족의 일원으로 받아들이며, 조심스럽게 관찰하거나 거리를 유지하면서 아기를 신중히 지켜보는 태도를 보인다. 일부 고양이는 잠 자는 아기 곁을 지키거나, 울음소리에 반응해 보호자를 부르기도 한다. 고양이는 아기의 존재 자체를 본능적으로 거부하는 것이 아니다. 문제의 원인은 '아기가 생긴 이후 보호자의 태도 변화'에 있다.

고양이와 사람은 말이 통하지 않기 때문에 오히려 훨씬 미세한 정서의 변화를 감지하게 된다. 이전에는 하루에도 몇 번씩 쓰다듬어주고, 눈을 맞추며 인사를 건네던 보호자가 어느 순간부터 피곤한 얼굴로 지나치고, 눈도 잘 마주치지 않는다면 고양이는 그것을 '관심의 소멸'로 해석한다. 자신이 밀려났다는 인식은 곧 관계의 불안정으로 이어진다. 그 불안이 쌓이면 고양이는 눈에 띄게 위축된 행동을 보이거나, 반대로 관심을 되찾기 위해 평소 하지 않던 행동을 반복하기도 한다. 우리는 이를 '질투'라고 표현한다. 하지만, 좀 더 정확히 말하면 그것은 '정서적 상실'에서 비롯된 불안정 애착 반응이다. 특히 고양이의 삶의 영역이 아기 때문에 축소될 경우, 상황은 더 심각해진다. 고양이에게 집은 단순한 생활 공간이 아니라 감정을 기반으로 한 심리적 안전지대다. 그런데 아기가 태어난 이후, 위생이나 안전을 이유로 고양이의 거실과 안방 출입을 엄격하게 제한하고, 이전까지 사용하던 영역을 아기에게 모두 내어주는 일이 종종 벌어진다. 배정된 공간은 작고, 흥미 자극이 적고, 보호자와의 접점마저 멀어진 방 한 칸, 고양이의 눈에는 마치 자신이 이 가족에게서 퇴출된 것처럼 느껴질 수 있다. 환경의 변화는 단순히 물리적인 경계를 바꾸는 데 그치지 않고, 고양이의 정서적 지위까지 뒤흔드는 일이 될 수 있다.

이런 상황에서 고양이가 보이는 우울 증상은 다양하다. 활동량이 급격히 줄거나, 일상적으로 즐기던 놀이에 흥미를 잃는다. 식욕이 감소하거나 반대로 과식을 일삼는 등 식습관의 변화가 생긴다. 평소보다 훨씬 예민하게 반응하거나 아예 무감각해진다. 어떤 고양이는 시시때때로 울며 보채기도 하고, 어떤 고양이는 스스로 고립되기를 택하며 한 자리에 웅크리고 있는 시간이 길어진다. 보호자에게 예

민하게 굴거나 다가오는 빈도가 줄어들며 이전보다 눈을 마주치는 일이 확연히 적어지기도 한다. 또 어떤 고양이는 겉보기엔 꽤 괜찮은 듯 보이지만, 그 안에서는 깊은 외로움과 혼란이 고요하게 휘돌고 있다. 고양이의 이런 상태를 '적응 중'이라는 말로 덮고 넘어가면 안 된다. 모든 변화는 일시적인 긴장을 수반한다. 그러나 그것이 장기화되면 '대표적 성향'처럼 굳어져 버릴 수도 있다. 그래서 보호자는 고양이가 겪는 감정의 변화를 단지 행동의 변화로 치부하지 말고, 보다 더 깊이 있는 시선으로 들여다볼 필요가 있다.

아기의 탄생이라는 커다란 전환점 이후에도 고양이와의 관계를 안정적으로 유지하기 위해서는 두 가지가 중요하다. 첫째, 기존의 루틴을 가능한 한 유지하는 것이다. 일정한 시간에 밥을 주고, 짧은 시간이라도 매일 놀이를 함께하며, 눈을 맞추고 말 한마디라도 건네는 것, 사소한 일상이지만, 고양이에게는 그것이 '아직도 이 가족의 일부'라는 안도감을 준다. 둘째, 고양이의 영역을 완전히 차단하기보다는 적절한 방식으로 아기의 공간을 점차 넓혀가면 고양이가 아기와 공간을 공유할 수 있도록 조율하자. 아기의 방에 고양이의 접근을 전면 금지하기보다는, 일정한 시간 동안만 머물 수 있도록 하거나, 방 바깥에서 아기의 존재를 인지할 수 있게 격리문을 활용하는 방법은 아주 효과적이다. 이런 유연한 조정은 고양이의 호기심과 소외감을 동시에 조절할 수 있는 학습 과정이 된다. 무엇보다 중요한 것은 보호자의 태도다. 고양이에게 있어서 '영역'이란 단지 공간의 문제가 아니라, 자신이 소속되어 있는지를 판단하는 심리적 지표이다. 보호자가 여전히 자신을 바라보고 있고, 돌볼 마음이 있으며, 함께 살아가고 있다는 메시지를 일관되게 보여주자. 그것은 자주 마주치는 따스한 눈빛일 수도 있고, 상냥한 인사일 수도 있으며, 변함없는 놀이 후의 한 줌 간식일 수도 있다. 고양이가 느끼는 '소속감'의 끈이 끊어지지 않도록, 보호자가 그 줄을 잡고 있어 줘야 한다. 아기의 탄생은 새로운 가족을 맞이하는 기쁨인 동시에, 기존 가족에게는 조정의 시기다. 고양이도 예외는 아니다. 아기의 탄생으로 발생하는 이들의 우울은 관심과 공간, 그리고 관계의 재조정이 제대로 이루어지지 않았다는 신호일 수 있다.

우리는 지금까지 다양한 환경에서 상처를 입은 고양이에 대해 살펴보았다. 어린 시절의 결핍, 학대, 고립, 그리고 유기의 경험까지. 각기 다른 배경을 가진 이 고양이를 어떻게 도와야 할까에 대한 질문은 하나의 결론으로 모인다. 바로 '신뢰'다.

나는 '순화'라는 단어를 싫어한다. 더 과감히 말하자면, 혐오한다. 나는 '순화'가 '신뢰'의 반대말이라고 믿는다. 고양이는 길들여야 하는 대상이 아니다. 우리는 이들의 마음을 얻어야 한다. 이들이 내 손길을 참아내게 할 것이 아니라, 내 손길이 이들에게 위협이 아니라는 사실을 이들이 느끼게 해야 한다. 설령 끝내 손길을 허락하지 않더라도, 밥을 마련하고 그 곁을 지나치는 우리의 발걸음이 위험의 신호가 아니라는 걸 알려주는 것, 그것이 먼저다. 그렇기에 '순화-내게 길들이는 것'가 우선이 되어선 안 된다. 마음의 상처가 있든 없든 우리의 가족이 된 이들에게 가장 먼저 이뤄져야 할 것은 이곳이, 그리고 우리가 '절대적으로 안전하다'라는 인식이다.

상처받은 고양이 또는 아직 우리에게 마음을 열지 못한 고양이와 물리적 거리마저 쉽게 좁혀지지 않는다면 (근처에만 가도 도망을 가는 경우) 여기에 유용한 팁이 있다.

· 생활 영역부터 겹쳐야 한다.

고양이가 주로 머무는 영역과 보호자의 주 생활 영역에 다르다는 것은 아직 얘가 자신감이 충분히 생기지 않는 상태임을 보여주는 증거다. 해서 가급적이면 고양이의 주 생활 영역과 보호자의 주 생활 영역을 겹치게 할 필요가 있다. 처음부터 쉽지는 않을 것이다. 집사가 거실에 있으면 안방이나 작은 방에 머물고 집사가 안방에 들어오면 다시 슬그머니 거실로 나가는 일이 비일비재 할 것이다. 하지만 고양이가 있는 곳에서 밤에 잠을 청하고 고양이가 거실로 나오면 멀리서 간식을 던져 주는 식으로 서서히 생활 영역을 겹쳐보자.

· 거리를 잘 활용하자

너무 멀리 있으면 서로의 존재 가치가 흐릿해지고, 너무 가까우면 부담스럽다. 눈을 정면으로 마주치지 않은 상태에서 말을 걸되 억지로 만지지는 말자. 별일 없어도 주변으로 자주 자연스럽게 스쳐 지나가자. 고양이를 못 본 척 지나치는 것이다. 고양이가 편안하게 생각하는 장소에서 쉬고 있을 때 자연스럽게 주변으로 스쳐 지나가는게 반복되면 점차 고양이의 경계 반응을 줄일 수 있다. 지나치면서 고양이가 있는 근처에 무심히 간식 한 조각을 두고 가는 것도 경계심을 누그러뜨리는데, 효과적이다.

· 고양이가 편히 안심하는 장소를 파악하자.

고양이가 편하게 머무는 장소를 먼저 파악하자. 그 장소를 기반으로 접근을 시도해 보면 성공률이 높다. 고양이가 바닥에 있을 때보다는 캣타워 위나 소파 위, 선반장 위쪽 등 우리가 서 있을 때의 높이가 크게 차이가 나지 않는 높이에서 머물 때가 접근해 보기 좋은 타이밍이다.

· 스킨십을 시도할 때 핵심은 횟수가 아닌 성공률이다.

고양이를 만지는 것은 고양이가 안전하게 여기는 거리를 존중한 상태의 간접적인 소통이 어느 정도 이뤄진 뒤에 실행되어야 한다. 곁에 가깝게 다가가도 고양이가 도망가지 않는 상태까지 진행되었다면 만져보기를 해볼 수 있다. 이때 중요한 것은 '시도 횟수'가 아닌 '성공률'이다. 꼭 기억하자. 하루에 10번 만지기를 시도했는데 2번만 성공하고 8번은 고양이가 도망갔다면 성공률은 20%밖에 되지 않는다. 하지만 2번을 시도해서 (고양이가 편안히 느끼는 장소를 파악해서 정면이 아닌 옆쪽이나 뒤쪽으로 다가가서 시도) 2번을 모두 만져보기에 성공했다면 성공률은 100%다. 횟수가 아닌 성공률이 고양이가 집사를 신뢰하는 데 직접적인 영향을 준다.

상처받은 고양이 곁에 한결같이 있어 주다 보면, 늘 멀찍이서 지켜보기만 하던 고양이가 슬며시 다가와 당신 곁에 앉는다. 처음엔 무심히 스쳐 가던 몸짓이 팔꿈치에 머리를 기대는 습관으로 바뀌고, 마침내 옆에서 조용히 잠드는 고양이를 마주하게 될 수 있다. 그 변화는 조용히, 그러나 깊게 다가온다. 세상이 잠시 멈춘 듯한 감동의 순간이다. 그러나 그게 다가 아니다. 가장 놀라운 경험은 그 다음에 온다. 경계심으로 가려져 있던 진짜 성격이 하나둘 드러나기 시작할 때야 비로소 우리는 고양이의 본모습을 만난다. 애교도, 장난도, 고집마저도. 그동안 숨기고 있었던 본연의 모습을 이제야 꺼내어 보여준다. 그때가 되면 집사는 조용히 속삭이게 될 것이다. "너 그동안 내숭 떠느라 힘들었겠구나?" 이것은 고양이가 바뀐 것이 아니다. 고양이 안에 원래 있던 성격이, 집사의 끈기와 사랑으로 다시 피어난 것이다. 상처받은 고양이가 마침내 '행복한 고양이'가 되는 순간이다.

6장.
놀이의 중요성

1. '신나게 놀아야 스트레스가 풀린다'라는 단순한 공식의 함정
2. 상호 놀이의 종류와 유의할 점
3. 고양이는 때때로 혼자서도 놀 줄 알아야 한다.

고양이 반려를 계획하는 예비 집사부터 이미 고양이와 함께하는 베테랑 집사까지, 집사라면 고양이에게 사냥놀이가 얼마나 중요한지를 잘 알고 있다. 그러나 '놀이'라는 단어가 고양이 사냥 본능의 깊은 의미를 다 담아내지 못하는 감이 있다. 고양이에게 사냥놀이는 단순히 시간을 보내는 오락이 아니다. 그것은 태어날 때부터 유전자에 새겨진, 삶을 능동적으로 살아가기 위한 최적의 본능적 행동이다.

실내에서 사람과 함께 살아가더라도 고양이의 사냥 본능은 사라지지 않는다. 오히려 한정된 공간과 제한된 자극은 이 본능이 자연스럽게 표출되기 어렵게 만든다. 그래서 사냥놀이는 고양이가 하루 동안 자신감과 활력을 유지하게 해주는 매우 중요한 일상의 루틴이 되어야 한다. 강아지에게 산책이 필요하듯, 고양이에게는 먹고 자고 배변하는 기본 생활 리듬만큼이나 사냥놀이가 필수다.

이 장에서는 고양이에게 사냥놀이가 어떤 의미인지, 집사는 어떤 방식으로 이를 도와줄 수 있는지, 그리고 이 과정이 반려묘와 보호자 사이에 어떤 신뢰를 만들어내는지 깊이 있게 이야기해보려 한다.

1. '신나게 놀아야 스트레스가 풀린다'라는
   단순한 공식의 함정

우리는 흔히 이렇게 말한다. '고양이는 신나게 놀아야 스트레스가 풀린다.' 이 말은 맞는 부분도 있지만, 동시에 틀린 부분도 있다. 일부 고양이에게 놀이는 스트레스 해소 수단이 되지만, 또 어떤 고양이에게는 '신나게 놀자'라는 시도가 오히려 또 다른 스트레스가 될 수 있다는 점을 많은 보호자가 간과한다. 나는 그림 그리는 게 더 좋은데 엄마는 자꾸 나를 태권도 학원에 보내는 것과 같다.

상담을 진행하다 보면 많은 보호자가 사냥놀이를 해주려 애쓰면서 어려움을 호소한다. "우리 애는 누워서 앞발만 움직여요.", "우리 애는 놀이 반응이 너무 없어요.", "놀이 반응 시간이 너무 짧아요.", "놀이할 때 신나게 움직이지 않는데 이렇게 놀아도 스트레스가 풀릴까요?" 이런 보호자들의 고민에는 저마다 이유가 있다. 우리가 접하는 고양이 정보들은 대부분 '고양이 사냥놀이'에 중요성을 강조하지만, 그중 상당 부분이 '격렬하고 신나는 움직임에 의한 스트레스 해소'에 집중되어 있다. 심지어 일부 정보는 고양이가 매일 한 시간 이상 활발하게 놀지 않으면 문제가 생길 수 있다는 뉘앙스를 풍긴다. 보호자들은 고민하기 시작한다. 나의 고양이가 '문제'가 있어서 놀지 않는 건지, 아니면 내가 제대로 놀아주는 방법을 몰라서 그런 것인지. 놀이 반응이 적은 고양이 때문에 집사가 오히려 스트레스를 받는 모순적인 상황이 벌어지는 것이다. 집사들을 이런 고뇌에 빠뜨린 사냥놀이에 관한 정의는 사냥놀이를 오직 '흥분' 중심으로만 해석하고 있다. '사냥'과 '놀이'라는 단어가 결합하니 사냥놀이는 무조건 격렬해야 한다는 인식이 생겨 버린 것 같다. 고양이가 온 힘을 다해 뛰어야만 제대로 놀았다는 느낌이 들고 집사의 의무를 성공적으로 완수한 것만 같다. 신나게 뛰는 고양이가 개구호흡을 하며 쉬는 모습을 보면, 입꼬리가 올라가며 괜히 뿌듯해진다. 이제는 그 의무감을 조금 내려놓자. 모든 고양이가 격렬하게 놀기를 원하는 것은 아니다. 고양이마다 성격이 다르고, 에너지 레벨과 선호하는 자극의 강도도 다르다. 어떤 고양이는 빠르고 강한 움직임에 매혹되지만, 또 어떤 고양이는 느리고 부드러운 움직임에만 반응한다. 사냥 패턴이 매우 활발한 고양이가 있는가 하면, 단지 조용히 관찰하는 것을 선호하는 고양이도 있다. 이런 차이를 무시한 채 '잘 놀게 하겠다'라는 의도로 과한 자극을 주면 오히려 피로감과 불편함을 유발할 수 있다.

"우리 아이가 놀이 반응이 전혀 없다."라고 상담을 요청한 사례 중 하나를 예로 들어보자. 보호자가 보내준 영상 속 고양이는 바닥에 누워 팔랑거리는 사냥감을 앞발로 휘적거리다가, 장난감이 바닥에 떨어져 멀어지면 자세를 고쳐 앉아 천천히 쫓아갔다. 다만 뛰지 않고 걸어서 말이다. 다른 영상도 비슷한 패턴이었다. 고양이는 나름의 방식으로 사냥놀이를 즐기고 있었지만, 보호자의 눈에는 '놀지 않는 고양이'로 보인 것이다. 고양이가 신나게 놀지 않는다고 '문제 있다'라거나 '놀 줄 모른다'라고 단정해서는 안 된다. 어떤 고양이에게 사냥놀이를 격렬한 운동이 아닌 편안한 산책일 수 있다. 중요한 것은 고양이가 얼마나 흥분하는지가 아니라, 안정감 속에서 호기심을 느끼는 대상에 얼마나 몰입하는지 여부다. 진정한 스트레스 해소는 흥분의 폭발이 아니라 긴장의 이완에서 비롯되기 때문이다. 해서 사냥놀이란 단순히 격렬한 움직임이 아니라, 고양이가 자신의 리듬과 감정을 읽어내고 흥미롭게 풀어내는 과정이다. 우리가 고민해야 할 것은 그 '조율'의 방식이다.

많은 보호자가 "우리 애가 놀이 반응이 없어요"라고 말하며 "어릴 때는 정말 잘 놀았거든요"라는 말을 덧붙인다. 현재의 놀이 반응이 예전과 다르다고 고민하며 1살 이전 시절과 비교하지 말자. 고양이는 연령별, 성격별 놀이 형태의 차이를 보인다. 이는 40대가 20대 때처럼 활발하게 운동하지 않는 것과 같다. 연령대가 달라지면 활력뿐 아니라 선호하는 사냥 패턴도 달라진다. 어린 고양이는 호기심이 왕성해서 주변 모든 자극에 반응한다. 집사가 아무 물건이나 던져도 쏜살같이 쫓아간다. 반면 성묘는 이미 여러 경험을 거쳐 단순한 자극에는 무관심하다. 어린 고양이는 하나의 장난감에 쉽게 질리지 않지만, 성묘는 신상 장난감에 잠시 관심을 보이다가 금세 식상해한다. 성묘는 세상 만물이 금방 뻔해지는 거다. 성격에 따라 차이가 있기는 해도, 고양이는 대개 1살 이후부터 놀이 반응이 떨어진다. 어린 고양이는 활동력이 높아 놀이 반응도 좋고, 집사가 집중해서 놀아주면 1시간도 뛰어논다. 그러나 1살이 넘으면 호기심이 줄고 놀이 반응도 현저히 줄어들기 시작한다.

고양이의 1살, 많은 집사가 이 시기에 길을 잃는다. 고양이의 놀이 반응이 줄자 걱정이 된 집사는 "에너지를 발산시켜야 스트레스가 풀린다"라는 막중한 책임감에 고양이 눈앞에 대고 장난감을 조급하게 흔든다. 그러자 오히려 고양이가 귀찮아하거나 도망가 버린다. 이런 상황이 반복되면 놀이 반응은 더 떨어지고, 급기야 고양이는 놀이를 회피한다. 그렇다면 집사는 무엇을 어떻게 해야 할까?

① 어릴 때는 고양이에게 격렬한 놀이만이 아닌 다양한 패턴의 놀이를 경험하게 하자.

놀이 반응이 좋은 시절에 충분한 놀이 경험을 다양하게 접하게 해줘야 한다. 그러나 낚싯대가 여러 개 있다고 다양한 놀이가 되는 게 아니다. 다양한 패턴이란, 뛰거나 점프를 유도하는 낚싯대 놀이, 살짝 건드리고 집중을 유발하는 막대기 놀이, 공놀이, 먹이 퍼즐, 냄새 탐색 등 모든 본능을 골고루 자극하는 것이다. 특히 '팔딱이'라 표현할 수 있는 가히 에너지 넘치는 고양이에게는 격렬한 놀이가 필수다. 이들은 신나게 놀아야 만족한다. 에너지 높은 이들은 동거묘와 놀 때 혼자서 장난감을 독식하며 놀이 분위기를 흐트리기 일쑤다. 만약 이런 고양이에게 힘을 빼야 한다면 격렬한 놀이만 해주면 어떤 일이 벌어질까? 이 고양이는 점점 체력이 늘어난다. 동작도 현란해진다. 슈퍼 고양이의 탄생은 시간문제다. "누나! 나 오늘 체육 시간에 2단 공중돌기 성공했어. 한번 보여줄까? 거기 딱 기다려!" 즉, 놀이 반응이 그다지 좋지 않은 동거묘와 에너지 레벨이 더욱 차이가 나게 된다. 그렇기 때문에 이들에게도 작은 자극에 흥미를 느낄 수 있는 형태의 놀이를 병행해 주어야 한다. (예 : 베개나 이불 속에 막대기형 장난감을 집어넣고 숨겼다 살짝 보여줬다 다시 숨기는 놀이) 고양이 사냥 본능은 뛰는 것만이 아니다. 살금살금 다가가거나, 기회를 노리고, 기다리는 행동도 모두 사냥 본능이다.

② 내 고양이가 선호하는 사냥감 움직임을 관찰하고 파악하자.

성묘는 대개 낚싯대 끝을 바닥에 닿게 해서 좌우로 크게 바닥을 쓸듯이 움직일 때 반응한다. 위아래의 수직으로 흔들었을 때 가장 크게 반응하는 고양이는 대체로 놀이 반응이 아주 좋은 성묘거나 어린 고양이다. 얌전한 고양이는 사냥감을 숨겼다 빼꼼 보여주는 움직임에 흥미를 보인다. 활발한 성묘나 어린 고양이는 크고 펄럭거리는 사냥감에 반응이 좋지만, 일반적으로 성묘는 벌레나 나방 같은 작은 사냥감에 더 관심을 가진다. 성묘가 되면 고양이의 사냥 패턴은 한층 신중해진다. 해서 너무 빠른 사냥감의 움직임에는 적절한 타이밍을 잡지 못해 놀이를 포기할 수 있다. 처음엔 크게 흔들어 주어 관심을 끌어주고 이후 속도를 조절해 사냥감을 잡을 기회를 만들어 주자. 놀이 중 고양이가 장난감을 잡을 수 있는 기회를 자주 주는 것은 아주 중요하다. 너무 난이도가 높으면 고양이는 놀이를 즐기지 못한다. 도통 사냥감을 잡으려 하지 않는 고양이에게는 시선 밖으로 사냥감을 잠시 빼거나, 숨겼다가 다시 꺼내는 '유인' 기술을 써 보자. 잠복을 즐기는 고양이는 테이블 아래나 식탁 의자를 활용해 보자. 그들은 없는 듯 몸을 웅크리고 조용히 기회를 노리다가 불시에 튀어나와 사냥감을 덮치는 것을 즐기니까 말이다. 잠복 패턴을 즐기는 이들 고양이야말로 사냥감을 바닥에 대고 좌우로 크게 휘젓는 패턴에 반응이 좋다. 또한 놀이 시간에 참여는 하지만 반응이 시큰둥한 고양이는 아주 가까이서 사냥감을 움직여 주고 살짝 자극을 주어가면서 호기심을 끌어내야 한다. 한 걸음도 안 걸어가고도, 앞발만 슬쩍 내밀어도 사냥감에 닿을 수 있는 거리면 좋다. 이보다 조금이라도 거리가 멀면, 아무리 사냥감의 움직임이 매혹적이어도 이들은 다른 고양이들의 눈치를 보면서 사냥감을 그저 바라보기만 한다.

지금까지의 내용을 정리하면,
✔ 시선을 끌 만한 자극적인 움직임과 소리로 관심을 유도한다.
✔ 시선을 잡은 뒤 가까운 거리에서 사냥감을 살살 흔들며 약 올린다.

✔ 그래도 반응이 없으면 사냥감을 잠시 멈추고 시선 밖으로 뺀다.
✔ 시선 밖에서 소리만 들리게 하거나 사냥감을 숨겨 도발한다.
✔ 다시 격렬하게 흔들고 위치를 살짝 틀어 고양이 반응을 유도한다.
✔ 가끔은 고양이의 몸을 장난감으로 살살 건드려 반응을 끌어낸다.
✔ 놀이 반응이 시큰둥한 고양이는 가까이서 장난감으로 도발해 보자.

놀이 반응이 적정 수준 이상 있는 고양이들에게는 위의 방법들이 꽤 효과가 있다. 그런데 놀이 시간에 거의 반응하지 않거나 바닥에 드러누워 앞발만 휘적거리는 고양이도 정말 많다. 이런 한량들에게는 사냥놀이 자체보다 심리적 활력을 올려주는 것이 먼저다. 우선 집 안에 새로운 자극과 탐색 거리를 마련해 주자. 아무리 먹거리와 쉴 공간이 풍족해도, 지나치게 조용하고 변화 없는 환경은 고양이를 무기력하게 만든다. 자극이 거의 없는 환경은 오히려 고양이를 예민하고 까탈스럽게 만든다. 소소한 환경 변화가 주는 신선한 자극은 이들의 잠든 호기심을 일깨운다. 만약 가정의 반려묘가 변화에 전혀 관심이 없거나, 새로 들어온 사소한 물건에도 경계심을 느끼고 회피한다면 그것은 집사의 과도한 무자극 환경 조성 탓이다.

가구 배치를 바꿔보거나, 새로운 물건을 주요 활동 공간에 두어 변화를 만들어 보자. 그러면 무기력했던 고양이가 반응하며 탐색하기 시작한다. 이것이 활력의 시작이다. 활력 없는 고양이는 모든게 뻔하고 다 귀찮다. (사냥 본능의 기본 심리는 '저건 뭘까? 하는 호기심이다) 해서 사냥이고 뭐고 그냥 나 좀 내버려 뒀으면 한다. 이런 고양이에게 목표물을 잡아채야 하는 사냥 행동을 끌어내기란 여간 어려운 일이 아닐 것이다.

2. 상호 놀이의 종류와 유의할 점

어릴 때는 사이가 좋다가 성장하면서 점차 멀어지는 고양이가 있다. 단순히 사회성이 줄어든 탓인 것 같지만, 정확히 말하면 사회성 감소로 인해 성격 차이를 극복하지 못한 결과다. 어릴 때 맺은 유대는 쉽게 깨지지 않는다. 그런데도 유대감이 흔들리는 이유는 고양이가 나이가 들수록 서로의 에너지 레벨이나 선천적 성격 차이가 벌어지기 때문이다. 이 개념을 이해하려면 고양이의 상호 놀이 방식부터 살펴볼 필요가 있다.

건강한 어린 고양이는 대부분 활발하다. 소심한 성격을 가진 아이라도 어릴 적에는 활동성 자체가 얌전하지 않다. 즉, 기질적 차이가 놀이 반응에 뚜렷하게 구별되지 않는다. 하지만 만 1~2세가 넘어가며 상황은 달라진다. 기질적으로 정적인 성향의 고양이는 점차 조용하고 정적인 놀이를 선호하게 되고, 활달한 고양이는 여전히 격한 몸놀림을 즐긴다. 이 차이로 인해 레슬링(둘이 이전부터 해오던 소통의 한 형태)이 과격해지면 소심한 고양이는 도망가거나 하악질, 으르렁거림 등으로 놀이 중단 요청을 하게 된다. 놀이가 스트레스로 변하는 순간, 두 고양이 간의 관계에도 균열이 생기기 시작한다. 그러나 모든 고양이가 성격 차이로 인해 관계가 틀어지는 건 아니다. 결정적인 요소는 바로 상호 놀이의 밸런스, 즉 놀이 수위 조절이다. 다묘 가정에서의 상호 놀이는 단순히 고양이끼리 노는 것 이상의 의미이다. 상호 놀이는 크게 두 가지 유형으로 나눌 수 있는데, 하나는 직접적인 신체 접촉을 기반으로 한 놀이, 예를 들면 레슬링, 우다다, 냥펀치 같은 것들이고, 다른 하나는 보호자가 사냥 장난감을 매개로 고양이가 함께 추적하도록 유도하는 형태의 간접 상호 놀이다.

그중에서도 고양이 세계에서 가장 본질적인 놀이 방식은 바로 신체 접촉 기반의 직접 상호 놀이다. 레슬링, 질주, 눈빛 교환과 타이밍 싸움 등은 야생에서 형제자매와 유대를 다지는 중요한 행동들이다. 이런 놀이는 고양이를 에너지 넘치고 생기 있게 만든다. 문제는 이러한 놀이가 과도하게 이어질 때, 갈등의 원인이 되기도 한다는 점이다. 에너지 레벨이 낮은 고양이에게는 반복되는 격한 자극이 점점 스트레스로 다가오고, 피로감을 유발한다. 더구나 보호자는 고양이끼리 잘 놀기 시작하면 더 이상 따로 놀아줄 필요가 없다고 생각하게 되기 쉽다. 하지만 이는 잘못된 판단이다. 직접 상호 놀이는 자극이 높아 보호자와의 사냥놀이보다 훨씬 빠르게 고양이를 흥분시킨다. 반면, 보호자가 장난감을 매개로 놀아주는 간접 상호 놀이는 장난감을 사이에 두고 번갈아 흔들어 줌으로써 과도한 신체 접촉이 줄어들고, 놀이가 보다 부드럽게 흘러가게 한다. 또한 보호자가 각 고양이의 성격을 고려해 놀이의 강도와 템포를 조절할 수 있으며 고양이 간에 긍정적인 감정 연합을 형성하여 유대 강화로 이어진다. 고양이가 본능적으로 '공동 사냥'을 하지 않는 동물이고 사냥은 철저히 독자적인 본능이기에, 함께 하는 사냥놀이 과정이 마냥 쉽지만은 않다. 그러나 개별적인 사냥놀이(1:1로 따로 놀아주는 사냥놀이)는 고양이의 독립성을 강화하는 반면, 보호자가 중심이 되어 함께 하는 간접 상호 놀이는 '함께하는 경험'을 설계함으로써 사회적 유대를 유지하게 도와준다. 따라서 함께 하는 사냥놀이를 유도하는 보호자의 역할은 그저 놀이를 제공하는 것을 넘어, 고양이 사이의 관계를 조정하고 매개하는 중재자로까지 확장된다.

직접 상호 놀이는 비단 고양이 간의 레슬링이나 추격전에만 국한되지 않는다. 보호자와 고양이 간의 숨바꼭질 놀이도 종종 문제가 되기도 한다. 숨바꼭질은 얼핏 보면 사랑스럽고 교감이 느껴지는 놀이처럼 보인다. 하지만 이 역시 신체를 이용한 직접 상호 놀이의 일종이다. 반복될 경우 고양이의 흥분도를 빠르게 끌어올려 자극 중심의 놀이 패턴을 고착화할 수 있다. (예 : 집사가 지나가면 불시에 튀어나와 덮치고 도망가는 등) 결국 고양이는 강한 자극에만 반응하게 되고, 간접 상호 놀이에 대한 반응이 무뎌진다. 특히 외동묘는 사람과의 놀이 외에 다른 고양이와의 직접 상호 놀이 기회가 없으므로 이 문제가 더욱 심각하게 나타난다. 고양이의 완만한 놀이 리듬이 깨지고, 흥분 상태가 과도하게 유지되면 보호자는 점차 피로를 느낄 수밖에 없다. 고양이 또한 정서적 불균형에 시달리게 된다. 그런 이유로 이상적인 놀이 구조는 간접 상호 놀이와 직접 상호 놀이를 적절히 병행하여 활용하는 것이다. 놀이의 목적은 교감이나 자극이 아니라, 고양이의 본능적 욕구 해소와 감정 에너지의 균형이라는 점을 잊지 말자.

3. 고양이는 때때로 혼자서도 놀 줄 알아야 한다.

"방금까지 한참 놀아줬는데도 또 울어요.", "잠깐 앉아 쉬려고 하면 어김없이 장난감을 물고 옵니다.", "동거묘를 붙잡고 온종일 시비를 걸어요." 보호자들이 자주 토로하는 이러한 상황은 사실 모두 하나의

공통된 문제에서 출발한다. 바로 셀프 플레이 능력 부족 이다. 고양이는 동거묘와의 상호 놀이, 보호자와의 상호 놀이 외에도, 혼자서 놀이 욕 구를 해소할 수 있는 능력, 즉

자기 주도 놀이(self-directed play)를 갖춰야 한다. 그러나 많은 보호자가 고양이와의 상호 놀이에는 관심을 기울이면서도, 고양이가 혼자 노는 시간을 어떻게 보내는지에는 상대적으로 무관심한 경우가 많다.

실내 환경이라는 제한된 자극 속에서 살아가는 고양이에게 셀프 플레이는 단순히 혼자 장난감을 가지고 노는 능력을 의미하지 않는다. 그것은 고양이의 자율성과 정서적 독립성, 그리고 스트레스 회복 탄력성을 키우는 심리적 훈련이자 자기조절 능력을 기르는 중요한 기회이며 삶에 활력을 불어넣는 생존 기술이다. 어떤 고양이는 '혼자 놀기'를 시도하지 않고, 함께 사는 대상에서 지루함을 해소하려는 경향을 보인다. 이들은 심심할 때마다 동거묘를 쫓아다니며 시비를 걸거나, 보호자가 바쁜 와중에도 울고 다가와 관심을 요구한다. 때에 따라서는, 보호자가 잠시 앉아 쉬는 것조차 허락하지 않는 듯한 행동을 보이며 상호 교류에 대한 과도한 집착을 드러내기도 한다. 이런 고양이를

단순히 '심심함을 못 견디는 성격'으로 단정 짓는다면, 문제의 핵심을 놓치게 된다. 현대의 실내 생활에서는 수많은 자극이 통제되고, 시간의 흐름마저도 보호자의 생활 방식에 종속된다. 그 결과, 고양이는 점차 즐거움과 활력을 타인에게 의존하는 존재로 길들기 쉽다. 물론 보호자와의 상호 놀이는 고양이의 유대 형성과 정서 순환에 중요한 역할을 한다. 그러나 그것만으로는 충분하지 않다. 고양이에게 진정으로 필요한 것은 스스로 자극을 탐색하고, 목표를 설정하고, 이를 달성해내는 경험이다. 이것이 셀프 플레이의 본질이다. 고양이가 자신의 시간 속에서 자기를 즐겁게 만들 수 있는 능력은 수동적 제공이 아닌 자율적 의지를 기반으로 형성되어야 한다. 그것은 문제 행동 예방을 위한 전략이자, 고양이가 자기 자신과 잘 지내는 법을 익히는 훈련이다. 셀프 플레이는 동거묘와의 관계, 보호자와의 관계에도 긍정적인 영향을 미친다. 혼자 놀 줄 아는 고양이는, 더 이상 누군가의 자극을 '기다리는 존재'가 아닌, 자기 삶을 능동적으로 이끄는 주체로 자리 잡게 된다.

셀프 플레이가 잘 안 되는 고양이는 다음 네 가지 유형으로 나눌 수 있다.

자극 의존형 : 타인에 의한 자극 없이는 반응하지 못하는 고양이
이 유형의 고양이는 놀이를 '상호작용' 중심으로 학습해온 경우다.

이들은 보호자나 동거묘의 반응이라는 자극이 없으면 장난감에도 무관심하다. 이런 고양이에게는 시선 유도나 먹이 연계 장난감(예: 간식 볼, 터널 속 사료 숨기기 등)을 활용해 셀프 플레이의 '도입'을 가르치는 과정이 필요하다.

감각 과민형: 놀이에 쉽게 질려버리는 고양이

감각에 민감한 고양이는 장난감의 소리나 촉감에 싫증을 낸다. 이런 경우엔 고양이가 선호하는 사냥감의 질감, 흔들림, 주로 사용하는 사냥 패턴 등을 파악하고 그에 맞는 장난감으로 활동력을 높여주어야 한다. 고양이가 싫증을 낼 때마다 장난감을 바로바로 교체해주는 것은 이 양상을 더욱 악화시킨다. 내가 키우는 고양이의 기호성을 눈여겨보고 고양이가 그 부분들을 사냥놀이 과정에서 제대로 풀어내게 이끌어 줘야 한다.

운동 동기 저하형: 움직이기 자체를 귀찮아하는 고양이

이 유형은 나이, 비만, 기질 등의 이유로 활동성이 낮다. 이런 고양이에게는 쉽게 잡을 수 있는 장난감, 너무 자극이 크고 부담스러운 장난감 형태보다 작고 소소한 형태의 장난감, 즉 사냥 성공 경험을 쉽게 심어주는 장난감을 제공해 동기를 자극해야 한다. 아울러 심리적 활력 강화도 함께 필요하다.

과잉 사회화형: 놀이를 '교감 수단'으로만 인식하는 고양이

쉽게 설명하면 '관종' 고양이가 여기에 속한다. 사람 중심으로 자란 고양이는 놀이를 놀이 자체가 아닌 사랑의 교류 수단으로 오해하기 쉽다. 이런 고양이일수록 집사는 고양이가 놀아달라고 보챌 때 바로바로 놀이해주기보다는, 집사의 루틴에 맞춰 고양이의 요구가 있기 전 놀이가 선행되는 생활 방식이 좋다. 놀이 시간은 집사의 스케줄에 맞추되, 고양이가 심심할 때 혼자서 놀이를 할 수 있는 장난감을 환경적으로 셋팅해 주자. 과잉 사회화형 고양이에게는 '셀프 플레이를 가르친다'라는 관점으로 접근하다. 놀이 방식은 기질이 아니라 습관과 학습의 산물이다. 셀프 플레이가 잘되지 않는 고양이에게는, 보호자가 가볍게 놀이의 시작을 열어주고 점차 자율성을 유도해 보자.

셀프 플레이의 출발점은 고양이의 흥미를 자극하는 것이다. 깃털, 지퍼백 조각, 상자, 바스락 소리, 종이 뭉치, 움직이는 그림자 등 다양한 소재를 시도해 고양이의 선호도를 파악하자. 고양이는 단순한 사물에도 호기심을 느낄 수 있다. (택배 상자는 언제나 진리다) 반려하는 고양이의 호불호가 파악되면, 고양이가 혼자 있을 때 활용할 수 있도록 환경을 조성하자. 단, 위험 요소는 반드시 제외해야 한다. 얇은 비닐, 씹어 삼킬 수 있는 천 조각 등은 제거하고, 대신 종이나 튼튼한 장난감을 활용하자. 다양한 형태의 스크래쳐를 제공하는 것도 좋다. (단, 모든 스크래쳐가 전적으로 긁기용은 아니다. 예컨대 원형 스크래쳐는 '쉴 곳'의 용도가 더 강하다) 특히 소파형, 기둥형 스크래쳐는 적극적인 스크래칭 동작을 유도하기에 적합하다.

고양이가 혼자서도 장난감을 조작할 수 있도록 '셀프 플레이 전용 장난감'을 따로 마련하는 것도 좋다. 쥐돌이, 공, 킥 장난감, 서킷 볼, 터널, 숨숨 박스 등이 대표적이다. 그러나 항상 꺼내두지 말고 일정 간격으로 로테이션하자. 그래야 장난감의 신선도가 유지된다. 자동 장난감의 경우, 셀프 플레이를 위한 필수 요소는 아니다. 자동 장난감은 일정한 패턴으로 반복되기 때문에, 고양이의 흥미를 오래 끌지 못하고, 무엇보다 가격 대비 효용이 떨어질 수 있다.

고양이의 셀프 플레이를 도우려면 장난감 제공만으로는 부족하다. 사냥과 탐색 본능을 자극하는 공간 구조가 필히 병행되어야 한다. 공이 구석으로 굴러 들어가게 만드는 경사, 잠복할 수 있는 박스나 바구니, 올라갈 수 있는 선반, 점프를 유도하는 구조물 등은 모두 고양이의 놀이 감각을 깨우는 자극이다. 공간의 변화 또한 좋은 자극이 될 수 있다. 가구 배치를 바꿔보는 것만으로도 고양이의 탐색 본능이 자극된다. 안전한 테두리 안에서 이루어지는 탐색은 고양이의 가장 원초적인 셀프 플레이 방식이며, 이 과정은 고양이의 감각을 더욱 풍성하게 확장해 준다.

마지막으로 '같은 공간, 각자의 시간'을 허락하는 보호자가 되자. 고양이가 혼자 노는 능력을 갖추어야 하는 이유는 단순히 보호자가 없을 때 외로움을 달래기 위해서가 아니다. 보호자가 옆에 있어도, 고양이는 자기 세계를 가질 수 있어야 한다. 많은 보호자는, 바쁜 일상에서 함께 보내는 시간을 보상하려는 마음에 '내가 있는 동안엔 최대한 놀아줘야 한다'라는 압박을 갖는다. 그러나 미안함에서 비롯된 과잉 놀아주기는 고양이의 자율성을 해치고, 오히려 놀이 시간의 의미를 퇴색시킬 수 있다. 고양이는 보호자의 존재에 의존하지 않고도 자기 리듬 안에서 즐거움을 만들어낼 수 있어야 한다. 때로는 놀이의 유도자 역할에만 머무르면서 고양이의 세계를 존중해주는 동반자가 되어보자.

셀프 플레이는 고양이의 심리적 독립성을 길러주는 훈련이기도 하다, 고양이는 혼자 놀다가도 자주 보호자의 시선을 확인한다. 그럴 때 보호자가 살짝 눈을 마주치거나 칭찬 한마디를 건네주면, 고양이는 '혼자 놀아도 내가 관심받고 있구나'라는 안정감을 느낀다. 그 안정감은 셀프 플레이의 기반이 된다. 적절한 장난감, 환경 구조, 보호자의 리듬감 있는 개입만 있다면 어떤 고양이든 셀프 플레이 능력을 키울 수 있다. 그리고 그 능력은 고양이가, 혼자 있는 시간마저도 불안하지 않고 안정감 있게 보낼 수 있도록 돕는다.

놀이는 고양이의 '심리적 각성 상태'를 유지 시켜주는 도구이다. 그러나 안 노는 고양이를 놀게 만들기에 앞서 우리가 우선해야 할 것은 '심리적 활력'의 회복 혹은 유지이다. 사람의 경우를 떠올려보자. 하루 종일 특별한 자극 없이 무료한 상태가 지속된다면, 누구라도 무기력함을 느끼기 쉽다. 휴대폰도 없고, TV도 없고, 읽을 책조차 없다면 더욱 그렇다. 고양이도 마찬가지다. 무기력이 심화되면 고양이는 외부 자극을 귀찮아하게 되고, 결국에는 누군가가 방문하거나, 일상의 소음조차도 짜증스럽게 느껴진다. 야생의 고양이는 환경 속에서 자연스럽게 다양한 자극을 경험하며 살아간다. 그 자극이 이들의 심리적 각성을 유지 시킨다.

현대에 이르러 우리는 스트레스를 피해야 할 무언가로 인식하지만, 사실 일정 수준의 자극은 각성의 필수 요소이며, 이는 곧 생명력과 활력과도 직결된다. 주변에서 일어나는 자극에 반응하고 그 실체를 파악하고자 하는 욕구가 사라지거나, 현저히 낮아진 상태에서는 아무리 매력적인 장난감을 흔들어도 관심조차 보이지 않는다. 무기력한 고양이는 세상에 대한 반응 자체를 멈춘다. 특히 원래 성향이 정적인 고양이는 이 무기력 상태에 더욱 쉽게 빠진

다. 하루 대부분을 잠으로 보내고, 깨어 있는 시간에도 별다른 행동 없이 식사만 한다. 이들에게는 놀이에 앞서, 심리적 활력부터 회복해 주어야 한다. 우선 집 안에 새로운 자극과 탐색 거리를 마련해 주자. 아무리 먹거리와 쉴 공간이 풍족해도, 지나치게 조용하고 변화 없는 환경은 고양이를 무기력하게 만든다. 자극이 거의 없는 환경은 오히려 고양이를 예민하고 까탈스럽게 만든다. 소소한 환경 변화가 주는 신선한 자극은 이들의 잠든 호기심을 일깨운다. 만약 가정의 반려묘가 변화에 전혀 관심이 없거나, 새로 들어온 사소한 물건에도 경계심을 느끼고 회피한다면 그것은 집사의 과도한 무자극 환경 조성 탓이다. 가구 배치를 바꿔보거나, 새로운 물건을 주요 활동 공간에 두어 변화를 만들어 보자. 그러면 무기력했던 고양이가 반응하며 탐색하기 시작한다. 이것이 바로 활력의 시작이다. 활력 없는 고양이는 급한 게 없다. 다 귀찮다. (사냥 본능의 기본 심리는 '저건 뭘까? 하는 호기심이다) 해서 활력 없는 고양이는 사냥이고 뭐고 그냥 나 좀 내버려 뒀으면 한다. 이런 고양이에게 목표물을 잡아채야 하는 사냥 행동을 끌어내기란 여간 어려운 일이 아닐 것이다.

고양이와 함께 살아간다는 건, 한 생명과 오랜 시간을 동행하는 일이다. 그 여정 속에는 무수한 감정이 있다. 즐거움, 긴장, 애틋함, 이해받고 싶은 마음, 거절당한 듯한 서운함, 그리고 그 모든 것을 감싸는 조용한 책임감. 고양이와 보호자 사이에 오가는 '놀이'는, 그 감정들을 조율하고 맞춰가는 아주 섬세한 매개다. 이들의 몸짓과 눈빛, 움직임의 리듬은 자신이 느끼는 것을 온전히 담아낸다. 놀이의 순간은 그래서 더없이 진실하다. 어떤 고양이는 장난감을 낚아채는 손끝에서 불안한 마음을 풀어내고, 또 어떤 고양이는 긴장으로 굳어 있던 몸을 쭉 펴며 처음으로 '편안함'이라는 감정을 배우기도 한다. 놀이란 그런 것이다. 억눌렸던 감정이 흥미로운 기분과 함께 흘러나오고, 표현할 수 없던 언어가 움직임이 되어 드러나는 순간.

보호자에게도 고양이와의 상호 놀이란 하나의 경험이 된다. 나는 지금 이 고양이를 얼마나 알고 있는가? 나는 이 존재가 좋아하는 것과 싫어하는 것을 구별할 수 있는가? 나는 이 작은 사냥꾼이 가진 리듬에 맞춰 움직일 줄 아는가? 이러한 질문은 늘 장난감 하나를 손에 쥐고 있을 때야 비로소 또렷해진다. 어떤 날은 '잘 놀아줘야 한다'라는 부담에 지치기도 하고, 또 어떤 날은 고양이의 반응 없는 표정에 실망하기도 한다. 그러나 시간이 지나면 깨닫게 된다. 놀이란 완벽하게 맞춰야 하는 정답이 아니라, 다만 함께 있는 방식 중 하나일 뿐이라는 것을. 어쩌면 고양이에게 놀이란, 외롭지 않다는 증거인지도 모른다. 나를 봐주는 존재가 있다는 것, 내가 뭔가를 언제든지 즐길 수 있다는 것. 내 움직임에 반응해주는 누군가가 있다는 것, 내 안의 본능이 무시되지 않고 존중받고 있다는 것, 그런 감각들이 고양이가 마음을 열게 만들고, 자기 자신을 더 믿게 만든다. 그 과정을 지켜보는 일은 보호자에게 큰 기쁨이 된다. 그러므로 우리는 서로 장난감을 흔들며 단순히 놀고 있는 것이 아니다. 우리는 서로 신뢰를 쌓고 있고, 감정을 교환하며, 말 없이도 관계를 매만지고 있다. 하루의 짧은 몇 분이지만, 그 시간이 고양이에게는 하루 전체를 지탱하는 힘이 되기도 한다. 놀이가 고양이의 모든 문제를 해결해주지는 않는다. 그러나 놀이는 고양이에게 기회를 준다. 자기 몸을 쓰는 기회, 감정을 표현하는 기회, 보호자와 연결되는 기회. 그리고 그 기회를 통해 고양이는 삶의 활력을 향해 나아갈 수 있다. 우리가 이 장에서 이야기한 모든 것들은 결국 이 한 문장으로 수렴될 수 있을지도 모른다.

'놀이는 고양이와 보호자 모두가 서로를 배워가는 시간이다' 그리고 그 배움은, 함께 살아가는 시간을 더욱 더 다정하고 단단하게 만든다.

7장.
고양이 문제 행동 개선하기

1. 보호자의 프레임 전환
2. 각 문제 행동의 대표적인 원인
3. 고양이의 연관/공간 지각

"요즘 우리 고양이가 좀 이상해요. 예전엔 안 그러더니 자꾸 물어요.", "화장실을 잘 쓰던 아이가 갑자기 아무 데나 오줌을 싸요.", "자꾸 가구를 긁고 소파를 물어뜯어요. 버릇을 고쳐야 하나 싶어요." 고양이 행동 상담을 요청하는 보호자들의 말은 대부분 비슷한 표현으로 시작된다. 그 핵심에는 '문제 행동'이라는 불신이 붙는다. "하기 싫은 걸 해야 하거나 간식을 안 주면 바로 사고를 쳐요."라는 말로 '고의성'을 의심하기도 한다. 이렇게만 놓고 보니 정말 이 고양이의 문제 행동이 나쁜 성격 탓인 것처럼 보이기도 한다. 하지만 잠시 원망을 멈추고 생각해보자. 고양이가 스스로 자기를 곤란하게 만들려고 일부러 소란을 피울 이유가 있을까? 그렇지 않다. 오히려 반대로, 고양이 대부분은 자기 안의 긴장이나 불편함을 해소하거나 무언가를 표현하기 위해 그 행동을 하는 것이다. 우리가 보기엔 '문제'처럼 보이지만, 고양이 입장에서 그것은 이렇게라도 해야만 하는 마지막 선택이다.

자, 우리는 우리의 질문을 바꾸어 볼 필요가 있다. "이런 행동을 해서 이들에게 얻어지는 게 뭘까? 무엇을 해소하려고 하는 걸까? 무엇을 알리려고 하는 걸까?" 우리 눈에 거슬리는 그 행동이야말로 이들의 '문장'이자 '단어'다. 자꾸 사람을 무는 고양이는 '흥분을 감당하지 못한 채 감각 과부하 상태'에 있을 수 있고 화장실을 벗어난 배뇨는 '스트레스나 건강 문제' 혹은 '안정감을 상실한 상황'의 표현일 수 있다. 지속적인 울음은 '심리적 외로움', 혹은 '주의가 필요한 불안 신호'

일 수 있다. 행동은 그 자체가 원인이자 결과가 아니라, 원인의 결과물이다. 따라서 고양이의 문제 행동을 없애는 방법을 찾는 것보다 그 행동의 배경에 있는 감정과 욕구를 이해하는 것이 먼저다.

1. 보호자의 프레임 전환

문제 행동이라는 단어를 쓰는 순간, 우리는 보호자와 고양이 사이에 보이지 않는 선을 긋는다. '고쳐야 할 존재', '가르쳐야 할 상대'라는 위계가 생기고, 그 안에서는 이해보다는 통제가 우선되기 쉽다. 마치 고양이가 잘못된 규칙을 어기기라도 한 듯, 인간의 잣대를 들이대며 '훈육'의 태도로 접근하고 마는 것이다. 고양이는 반려인과의 서열 관계 안에서 움직이는 동물이 아니다. 복종보다는 신뢰를, 명령보다는 예측 가능성과 안정감을 바탕으로 행동을 결정한다. 그렇기에 고양이의 행동을 이해하는 첫걸음은 보호자의 인식 변화에서 시작된다. 보호자는 훈련사나 지휘자가 아니라, 관찰자이자 통역사여야 한다. "이 행동을 어떻게 고치지?"라는 질문에서 "무슨 마음에서 이런 행동을 하는 걸까?"로 시선을 전환하는 순간, 문제 행동은 더 이상 '문제'로만 보이지 않는다. 우리가 '이상하다'고 여기는 그 행동들은 사실 고양이가 지금 처한 환경과 심리상태, 그리고 보호자와의 관계를 드러내는 하나의 표현이다. 행동의 겉모습만 보고 판단하기보다, 그 안에 담긴 '감정'의 맥락을 읽어내려는 노력이 먼저다.

이 책을 통해 내가 전달하고자 하는 행동 개선의 핵심은, 고양이를 보호자의 취향이나 편의에 맞게 '훈련'하거나 '고치는' 일이 아니다. 고양이가 보내는 신호를 정밀하게 해석하고, 그 원인을 찾아내며, 환경과 관계를 조율하는 과정에서 자연스럽게 행동이 변화하는 행동 생태의 변화를 만들어가는 것이다. 이는 기술적인 교정의 문제가 아니다. 보호자의 태도, 시선, 해석의 방식 자체를 바꾸는 일이다. 그런 의미에서 고양이의 문제 행동은 단순히 제거해야 할 무언가이기보다, 보호자가 반려하는 고양이를 더 깊이 이해할 수 있도록 이끌어 주는 단서일지 모른다.

모든 고양이는 각자의 표현 방식을 가지고 있다. 또한 모든 고양이는 성격과 성향이 다르다. 이것이 바로 고양이의 '문제 행동'을 일반화해서 접근해서는 안 되는 이유이기도 하다. 같은 행동이라 하더라도, 그 배경은 전혀 다를 수 있다. 한 고양이의 '울음'이 외로움에서 비롯된 것이라면, 또 다른 고양이의 '울음'은 단순히 놀이를 요청하는 즐거운 신호일 수 있다. 한 고양이의 갑작스러운 공격은 위협에 대한 방어일 수 있고, 또 다른 고양이의 공격은 지속적인 불안감이 쌓인 결과일 수도 있다. 고양이의 행동은 언제나 맥락 안에서 해석되어야 한다.

문제 행동이라는 딱지를 붙이기 전, 고양이의 환경, 성격, 나이, 과거 경험, 현재의 스트레스 요인, 그리고 자신과의 관계를 입체적으로 바라보아야 한다. 그래야만 행동의 퍼즐이 하나씩 맞춰지고, 변화의 실마리가 보이기 시작한다. 때로 보호자는 '왜 내 고양이는 이런 행동을 할까?'라는 물음에 쉽게 좌절하거나 자책한다. 하지만 대부분의 문제 행동은 고양이의 결함이 아니라, 그 행동을 제대로 해석하지 못했던 사람 쪽의 오해에서 비롯된다. 고양이는 말 대신 행동으로 말한다. 그 언어는 보호자의 일방적인 기대가 아니라, 꾸준한 관찰과 공감, 그리고 반복된 신뢰 속에서만 올바르게 번역될 수 있다.

이 장에서는 실제 상담 사례를 바탕으로, 문제 행동이라 불리는 다양한 고양이의 신호들을 살펴보고, 그 배경의 해석과 개선 방안에 대해 자세히 풀어갈 것이다. 문제 행동의 핵심은 '행동'이 아니라 '감정'이다. 그 감정을 보호자가 먼저 이해하는 것, 바로 거기서부터 변화는 시작된다. 고양이 문제 행동의 개선은 '행동의 문제화'가 아니라, '행동의 해석'에서 출발해야 한다.

2. 각 문제 행동의 대표적인 원인

① 우는 고양이

행동 문제를 겪고 있는 고양이를 반려하고 있는 보호자들의 고충은 이루 말할 수 없는데 그중에서도 집사들을 가장 힘들게 하는 고양이의 문제 행동은 의외로 '울기'이다. 화장실 문제 행동을 보이는 고양이의 집사들 역시 힘들긴 하지만 이 행동이 장기적으로 이어지면 보호자들이 어느 정도 마음을 내려놓게 되는, 웃지 못할 상황도 꽤 많았다. 고양이 간에 사이가 매우 나쁜 가정의 보호자들 역시도 힘든 시간을 보낸다. 그러나 이들의 경우 사이가 좋지 않은 두 고양이를 합사하려는 노력을 멈추고 따로 격리를 시작하면 그래도 숨통이 트인다. 하지만 우는 고양이와 함께 사는 집사들은 다르다. 우는 고양이는 집사의 수면 시간을 송두리째 무너뜨린다. 고양이의 우는 행동이 문제 시 되는 이유는 대개 이들이 밤에 잠도 안 자고 울어대기 때문인데 이로 인해 집사는 제대로 된 수면을 취할 수가 없다. 우는 고양이와 함께 사는 집사들은 만성 피로에 시달리고 신경이 예민해진다. 그러면 보호자들은 자기들의 상태가 어찌 되었든 간에 아랑곳하지 않고 울음을 멈추지 않는 고양이에게, 본의 아니게, 날카롭게 대응하게 된다. 해서 집사와 고양이의 관계는 악화되고 고양이의 우는 증세도 걷잡을 수 없이 나빠지는 악순환에 빠진다.

우리는 고양이가 우는 이유를 겉으로 보이는 단서들 - 밥을 달라고, 문을 열어달라고, 놀아달라고 - 에만 국한시켜 이해하지만, 그 울음의 밑바닥엔 언제나 복합적인 감정이 얽혀 있다. 그중에서도 가장 근원적인 감정은 '외로움'이다. 다묘 가정에서는 동거묘와의 사이가 원만하지 않거나 자신의 존재가 무시당한다고 느끼게 될 때, 이 고양이는 외로움을 느낀다. 어떤 고양이는 다른 고양이와 잘 어울리지 못하는 성향을 타고나기도 하고, 반대로 누군가에게 정을 주고 싶은데 그 대상에게 거절당하는 경험이 반복될 수도 있다. 또 어떤 경우엔 지속적으로 자신을 괴롭히는 고양이와 함께 살아야 하는 환경에서 고립감을 느끼기도 한다. 어떤 이유로든 함께 사는 대상과 소속감을 느끼지 못하는 불안한 심리는 외로움을 촉발시킨다. 이런 고양이에게 울음은 '나는 지금 소외되어 있다'라는 무언의 외침이다.

한편, 외로움은 타 고양이와의 관계뿐 아니라 보호자와의 유대 부족에서도 비롯된다. 특히 독립성이 강한 동물이라는 이미지에 기대어 고양이를 장시간 혼자 두는 경우, 고양이는 점점 무료함과 불안에 시달리게 된다. 그런 상태에서 보호자가 돌아오면, 고양이는 그동안 쌓인 외로움과 관심에 대한 갈증을 울음으로 표현한다. 처음에는 단순한 관심 요청의 형태였던 울음이 반복되다 보면, 보호자의 반응을 끌어내는 '도구'로 기능하게 되고, 점차 고양이는 '울면 무언가가 돌아온다'라는 인식 아래 이 행동을 반복하게 된다. 하지만 시간이 지나면

서 보호자가 이 울음에 피로감을 느껴 불규칙하게 반응하면(울음을 무시했다가 도저히 못 참아서 대답해 줬다가를 무작위로 반복), 고양이는 더욱 자극적으로 울게 되고, 이로 인해 울음은 하나의 왜곡된 의사소통 수단으로 고착된다. 고양이의 우는 문제 행동에 있어 또 하나 간과해서는 안 되는 경우의 수는 질환이나 신체적 불편감으로 인한 울음이다. 통증, 불안, 혼란감 등도 고양이에게 울음이라는 형태로 표현될 수 있다. 특히 노묘에서 이런 울음은 뇌 인지기능의 저하나 청각장애, 고혈압, 갑상선 기능 등과 관련된 경우도 많다. 문제는 이런 질환이 치료된 후에도, 울음이 습관으로 남기도 한다는 점이다. '아플 때 울면 보호자가 와서 도와준다'라는 경험이 뇌에 인식되기도 하고, 울던 행위 자체가 습관으로 고착되기도 한다. 이 단계의 울음은 더 이상 고양이의 의도된 신호가 아닌, 몸이 기억한 자동 반응에 가깝다.

'이 아이는 왜 이렇게 울까?'라는 질문은 결국 '이 아이는 무엇이 외로운 걸까?'라는 질문과도 맞닿아 있다. 그렇다면, 왜 그 많은 표현 방식 중에서 얘네들은 하필 '울음'이라는 방법을 택한 걸까? "울지만 않으면 차라리 소변 문제를 해도 좋아요."라고 보호자들이 호소할 만큼 고양이의 울음은 강력하다. 흡사 아기의 울음처럼 고양이의 울음 역시 보호자의 감정에 직접적인 영향을 준다. 이 강력한 효과가 이들이 '울기'를 택한 이유다. 자기가 할 수 있는 행동 중, 그 어떤 행동보다 울음은 보호자의 반응을 확실하게 끌어냈기 때문이다. 하지만 고양이는 처음부터 그렇게 요란하게 울지는 않는다. 처음엔 아주 작고 짧은 '야옹'이었을 것이다. 보호자는 그 울음에 반응했고, 고양이는 그때 학습한다. "이 소리는 보호자를 움직인다." 그 다음부터는 학습한 행동이 강화된다. '울면 반응이 온다'라는 공식이 성립했으니 말이다.

고양이의 모든 문제 행동은 점진적으로 진화한다. 절박한 고양이는 자신이 가진 모든 의사소통 수단 중 가장 확실하게 반응을 끌어냈던 행위 중 하나를 선택하고 그 행동은 점차 '문제 행동'으로 탈바꿈한다. 우리의 눈에는 무언가가 갑자기 잘못되는 듯 보여도, 사실은 오랜 시간 쌓여온 표현 방식이 어느 임계점을 넘어 터져 나온 결과일 뿐이다. 평소 표현 욕구가 강해 자주 야옹거렸던 고양이라면 다른 어떤 행동보다도 '울기'를 감정 표현의 우선순위로 선택하게 될 것이다. 과거에 울음으로 무언가를 해결했던 강한 경험이 있을 수도 있다. 예를 들어, 배가 아팠던 어느 날 울었더니 보호자가 병원에 데려가 줬다거나, 심심해서 울었더니 바로 간식이 나왔다거나 하는 식이다. 이런 경험은 고양이의 행동 저장소에 강하게 각인된다. 특히, 보호자가 일관성 없는 반응을 보이면 울음은 더욱 강도 높게 진화한다. 처음엔 '우는 건 무시해야 한다'라는 글을 어디선가 보고 못 들은 척해보려고 노력해 본다. 하지만 무시했더니 오히려 고양이가 고집을 피우듯 더 크게 운다. (소거 폭발 - 보상이 중단된 직후에 일시적으로 해당 행동이 더 강하게, 더 자주 나타나는 현상. 이전에 보상이 주어지던 행동에 보상이 사라지면, 처음엔 그 행동이 더 격렬하게 나타나다가 결국 점차 사라지는 과정을 거친다. 따라서 모든 문제 행동은 소거 폭발 기간을 통과해야만 비로소 행동 수정의 안정기에 진입할 수 있다) 고양이의 울음이 밤낮을 가리지 않고 계속되자, 민원이 걱정되고, 그러다 보니 짜증이 겹치면서 결국 "왜 그래? 뭐가 문제야?" 하고 말하고 만다.

이 반응은 고양이 입장에서 보자면 일종의 '랜덤 보상'이다. 그리고 랜덤 보상은 고양이의 학습 체계 중 가장 강력하게 해당 행동을 유지시키는 방법이다. 언제 반응이 올지 모르기 때문에, 계속 울면서 반응 대기 상태가 되는 것이다. 심지어 '더 크게, 더 오래' 울어야 한다는 학습까지 일어난다. 게다가 울음은 물리적인 피해가 없다. 물건을 망가뜨리거나, 냄새나는 소변 문제처럼 뚜렷한 정리 대상이 아니기 때문에 보호자는 오히려 이 문제가 시작되는 초기에 상황의 심각성을 심각하게 실감하지 못한다. '놀아줘야 하나?', '무시해야 하나?' 애정 결핍인가 싶어 응해 주니 더 우는 것 같기도 하다. 보호자의 이러한 일관성 없는 대응은 다시 랜덤 보상이 되어 울음의 강도는 높아지고, 빈도는 늘어난다. 결국 보호자는 점점 지치고, 고양이는 점점 더 울게 되는 악순환이 반복된다. 이런 고양이의 울음을 줄이기 위해서는 울음을 '멈추게' 하는 것이 아니라(대처), 울지 않아도 되는 조건을 만드는 것(예방)이 우선이다. 고양이의 울음이 문제 행동이 될 때 그 울음은 더 이상 단순한 성격 탓이나 버릇의 문제가 아니다. 이 고양이의 외로움, 불안, 지루함, 그리고 보호자와 맺고 있는 관계가 그 울음 안에 모두 포함되어 있다.

고양이는 '언제' 가장 자주 우는가?

울음의 시간대와 상황은 문제 해결의 실마리를 제공한다. 예컨대 새벽에 우는 고양이는 '지루함'이나 '주의 끌기'가 목적일 수 있고, 밥을 먹고 나서 우는 고양이는 밥 자체보다 보호자와의 상호작용을 기대하고 있었을 수 있다. 집사가 외출할 때 혼자서 우는 경우는 불안감에서 시작된 증상일 수 있다.

집사가 외출하려고 할 때

외출할 때 간식 보상을 주어 보호자가 자기를 떠나는 상황에 대한 거부감과 불안감을 줄여주자.

외출한 집사가 돌아왔을 때

집사의 귀가 시간은 안 그래도 하루 종일 집사를 기다렸을 고양이가 가장 흥분하는 순간 중의 하나다. 이 상황을 너무 강하게 인식하게 하는 것은 좋지 않다. 격하게 야옹거리며 반기는 고양이에게 상냥하지만 담담하게 말을 걸어 준 후, 보호자는 해야 할 일들을 모두 끝낸 뒤에 (옷 갈아입기, 샤워 등등) 고양이와 본격적으로 소통을 시작하는 게 좋다. 집사의 덤덤한 태도는 고양이를 실망하게 하기도 하지만 진정하게 하는 데 매우 효과적이다. 고양이의 흥분이 충분히 가라앉은 상태에서 편안하고 다정하게 소통을 시작하자.

새벽 혹은 특정한 시간대에 반복적으로 울 때

가장 먼저 병행되어야 할 것은 낮에 너무 잠만 자게 하지 않는 것이다. 고양이가 혼자서 혹은 동거묘 들과 함께 즐길 수 있는 탐색 거리 볼거리 놀거리를 마련해 주어 낮에 더 활동하게 해주어야 한다. 그래야 밤에 우는 고양이를 무시했을 때 울음의 빈도나 강도를 줄여 나갈 수 있다.

밥때가 가까워졌을 때, 혹은 밥을 먹고 난 직후

자연스러운 반응이다. 다만 울음 소리가 너무 크고 흥분하는 양상을 보이는 고양이라면 울음 소리가 커지지 않도록 예방해 줄 필요는 있다. 고양이의 울음소리에 무의식적으로 "알겠어", "기다려" 등의 말로 일일이 대꾸하기보다는 침착한 행동으로 무덤덤하게 밥을 준비하자. 울음이 너무 심한 경우 고양이로부터 차단된 장소에서 밥을 준비할 수도 있다.

울음을 유발하는 환경적 요인들

우리가 이미 알고 있듯 고양이는 환경에 민감하게 반응하는 동물이다. 이들의 울음은 감정뿐 아니라 주변 변화에 대한 반응이기도 하다. 다음은 울음을 유발하는 대표적인 환경 요인들이다:

지루함과 자극 부족 - 혼자 보내는 시간이 길어지면 고양이는 울음으로 자신을 알리게 된다. 특히 활동적인 고양이일수록 놀이 자극이 없을 때 울음이 커진다.

사회적 긴장 (동거묘와의 관계 갈등)

특정 고양이가 지나가면 우는 경우, 그 대상이 스트레스 유발자일 수 있다. 갈등이 있는 동거묘가 같은 공간을 점유하면 회피 또는 경직 + 울음 형태로 나타난다.

화장실, 식기, 급수기 이용의 불편함

화장실이 더럽거나 위치가 불안정할 때, 밥그릇이나 물그릇의 위치나 형태가 마음에 들지 않을 때도 고양이는 울음으로 불편함을 표현한다. (심지어 물이 신선하지 않아도 울음으로 항의하는 고양이도 있다)

생활 루틴의 변화

집사의 출퇴근 시간, 잠자는 시간, 놀이 시간의 드라마틱한 변화도 고양이의 심리적 불안을 야기한다. 고양이는 예측 가능한 일상을 통해 안정을 느끼기 때문이다.

과거의 강화 학습

보호자가 울음에 반응한 경험이 누적되면 고양이는 그 반응을 기대하며 울음을 반복하게 된다. (울음 → 관심 → 반복 → 고착)

울음 이외에 함께 나타나는 행동들도 고양이의 심리상태를 엿 볼 수 있는 단서가 된다. 문을 긁거나, 집사를 쫓아다니는가? (관심 요청) 집사의 손을 핥거나 무는 행동이 동반되는가? (러브 바이트, 놀이 흥분) 울고 난 뒤에는 스스로 진정하는가, 아니면 더 흥분하는가? (불만족, 놀이 흥분, 스트레스 축적, 학습된 충동성 등) 계속 따라다니며 우는 경우, 울음은 단순한 습관이 아니라 보호자를 통제하려는 학습된 행동(반응 촉구)일 수 있다. 또한 울음이 끝난 뒤에도 고양이가 불안해 보인다면 그건 단순한 주의 끌기가 아닌 감정 조절 실패(심리적 불안정)에서 비롯된 행동일 때가 많다.

우는 고양이의 문제 행동 개선 팁

(고양이의 문제 행동이 심각하다고 판단될 때는 떠도는 여러 정보를 찾아가며 혼자 힘으로 해결하려 하기보다는 수의사나 전문가의 도움을 받는 것을 권한다)

우는 고양이는 단순히 이들의 울음을 무시하는 것만으로는 해결되지 않는다. 반드시 이들의 울 수밖에 없는 원인을 파악해서 이 부분을 개선해 주어야 한다. 원인을 제거했다고 해도 곧바로 행동 수정으로 이어지지 않는 경우도 많다. 이미 습관화가 되었기 때문이다. 따라서 행동 수정을 위한 노력은 장기간 이어질 수 있다는 보호자의 마음 준비도 필요하다.

✔ 기본적으로 우는 행동에 대해서는 반응이 주어지지 않아야 한다.
 그러나 이들의 문제 행동을 무관심으로 대응하기 이전에 관심 요청이 계속적으로 무시당했을 때 이를 대체할 수 있는 다른 할 거리가 병행(대체 활동)되어야 한다. 즉 원인 제거와 대체 활동 마련은 함께 이뤄져야 한다. 그렇지 않고는 아무리 보호자가 철저하게 무시해 주었다고 해도 고양이는 목이 쉬도록 우는 행동을 멈추지 않을 것이다.

✔ 동거묘가 있다면 관계 개선이 우선이 되어야 한다.
✔ 보호자와의 시간이 부족하지 않은지 점검해 보자.
✔ 셀프 플레이가 잘 이루어지지 않는지 파악해 보자
✔ 최근 고양이가 우울감을 느낄 만한 변화가 있었는지 살펴보자
✔ '울기'를 이용한 관심 요청 행동을 최대한 예방하자.
 울지 않을 때 놀아주기, 울지 않을 때 스킨쉽 해주기, 환경을 풍요롭게 꾸며주기, 탐색 활동을 강화할 수 있는 볼거리 냄새 맡을 거리의

환경 자극, 셀프 플레이 등의 방법들을 활용해 볼 수 있다.

✔ 고양이가 울지 않을 때 하는 긍정적인 행동을 확실히 칭찬해 주자.
✔ 고양이의 우는 행동이 너무 심하다면 수의사와 상의해서 행동 약물을 병행하자.

② 화장실 문제를 보이는 고양이

고양이의 문제 행동 중 보호자들이 가장 확실히, 문제 행동이라고 인지하게 되는 것은 단연 화장실 실수다. 고양이는 강아지와 달리 특별한 배변 훈련이 필요치 않다는 사실은 고양이를 반려하고자 하는 사람들에게 굉장히 매력적인 부분으로 다가온다. 그런데 그런 고양이가 화장실이 아닌 장소에 갑자기 소변이나 대변을 보는 행동은 보호자를 당황케 할 수밖에 없다. 화장실 문제 행동의 일반적 흐름을 보자면, 초기에는 침대 이불 위에서 소변을 보는 일이 종종 발생하기 시작하다가 어느 사이 소파 위, 커튼, 구석 벽면, 스크래쳐, 급기야 집안에 들인 새로운 물건까지 소변 문제의 범위를 확장해 가는 식이다. 고양이의 모든 행동 중에서도 '배변'은 가장 강력한 의사 표현 수단이다. 고양이는 아무 곳에나 볼일을 보지 않는다. 이들은 어떤 상황이 '불쾌하거나 불안정하다'라고 느낄 때 의도적으로 또는 다른 해결책을 찾지 못할 때 특정 장소에 배설물을 남긴다. 즉, 그 장소는 단지 배설의 지점이 아니라, 감정과 필요의 지점이고 메시지의 장소인 것이다. 한 번의 실수는 "어쩌다 그런 거겠지"로 넘기지만, 두 번째가 되면 보호자도 긴장하고, 세 번째부터는 행동 교정에 대한 압박과 좌절감이 쌓이기
시작한다. 이때 많은 보호자는 "이제부터 화장실을 잘 가도록 훈육하겠다"라고 생각한다. 하지만 고양이의 화장실 문제는 교정이나 훈육의 문제가 아니다. 이건 고양이의 정서적·환경적 상황을 이해하지 않으면 절대 해결되지 않는다. 그리고 그 이해의 출발점은 단 하나다. '왜, 지금, 그 장소에?'라는 질문이다. 안타깝게도 화장실 문제는 단발적인 행동으로 끝나지 않는다. 화장실 문제 행동 상담을 할 때 나는 자주 말한다. "영역이 바뀌어서 발생하는 1-2번의 실수가 아닌 이상, 대소변 테러를 하는 아이에게 '완치'는 없어요. 일 년에 한 번이든 6개월에 한 번이든, 일상에 큰 지장이 없는 수준까지는 좋아질 수 있겠지만, 앞으로 얘가 화장실 문제를 한 번도 일으키지 않고 이번 생을 다 할 확률은 없다고 보시는 게 좋아요. 얘는 이미 모래가 없어도 배변을 할 수 있는 '오픈 마인드'가 되었거든요."

고양이의 화장실 문제 행동이 까다로운 이유 중 하나는, 단순히 행동 하나가 잘못된 것이 아니라 '습성 자체가 무너졌기 때문'이다. 실내 고양이가 보호자가 마련해 준 화장실을 이용하는 과정은 그저 본능적으로 화장실을 보고 '아, 이게 화장실이구나'하고 인지하는 게 아닙니다. 이들의 화장실 인지 과정은 '아 여기에 모래가 깔려 있네? 여기서 똥 싸고 오줌 싸면 참 편하겠구나!'하고 느끼는 것에 가깝다. 그렇기에 어떤 계기로 인해 고양이가 모래가 없는 곳에 대소변을 보게 되는 경험이 쌓이면, 새로운 인지가 생긴다. '굳이 모래가 없어도 볼일을 보는 데 큰 지장이 없네?' 이런 경험이 반복되면 고양이는 '모래 위 배변'이라는 기존 습관에서 멀어지게 되고, 볼일을 본 자리는 '모래는 없지만 볼 일을 볼 수 있는 곳'이라는 새로운 경험 기반의 인식이 자리 잡는다. 이 인식은 한 번 굳어지면 되돌리는 것이 어려워진다.

더불어 고양이의 배설 행동에는 단순한 생리 작용 이상의 의미가 있다. 고양이의 대소변을 덮는 습성은 신의 존재를 감추기 위함이다. 이 습성이 생긴 본질적인 이유는 천적으로부터 나의 자취를 들키지 않으려는 심리다. 그러나 천적이 없는 안전한 실내 생활을 하는 고양이는 이렇듯 철저하게 자기 체취를 숨기려고 노력하지 않게 된다. 그럴 필요가 없고 귀찮아서다. 한편, 동거묘와 사이가 나쁜 아이들은 상대방에게 대응하여 자기 존재를 더 적극적으로 어필해야 하기 위해서 (위협의 목적이든, 영역에서 밀려나지 않으려는 애처로운 노력이든) 의도적으로 배설물을 덮지 않기도 한다. 이것이 동거묘들 사이에 불화가 심각한 다묘 가정에 대소변 문제가 자주 일어나는 이유이다. 때문에 어떤 이유로든 실내에서 그 습성이 깨지게 되면, 배설물을 숨기고자 하는 욕구 자체가 약해진다. 한 번 드러내 본 흔적은 더 이상 감추지 않아도 되는 일상으로 바뀌고, 고양이는 점차 '노출된 배변'을 당연한 행동처럼 여기게 된다. 이처럼 한 번의 배변 실수가 단순한 일탈로 끝나지 않고 행동 습관 자체를 바꾸게 되는 이유는, 고양이가 환경에 대한 판단을 경험 기반으로 내리는 동물이기 때문이다. 고양이는 보호자의 기대와 달리, '불편함을 감수하고 도달해야 하는 화장실'보다 '가기 편하고 내가 직접 개척한 익숙한 장소'에 더 강한 행동 연합을 형성한다. 결국 반복적인 실수가 쌓이면, 그것은 '문제 행동'이 아닌 '당연한 선택'이 되어버리는 것이다. 실제로 화장실 문제 행동의 초기에 고양이는 화장실이 아닌 곳에다 배변을 하고 나면 오히려 화장실에서 진짜 모래를 묻는 것보다 더 열심히 모래를 묻는 시늉을 한다. 마치 이들이, 의인화하여 보자면, 정말 창피한 행동을 한 뒤 필사적으로 그 행동을 감추려는 행동처럼 말이다. 그런데 그랬던 이들이 '만성 단계'에 이르면 이 행동조차 하지 않게 되는 것을 목격할 수 있다.

②-1 고양이의 소변 문제 행동

화장실 외의 장소에 소변을 보는 경우

침대, 소파, 의류 위, 문턱, 창틀, 전자기기 위 등으로 다양하게 나타난다. 이 중에서 십중팔구는 침대 위에서 가장 먼저 발생한다. 여러 가지 이유가 있겠지만, 보호자와 함께 오붓한 시간을 보내는 친밀한 장소라는 침대의 안정감이 고양이에게 매력적으로 작용하는 듯하다. 안방을 주요 거점으로 삼는 고양이라면 이 장소를 사이가 나쁜 다른 고양이와 공유하지 않기 위해, 동거묘의 괴롭힘을 받아 이 장소에 자유롭게 드나들지 못하는 고양이라면 이 장소에 자기가 다녀갔다는 표시를 하기 위해 집안의 다른 어떤 장소보다도 침대 위에서의 소변 문제 행동 발생률이 높다. 침대가 친밀하고 안락한 지점이기 때문에 화장실로 삼게 되는 장소적 이유 외에 또 다른 이유도 있다. 고양이가 소변 문제 행동을 하는 장소의 질감도 중요한 요소인데, 절대 다수의 소변 문제 행동을 보이는 고양이가 화장실 장소로 천 질감을 선호한다. 따라서 침대 위에서의 소변 문제 행동이 본격화되면 그 다음 장소는 소파이다. 가죽 소파보다도 패브릭 소파가 선호도가 높다. 침대가 보호자의 친밀함이 바탕이 되어 매력적이라면 소파는 메인 활동 공간 주요 거점이다.

일반적으로 실내 고양이의 메인 활동 영역은 거실이고 그 다음 순위는 안방이다. 이는 보호자가 주로 생활하는 공간과도 일치한다. (보호자가 안방을 더 자주 사용하고 거실을 간간이 사용하는 집이라면 고양이의 메인 활동 영역의 순위도 역시 안방이 일 순위고 거실이 이 순위다. 보호자와 고양이의 메인 활동 영역의 순위가 일치하지 않는 것은 보호자와 고양이와의 유대감이 아주 높지는 않다는 사실을 가늠할 수 있는 척도가 되기도 한다) 물론 소변 문제 행동을 보이는 모든 고양이가 침대에서 처음 시작하고 소파가 그 다음인 순서를 정확하게 따라가지는 않는다. 그러나 여러 장소에 소변을 보는 고양이가 있다면 그 장소들 중 가장 빈도수가 높은 장소는 침대와 소파이다. 그리고 소변 문제 행동 경력이 높아질수록 이들이 손수 개척한 화장실은 집안 곳곳으로 확대되다가 나중엔 집사가 뭔가 새로운 물건을 사서 어딘가에 올려두기만 해도 그 물건 위에 소변을 보기도 한다. 이쯤 되면 이 고양이의 소변 문제 행동은 개선이 꽤 힘든 수준에 이르렀다고 볼 수 있다. 왜냐면 고양이가 집안의 낯선 물건을 발견하면 소변 문제 행동을 일으키는 심리는 이 집안에서 안정감을 느끼기 위해 갖은 노력을 아끼지 않는다는 반증이다. 즉, 고양이가 이 상태까지 오면 결론은 한 가지다. 고양이가 아주 불안한 상태에 있다는 것. 집안 곳곳에 자기 냄새를 뿌려야만 마음이 안정될 만큼 말이다. 습관적인 부분을 참작하고서라도 이 사실은 변함이 없다.

우리가 지금까지 살펴본 바대로 소변 문제 행동을 보이는 고양이는 단순히 실수하는 것이 아니라, 정서적 불안정, 공간에 대한 통제 욕구, 사회적 긴장, 혹은 습관적 조건반사의 흐름 속에 놓여 있는 경우가 많다. 따라서 이 행동을 개선하기 위해 보호자는 단편적인 응징이나 훈육보다는, 정서와 환경을 통합적으로 재구성하는 방향으로 접근해야 한다.

실수한 장소의 흔적 지우기

고양이의 소변 문제 행동이 반복되는 가장 큰 이유 중 하나는, 소변을 본 자리가 심리적으로 안정감을 주는 공간으로 고양이에게 각인되었기 때문이다. 특히 침대나 소파처럼 보호자의 냄새가 진하게 배어 있고, 포근하고 따뜻한 질감의 장소는 고양이에게 '배설' 행위를 하고 싶은 지점'으로 인식되기 쉽다. 소변을 본 장소를 깨끗이 청소하고, 고양이가 더 이상 그 공간을 '화장실 대체 지점'으로 오해하지 않도록 질감, 냄새, 환경적 제한 등의 방식으로 공간을 변화시켜야 한다. 침대나 소파에는 방수 커버를 씌우거나, 한동안 접근을 제한하여 문제 행동의 패턴을 끊는 것도 도움이 된다. 위협 없이 그 장소에 대한 긍정적 감정을 회복할 수 있도록, 소변을 주로 보는 자리에서 먹이를 주거나 놀아주는 방식도 활용할 수 있다.

실제 화장실의 질감을 매력적으로 만들기

고양이가 소변 문제 행동을 보이는 장소 중 천 질감에서 그 발생 빈도가 높다는 점은 무시할 수 없는 사실이다. 그 말은 곧, 고양이에게 제공되는 기존 화장실의 모래 질감이나 구조가 매력적이지 않다는 뜻일 수 있다. 가장 간단하면서 효과적인 방법은 기존 모래에서 촉감과 입자 크기가 다른 모래로 교체해 보는 것이다. 일반적으로 고운 입자의 모래는 가볍고 자극이 적어 선호도가 높다.

화장실 문제 행동의 초기 단계의 고양이에게는 결코 추천하는 방법은 아니지만, 정말 심각한 수준의 화장실 문제 행동이 관찰되는 경우라면 모래가 아닌 패드형 화장실을 시도해 보는 것도 좋다. 특히 고양이가 침대나 소파에 소변을 보았다면, 그와 비슷한 질감을 본뜬 천 소재 커버를 놓아둔 화장실을 제공하는 시도도 가능하다. 단, 고양이가 소변을 보는 벽에 강아지용 배변 패드를 붙여 두는 방법은 추천하지 않는다. 오히려 벽면에 붙인 패드를 화장실로 더욱 명확히 인지하게 될 수 있다. 그러나 소변을 자주 보는 곳이 바닥 쪽이라면 그 위치에 모래 대신 패드를 넣은 화장실을 마련해 줄 수 있다. 그렇게 화장실 자체에 대한 이용도를 높인 뒤, 점진적으로 패드형 화장실에 모래를 혼합하면서 일반형태의 화장실로 전환해주자.

고양이의 '불안'을 해소하는 안정적 환경 조성

소변 문제 행동은 대체로 불안하거나, 위협을 느끼거나, 집에서 자신의 위치가 불분명한 고양이가 보이는 행동이다. 집 안에서 고양이의 안정된 루틴을 만들어 주고, 활동 공간의 수직구조(캣타워, 선반)를 확장함으로써 이 고양이가 '내가 안전하게 머물 수 있는 공간이 있다'라는 확신을 가질 수 있도록 도와야 한다. 다른 고양이와의 사회적 긴장이 느껴진다면, 그 무엇보다도 고양이 간의 관계 개선이 우선되어야 한다. 고양이의 긴장감이 근본적으로 해소될 수 있도록 동거묘 간의 긍정적인 상호작용을 늘려 불화를 안정화 시켜야 한다. 관계 개선이 여의찮다면, 필요에 따라 심리적으로 위축된 고양이가 안전하다고 생각하는 공간을 마련해 주자. (다만 무조건적인 격리는 오히려 관계를 악화시킨다. 자세한 내용은 고양이 합사와 관계 개선을 참조) '내가 이 영역에서 안전할 수 있다'라는 정서적 확신은 실수 빈도를 줄이는 데 결정적인 역할을 한다.

기존 화장실의 접근성과 정서적 인상을 점검하자

고양이가 기존의 화장실을 외면하고 다른 곳에 볼일 보기를 반복하는 이유 중 하나는 화장실 자체가 어떤 이유로든 불쾌한 경험과 (위협을 당해 화장실을 갈 수 없거나, 화장실 안에 자주 갇혔거나 등) 연결되어 있기 때문이다. 화장실이 이동량이 많은 장소에(우다다가 자주 일어나는 복도, 캣휠 옆 등) 있어서 이용할 때마다 긴장이 되거나, 또는 다른 고양이와 경로가 겹쳐서 항상 방해받는 위치에 있을 수도 있다. 고양이에게 화장실은 단순한 배설 공간이 아닌 정서적 안전기지의 역할도 하므로, 한적한 공간이나 조용하고 방해받지 않는 자리에 새롭게 마련해주는 시도는 언제나 유효하다. 하지만 이 부분에서도 주의할 점은 베란다, 다용도실 등 고양이의 메인 활동 영역에서 많이 벗어난 곳에만 화장실을 모아두는 구조(화장실 방)는 좋지 않다. 위협을 받는 고양이는 활동 반경이 극도로 좁아지기 때문에 자신이 활동하는 반경에서 멀리 떨어진 화장실은 가기가 힘들다. 또한 베란다나 다용도실은 기다란 복도형 구조이기 때문에 위협을 당하는 고양이가 큰 용기를 내어 화장실에 갔다가도 자기를 괴롭히는 고양이가 베란다 저 멀리서 앉아 있기만 해도 베란다 밖을 나올 엄두를 내지 못해 갇히는 형태가 되고 만다. 고양이 방 하나에 화장실이 모여있는 배치도 마찬가지다. 방문 입구에 상대가 지키고만 있어도 괴롭힘을 당하는 고양이는 방에 들어가거나 나올 수 없다. 기본적으로 고양이 화장실을 배치하기에 가장 좋은 장소는 거실의 한적한 구석이 1순위, 안방이 2순위, 작은방이 3순위이다. 그리고 화장실 입구는 반드시 개방된 곳을 향해 있어서 드나들기 편한 상태로 두어야 한다. 이 외에도 기존 화장실에서 겪은 부정적 경험(큰 소리, 급한 문 닫힘, 다른 고양이의 급습 등)이 있다면, 그 기억을 지우기 위한 공간 리셋이 필요하다. (화장실 위치 바꾸기, 새 용기 마련, 모래 완전 교체 등)

습관화를 끊기 위한 '행동 끊기' 장치 마련

고양이의 소변 문제 행동이 오래 지속될 경우, 그것은 더 이상 심리 상태만의 문제가 아니라 일상적인 습관으로 정착되었을 가능성이 높다. 이러한 경우 보호자는 전략적으로 실수 장소에 대한 접근을 끊거나, 실수 행동을 자연스럽게 차단하는 장치를 마련해야 한다. 예를 들어 자주 실수하던 창틀의 평소 열어두는 창문의 방향을 바꾸거나, 창틀에 고양이용 쉴 자리를 설치하거나, 소변을 보던 침대 위에 임시 장난감 플레이존 (푸드 토이 등)을 세팅하는 것도 하나의 방법이다. (아주 심한 경우 해당 장소를 차단하는 것부터 시작할 수도 있다) 소변을 본 지점이 '나의 마킹 장소'가 아니라 '놀이터 혹은 식당'으로 재인식되면 고양이는 해당 장소에서 배설하는 행동을 멈출 수 있다.

②-2 고양이의 대변 문제 행동

대변 문제 행동은 소변 문제 행동에 비해 발생 빈도는 낮지만, 일단 시작되면 개선하기가 훨씬 더 까다로운 문제 행동 중 하나다. 일반화하기에는 조심스럽지만, 내가 경험해온 많은 사례들을 바탕으로 보면 대부분의 소변 문제가 고양이의 심리적 불안정이나 환경적 요인 - 예컨대 지저분한 화장실, 공간 변화에 대한 스트레스, 혹은 동거묘와의 긴장 관계 - 등에 의해 발생하는 경우가 많았던 반면, 대변 문제 행동은 훨씬 복합적이고 깊은 문제를 품고 있는 경우가 많았다.

특히 눈에 띄는 점은, 대변 문제 행동을 보이는 고양이 중 상당수가 신체적인 질환을 경험했거나, 과거의 배변 경험이 불쾌한 기억으로 남아 화장실에 대한 강한 회피 반응을 보인다는 것이다. 고양이에게 있어 변비나 설사처럼 직접적인 통증이나 불쾌감을 유발하는 상황에서 대변을 본 경험은 단순히 '아팠던 기억'에 그치지 않는다. 이 기억은 화

장실이라는 공간 자체에 대한 혐오감으로 연결되며, 화장실=불쾌한 경험이라는 인식이 뿌리 깊게 각인되는 것이다. 대변 문제 행동을 보이는 고양이 중 꽤 많은 사례가 보호자가 인지할 만큼 대변을 볼 때 화장실 사용을 기피하는 시각적 신호와 행동 패턴을 보인다. 예컨대 화장실에 들어가긴 하지만 오래 머무르지 못하고 모래만 한참 뒤적거리다가 결국 밖으로 나와 화장실 주변에 대변을 보거나, 화장실에 들어간 뒤 갑자기 도망치듯 뛰쳐나와 온 집안을 정신없이 질주하다가 (문제 행동이 없는 고양이도 대변을 보고 나면 모래로 파묻고 나서 화장실을 뛰어나오는 경우가 빈번하다. 그러나 대변 문제 행동을 보이는 고양이는 볼일을 보지 않고 뛰쳐나오는 경우가 참 많다) 다른 장소에서 배변을 하는 등의 반응은, 그 공간이 얼마나 불편하고 위협적으로 느껴지는지를 잘 보여주는 예다. 대변 문제 행동이 더욱 개선이 어렵고 오래 가는 이유는 이 점에 있다. 단순히 장소를 바꾸는 문제가 아니라, 고양이의 '기억된 감각'과 '감정적 반응' 자체를 교정해야 하는 행동 심리의 문제이기 때문이다.

대변 문제 행동은 소변 문제에 비해 실수가 주로 일어나는 구역은 있지만, 지점이 명확하지 않은 경우가 많다. 이를테면 거실, 혹은 침대의 어느 곳이라면 어제 실수한 곳과 오늘 실수한 지점이 일치하지 않는 것이다. (소변 문제의 경우 문제 행동이 심해지면서 화장실로 사용하는 지점이 늘어나는 것과 별개로 주로 소변을 보는 지점이 겹치는 경향이 있다) 대변 문제 행동을 보이는 고양이도 상대적으로 침대 위나 소파 등의 천 질감의 지점을 선호하기는 하지만 소변 문제를 하는 고양이에 비해 반드시 '특정 질감'을 고집하지는 않는 듯 보였다. 오히려 소변 문제를 하는 고양이에 비해 매끄러운 바닥이나 단단한 질감의 지점에도 볼일을 보는 일도 많았다.

대변 문제 행동을 보이는 고양이를 회복시키기 위해 보호자는 어떤 점들을 고려해야 할까? 고양이의 대변 행동 문제는 단순히 "다시 화장실 이용 자체에 가게 만들자"라는 식의 접근으로는 해결되지 않는다. 중요한 것은 화장실에 대한 불쾌한 기억을 지우고, 새로운 긍정적 경험을 덧씌우는 작업이다. 그 과정에서 보호자가 반드시 유의해야 할 점들은 다음과 같다.

반드시 질환 여부를 선제적으로 확인해야 한다.

고양이의 대변 문제 행동은 심리적인 원인도 많지만, 그 출발점이 변비, 설사, 배변 통증 등 신체적인 문제에서 시작된 경우가 많다. 만약 고양이가 화장실에 들어가려다 말거나, 들어가 있는 시간이 지나치게 길거나, 대변을 본 후 신경질적으로 뛰어다닌다면, 단순한 스트레스보다 질환 가능성을 먼저 의심해보아야 한다. 우선은 수의학적 검진을 통해 소화기 문제나 근골격계 문제(배변 자세가 불편해서 생기는 경우도 있음) 등이 없는지 확인하다.

화장실 구조와 위치에 대한 세밀한 조정이 필요하다.

고양이는 본능적으로 배변 후 자신의 흔적을 숨기기 위해 모래를 덮는다. 그런데 이 행동을 할 수 없을 만큼 화장실이 좁거나, 높은 턱이 있거나, 덮개가 있어 시야가 갇히는 구조라면, 고양이에게는 그 공간이 '은신처'가 아닌 '감금 공간'으로 느껴질 수 있다. 특히 과거 대변을 보면서 불쾌했던 경험이 있던 고양이라면, 같은 화장실 구조가 그 기억을 계속 상기시키게 된다. 어떤 고양이들은 이렇듯 화장실 사용을 달가워하지 않으면서도 화장실을 이용해 보려 애를 쓰기도 한다. 화장실에 들어갔다가 급하게 나오는 바람에 화장실 주변에 변을 흘리고 나오거나, 의도적으로 화장실 주변에 변을 보는 행동이 대표적이다. 이럴 땐 기존 화장실을 과감히 없애고, 전혀 다른 모양의 오픈형 화장실을 새로운 위치에 배치해 주는 것이 필요하다. 고양이가 화장실을 '다시 선택할 기회'를 주는 것이다. 이 과정에서 너무 잦은 화장실 위치 이동은 혼란을 가중시킨다.

고양이 화장실과 대변의 흔적을 연결시키자.

고양이는 자신의 흔적이 남은 공간을 배변 장소로 인식하는 경향이 강하다. 그래서 다른 장소에서 발견한 대변을 치울 때 이를 고양이 화장실에 넣어두는 것도 간접적으로 도움이 될 수 있다. 대변 문제 행동을 보이는 고양이는 소변은 화장실을 이용해도 대변은 밖에서 보는 일이 잦다. 그 상황이 반복된다는 것은 사실 고양이 화장실 어디에도 해당 고양이 자신의 대변은 없다는 뜻이 된다. 때문에 화장실 문제 행동을 보이는 고양이의 대변 보기와 화장실 이용과의 연결 고리가 완전히 끊어지는 것을 막아주는 작업도 필요할 수 있다.

새로운 성공 경험을 만들어 주어야 한다.
무작정 화장실에 데려다 놓거나 혼내는 방식은 오히려 반감을 키운다. 대신 고양이가 새로운 화장실에서 편안하게 대변을 본다면, 그 직후에 간식을 주거나 조용히 칭찬하는 등의 긍정적 강화를 통해 '여기서 대변을 보면 좋은 일이 생긴다'라는 경험을 반복적으로 심어주는 것이 중요하다. 특히 민감하고 예민한 고양이일수록 이 '긍정적 조건화'가 행동 개선에 결정적인 영향을 준다.

충분한 시간과 인내가 필요하다.
여러 번 강조했듯, 고양이 화장실 문제 행동은 한 번의 실수로 끝나는 문제가 아니라, 고양이의 '생활 습관' 자체가 왜곡되어 발생한 결과다. 그렇기에 문제 해결에도 일정한 시간이 필요하고, 때로는 기대보다 훨씬 더디게 진행되기도 한다. 조급함에 빠지지 않고 고양이의 속도를 존중하면서 작은 변화를 축적해 나가자.

동거묘와의 관계를 점검하자.
대변 문제 행동이 다묘 가정에서 반복적으로 발생한다면, 소변 문제 행동과 같이, 고양이 간의 사회적 관계와 갈등 요인을 함께 고려해야 한다. 이 행동은 단순한 환경 불편이 아니라, 고양이 사이의 위계, 긴장, 또는 경쟁의 맥락 안에서 사회적 신호로 나타나는 경우가 많다. 특정 고양이가 화장실을 자신의 영역으로 강하게 주장할 경우, 해당 고양이는 화장실 내부뿐 아니라 주변에도 소변이나 대변을 남김으로써 강한 체취를 확산시키고, 다른 고양이에게 해당 공간의 소유권을 주장한다. 이는 일종의 영역 마킹 행위로서, "이 화장실은 내가 사용하는 공간이다"라는 메시지를 전달하는 수단이다. 이러한 행동은 실제로 고양이 사이의 거리감을 조절하거나, 특정 고양이의 접근을 억제하는 데 사용되기도 한다. 반대로, 위협을 받는 위치에 있는 고양이도 이러한 행동을 보일 수 있다. 스스로 화장실 내부로 진입해 배변하는 것이 부담스럽거나 위험하다고 느낄 경우, 주변에 대변을 남김으로써 자신이 그 공간에 일시적으로라도 접근했음을 알리는 식의 존재 표시를 남기는 것이다. 이는 화장실 사용 자체가 사회적 스트레스를 동반하고 있음을 보여주는 사례로, 단순한 회피가 아닌 정체성의 표현으로 읽힐 수도 있다.

③ 이식증

고양이가 먹지 말아야 할 비식용 물질을 반복적으로 씹거나 삼키는 행동을 '이식증(pica)'이라고 부른다. 고양이의 이식증은 비단 고양이만의 문제는 아니다. 다른 동물들에게도 천, 비닐, 실, 고무, 플라스틱, 비누, 심지어 전선이나 흙까지 씹거나 삼키는 사례가 있다. 보호자 입장에서 이런 행동은 놀랍고, 당황스럽고, 심지어 두렵기까지 하다. 이식증은 단순한 기이한 행위나 장난기가 아니다. 그 밑바탕에는 외로움, 스트레스, 정서적 불균형, 환경 자극 부족, 그리고 보호자의 잘못된 초기 대응이 자리 잡고 있다.

고양이가 이식증 행동을 처음 보이는 가장 흔한 계기는 '무료함'이다. 혼자 있는 시간이 길고, 보호자의 상호 놀이 빈도가 낮으며, 실내 환경이 단조로울수록 고양이는 스스로 자극을 찾는 활동을 찾아 나선다. 이 과정에서 나타나는 행동이 '씹기', '긁기', '앞발로 건드리기' 등이다. 이 중 '씹기'는 탐색적 행동의 연장선상에서 특정 재질을 핥거나 씹는 행동으로 발전하게 된다. 고양이의 씹기 행동은 전혀 이상한 것이 아니다. 본래 고양이는 자신의 주변 환경을 입과 발을 이용해 탐색한다. 특히 천, 종이, 실 같은 물건은 질감도 흥미롭고, 물었을 때 감응이 있는 물체이기 때문에 더 많은 흥미를 불러일으킨다.

문제는 이러한 자연스러운 씹기 행동이 외로움과 반복된 환경 자극 부족 속에서 점점 더 집착적인 양상으로 변하게 된다는 데 있다. 집사들이 흔히 오해하는 부분 중 하나는, 고양이가 무언가를 씹기 시작하면 그게 곧바로 '이상 행동'이라고 단정 짓는다는 점이다. 사실은 그 반대다. 고양이가 가구의 모서리나 천, 박스 가장자리를 씹는 행동은

일반적인 구강 탐색 행동이다. 이 초기 탐색 행동이 보호자의 과도한 제지와 결합하였을 때 이 행동은 문제화 된다. 많은 보호자는 고양이가 어떤 물건을 씹는 것을 보고 크게 반응하며 "안 돼!", "하지 마!"라고 소리를 지르거나 갑자기 달려가 행동을 제지한다. 경우에 따라 스프레이나 박수 소리, 물총까지 사용되고는 한다. 물론 보호자 입장에서는 그 행동이 심화되는 것을 막고 싶은 마음이지만, 고양이 입장에서는 자기 행동이 불시에 타의에 의해 차단당한 것이다. 더군다나 이 제지는 고양이를 위한 대체 행동을 마련하지 않은 채 진행된다. 꼭 기억해두자. 고양이의 문제 행동을 수정하기 위해서는 해당 문제 활동을 대신해 욕구를 풀어낼 수 있는 긍정적 '대체 활동'이 필요하다. 대체 활동 없는 제지는 '집착'을 유발한다.

고양이는 자신이 시작한 행동을 완수하지 못했을 때 그 행동에 대한 갈증이 남는다. 물어뜯기나 씹기 같은 행동은 본능의 일부이기 때문에, 이를 무리하게 중단시키면 고양이는 해당 행동을 더욱 자주, 더 강하게, 더 비밀스럽게 하게 된다. 이것이 이식증으로의 발전 경로다. 초기에는 단순히 물어뜯는 행동에 그쳤던 고양이가, 어느 날부터 씹던 물건을 조금 삼켜보기 시작한다. (혹은 잘게 찢어진 조각을 오물거리다가 무의식적으로 삼키기도 한다) 실제로 보호자가 보지 않을 때 몰래 씹는 행동이 늘어나고, 삼킨 이물질이 장을 막거나 장염을 유발해 병원으로 실려 가는 사례도 많다. 어떤 보호자들은 병원에서 고양이 장에서 나온 '비닐', '끈', '머리 끈', '양말' 같은 이물질을 보고서야 문제의 심각성을 깨닫는다. 한 번 정도는 실수로 삼켰다고 할지라도, 해당 행위가 한 번 이상 반복된다면 고양이의 씹기 행동이 하나의 '보상 시스템'으로 고착되었다고 볼 수 있다.

보호자의 감정적 반응도 이식증을 강화한다. 고양이는 보호자의 감정에 민감하게 반응하는데, 자기가 어떤 행동을 했을 때 보호자가 강하게 반응하면 그것이 부정적 반응이라 하더라도 '주의를 끄는 방법'으로 인식할 수 있다. 평소 집사와의 상호작용이 부족한 고양이는 집사의 제지조차도 '관심'으로 받아들이기 때문에 소극적인 주의 추구 행동으로 이식증이 더 강화되기도 한다. 반대로 고양이가 물고 있는 물체를 보호자가 억지로 꺼내려 하는 상황이 사냥감을 빼앗기기 싫은 투쟁심과 결합하여 왜곡된 행동으로 고집스럽게 발달하기도 한다. 보호자에게 꾸중을 들은 뒤 몰래 옷장 안에 들어가 속옷이나 양말을 물어뜯거나, 화장실 안에 숨어 장난감을 야금야금 씹는 고양이도 있다. 보호자의 반응으로 인해 그 행동이 더욱 내면화된 상황이다. 이처럼 고양이의 '행동 강화'라는 반드시 보상에 의해서만 이루어지는 게 아니다. 보호자의 강한 반응도 충분히 그 행동의 반복을 유발한다.

그러면 고양이의 이식증을 예방하고 개선하기 위한 실천 전략에는 어떤 것들이 있을까?

초기 씹기 행동을 무조건 억제하지 말자.

물어뜯는 행동을 발견했다면, "하지 마"라고 말하는 대신 조용히 다른 장난감이나 씹을 수 있는 안전한 재질(안전한 천 장난감, 단단한 장난감, 고양이 전용 종이 박스 등)을 옆에 가져다주고 놀이를 유도해 보자. '처벌'이 아닌 '전환'을 적용하는 것이다. 고양이가 행동을 긍정적인 형태로 바꿨을 때는 칭찬을 해주며 긍정 행동을 강화해 주자.

혼자서 놀 수 있는 (셀프 플레이) 환경을 적극적으로 보완해 주자

하루 중 적어도 2~3회는 (아무리 못해도 1번 이상) 강도 있는 상호 놀이를 제공하되, 혼자 있을 때는 자동 장난감이나 퍼즐 피더, 냄새 숨기기 놀이(고양이용 마따따비, 캣닢, 간식 숨기기 등)로 흥미를 유도하자. 공간적 탐색 욕구가 높은 고양이라면 수직 구조물(캣타워, 창가 쉼터 등)을 확장해 주고 집안의 가구 배치를 가끔씩 변경해 호기심을 일으킬 수 있는 변화를 도모하는 것도 도움이 된다.

씹을 수 있는 '안전한 물체'를 마련하자

'씹고 싶은 욕구'를 원천적으로 억제하는 것은 불가능하다. 따라서 고양이가 씹어도 되는 안전한 물건(고양이용 씹는 장난감, 종이 스크래쳐나 박스 등)을 제공해야 한다. 이 장난감은 씹는 촉감이 다양해야 하고, 정기적으로 교체해주는 것이 좋다. 왜냐면 고양이는 자기가 주로 씹던 물건(기호성의 정착), 씹었던 부위를 집중적으로 공략하는 경향(경험의 반복)이 있기 때문이다. 이전에 고양이가 유독 집착했던 질감의 소재들은 치워주어야 한다. 소량 삼키게 되어도 크게 문제없는 물건이라도 이 고양이가 이미 그 질감에 집착하고 있다면 과량 먹게 될 위험 소지가 있다.

집사의 반응을 조절하자

고양이가 위험한 물건을 씹을 때 너무 강경하게 반응하지 말고, 평정심을 유지하며 행동을 차단하고 대체 행동으로 유도하자. 씹기 행동 이후 이를 제지한 뒤 계속 따라다니며 감시하거나 반복적으로 해당 장소에 접근하지 못하게 하면, 고양이는 더욱 집착하게 된다.

정리하자면 고양이의 이식증은 보호자의 양육 태도, 상호작용 방식, 실내 환경의 자극 구성, 정서적 반응까지 복합적으로 얽혀 있다. 특히 초기에 보이는 씹기 행동에 대한 과도한 제지와 대체 행동의 부재는 고양이의 자연스러운 본능을 좌절시키고, 오히려 그 행동을 집착적으로 심화시키는 결과를 낳는다.

④ 나쁜 습관이 있는 고양이
   (금지구역 집착/ 집안 물건 물어뜯기, 떨어뜨리기)

　고양이 중에는 유난히 집 안의 특정 물건을 물어뜯거나, 높은 곳에 올라가서 물건을 일부러 떨어뜨리거나, 들어가선 안 되는 금지구역에 반복적으로 접근하는 행동을 보이는 경우가 있다. 보호자의 시선으로 보면 일종의 '장난'이나 '심술'처럼 느껴지지만, 고양이에게는 단순한 장난 이상의 의미가 담겨 있다. 이러한 행동은 대부분 고양이의 본능과 환경에 대한 반응, 그리고 보호자와의 관계 안에서 비롯된다. 여기서도 다시 한번 우리는 이들의 행동 자체보다, 왜 그 행동이 반복되는지를 이해하려는 시선이 필요하다.

　이 부류에 속한 고양이를 단순히 나쁜 습관이 있는 고양이로 오해하지 않아야 한다. 이들이 보이는 문제점의 이면에는 심심함, 관심받고 싶은 욕구, 그리고 보호자가 만들어 낸 모호한 규칙에서 비롯된 혼란이 내재해 있다. 고양이는 우리의 생각보다 빠르게 환경에 적응하는 능력을 갖추고 있음에도, 환경의 변화나 인간의 일관되지 않은 반응에 예민하게 반응한다. 보호자가 원치 않는 행동을 고양이가 반복하는 이유는 고양이 관점에서 "이건 해도 되는 행동인가?"라는 질문에 스스로 판단할 기준이 없기 때문이다. 우리 집사들의 대응을 반추해 보자. 어떤 날은 부엌 식탁 위에 올라간 고양이를 내려오게 하면서 단호하게 혼내다가도, 다른 날엔 귀찮아서 그냥 둔다. 심지어 어떤 날은 귀엽다고 쓰다듬어준다. 고양이는 그런 모순(대혼란) 속에서 '과연 내가 무엇을, 어떻게 해야 보호자의 주의를 받을 수 있는가'를 스스로 학습한다. 그렇게 만들어진 학습은 고스란히 '문제 행동'이라는 형태로 되돌아온다.

특히 금지구역에 집착하는 고양이의 행동은 이런 규칙에 대한 인식이 제대로 정립되지 않아서 발생한 결과다. 고양이와의 생활에서 보호자가 제시하는 일관된 규칙은 매우 중요한 역할을 한다. 우리가 비록 고양이와 교감할지라도, 대화가 통하는 것은 아니기에 이 규칙은 단순히 '된다'와 '안된다'가 아닌 이 생활환경에서 함께 살아가기 위한 약속이다. 이 규칙은 말로 전달되는 것이 아니라, 보호자의 반복적인 행동 패턴으로 학습된다. 영역 중심의 동물인 고양이는 영역의 경계를 명확히 인식하려는 습성이 강하고 영역 확장의 욕구를 지니고 있다. 따라서 고양이가 생활하는 영역에서 이들의 출입이 허용되는 공간과 금지된 공간은 명확한 기준으로 나뉘어야 한다. 다시 말해, 금지된 공간이라면 이 장소는 언제나 출입할 수 없어야 하며, 보호자가 원치 않는 고양이의 행동은 그때마다 똑같은 방식으로 대처해야 한다. 어떤 상황에서도 이 기준은 예외가 없어야 한다는 뜻이다. 닫힌 옷방 앞에서 울며 보채는 고양이의 고집에 못 이겨 '한 번쯤은 괜찮겠지'라고 보호자 스스로 규칙을 허물어버리는 순간, 규칙은 사라지고 만다.

특정 장소를 고양이에게 개방하지 않기로 했다면 고양이가 그 앞에서 울며불며 시위해도 모른 척하자. 고양이와의 이 힘겨운 투쟁에서 이길 자신이 없다면 애초에 금지구역은 설정하지 않는 게 좋다. 금지구역을 지켜나가기로 마음을 먹었다면 단호하게 고양이의 투쟁에 맞서는 거다. 처음에는 쉽지 않을 것이다. 하지만 버텨야 한다. 그러다 지친 고양이가 고집부리기를 포기하고 다른 곳으로 가거나 보호자에게 다가왔을 때 칭찬 보상이나 간식 보상을 해주자. 보상을 주는 장소는 문제 장소와 충분히 떨어진 곳이어야 한다.

주방처럼 구조상 출입 자체를 차단하기 어려운 공간은 고양이에게 '이곳은 재미없는 장소'로 인식되도록 만들어야 한다. 싱크대 위에 음식물이나 음식 냄새가 나는 물건이 자주 놓여 있다면, 고양이는 호기심을 참지 못하고 자꾸 그 공간에 오르게 된다. 단적인 예로, 아무리 착한 고양이라도 아일랜드 식탁 위에 항상 마른 오징어나 명태포가 놓여 있다면 식탁 위를 그냥 지나칠 수 없다. 따라서 고양이에게 유혹적인 공간은 항상 깨끗하게 정리해 두는 것이 유혹의 빌미를 제거하자. 고양이가 싱크대에 올라갔을 때는 반응하지 말고 조용히 기다리자. 그곳에서도 별다른 흥밋거리를 찾지 못하면 고양이는 스스로 내려온다. 고양이가 보호자에게 다가왔을 때 간식이나 놀이로 보상하자. 이렇게 하면 고양이는 점점 아무 즐길 거리가 없는 주방보다 보호자와의 상호작용이 즐겁고 의미 있는 장소에 관심을 더 두게 된다.

고양이는 반복되는 일상에서 패턴을 읽어낸다. 그러나 보호자의 감정에 따라 규칙이 달라지면, 고양이는 보호자의 반응을 규칙이 아닌 예측 불가능한 '사건'으로 인식하게 된다. 예측할 수 없는 규칙은 지켜야 할 이유가 없다. 설상가상으로 고양이와 보호자의 관계가 신뢰를 바탕으로 한 유대감마저 탄탄하지 않다면 고양이에게 집사는 불안의 대상이 되기도 하는데, 이는 스트레스를 기반으로 한 집착 행동이나 반복적인 문제 행동을 야기할 수 있다.

금지구역을 향한 집착이 '불확실한 규칙'에 기반한 문제 행동인 반면, 고양이가 선반에 올라가 보란 듯이 물건을 떨어뜨리거나, 집안의 물건들을 물어뜯는 행동과 같은, 특정 행동을 반복하는 행동은 보호자의 반응에 기인하는 경우가 많다. 씹지 말아야 할 물건을 씹는 행동, 금지된 장소에 올라가는 행동 등은 보호자가 곧장 반응하기 쉬운 '주목 행동'이다. 이때 고양이는 보호자의 강한 반응 자체를 자극으로 받아들일 수 있다. 문제 행동을 일삼는 고양이에게는 충족되지 못한 욕구가 있고 그런 이들에게 보호자의 관심이 반드시 긍정적일 필요가 없다. 주의를 끌 수 있다면 고양이는 그 행동을 반복할 충분한 동기가 생긴다.

(*** 사실 이 부분에 대해서는 보충 설명이 필요해 보인다. 고양이는 보호자가 화내는 것을 인지한다. 그러나 고양이를 아끼는 보호자들 상당수가 고양이를 야단칠 때 엄격한 목소리 톤을 일관되게 사용하지 않는다. 어떤 때는 웃으며 '안돼'라고 말하고 어떤 때는 큰소리로 '안돼!'라고 화를 낸다. 그렇게 되면 고양이는 보호자의 '안돼'를 명확하게 인지하기 힘들다. 톤이 비슷하기 때문이다. 그렇다면 잘못했을 때는 따끔하게 알아듣도록 혼내면 되지 않을까? 라는 생각도 든다. 그러나 이 역시도 효과가 없다. 왜냐면 혼을 많이 내면 낼수록 고양이와 집사와의 유대감에 균열이 간다. 그렇게 되면 고양이는 더 이상 집사에게 잘 보이려고 노력하지 않게 된다. 즉, 굳이 착한 짓을 할 필요가 없어진다는 말이다. 똑같은 행동을 두고 보호자가 어떤 날은 혼을 내지 않고 어떤 날은 '따끔하게' 혼을 내는 일이 반복하면 고양이는 보호자를 불신하게 된다. 동시에 언제 혼이 날지 모르기 때문에 불안정한 심리상태를 보이게 되는데, 이 불안감은 고양이의 성격에 따라 공격성으로 나오기도, 하악질을 동반한 회피 형태로 표출되기도 한다)

문제 행동을 개선하는 초기에는 '무반응'이 가장 효과적인 전략이 될 수 있다. 고양이가 문제 행동을 하기 위해 특정 장소에 머물 때, 반응하지 않고 조용히 자리를 피하거나, 그 상황 자체를 무시함으로써 주목을 끌 수 없다는 경험을 제공하자. 그 후 고양이가 문제 되는 행동을 멈췄을 때, 놀이나 간식 같은 긍정적인 보상을 통해 올바른 방향으로 유도해 주자. 이들의 문제 행동을 개선하기 위해서 무엇보다 중요한 것, 바로 대체 활동의 제공을 잊지 말자. 기존에 문제가 되었던 장소나 물건의 자극을 제거했다면, 그것을 대체할 수 있는 자극의 통로를 꼭 제공해 주어야 한다.

⑤ 새벽에 깨우는 고양이/ 밤낮이 바뀐 고양이

⑤-1 새벽마다 보호자를 깨우는 고양이

고양이가 보호자를 깨우는 시간대에는 뚜렷한 경향성이 있다. 첫째는 보호자가 잠자리에 들기 직전 또는 잠든 지 1~2시간 후이다. 보호자가 불을 끄고 잠자리에 누우면 집 안은 조용해지고 어두워진다. 이때 어떤 고양이는 기다렸다는 듯 뛰어다니기 시작하거나, 시끄럽게 장난감을 굴리거나, 보호자에게 울며 다가와 관심을 유도한다. 이 유형은 보호자가 잠들기 직전 고양이와 격하게 놀아주는 습관이 있는 경우 흔하게 나타난다. 놀이가 고양이에게 즐거운 활동임은 분명하다. 하지만 보호자가 놀이를 끝낸 후 별다른 쿨 다운 없이 바로 불을 끄고 누워버리면, 고양이는 놀이가 갑자기 중단된 것에 아쉬움을 느낄 수 있다. 더 나아가 '불이 꺼진다 = 우리만의 2차 놀이가 시작된다'라는 잘못된 연관이 학습되면, 고양이는 점차 밤을 두 번째 놀이 시간으로 인식하게 된다. 보호자는 잠자리에 들고 싶은데 고양이는 이제 막 몸이 풀려 흥이 오른 상황이니, 당연히 충돌이 생길 수밖에 없다.

키우고 있는 반려묘가 이런 경향을 보인다면 고양이의 마지막 놀이 시간은 보호자가 잠들기 1시간 30분에서 2시간 전 정도에서 시작해 주자.(예: 집사의 취침 시간이 12시라면 마지막 놀이시간은 10~10:30 분에 시작) 집이 완전히 어두워지기 전에 고양이의 사냥놀이 시간과 저들끼리의 우다다 시간, 간식 시간을 모두 갖게 하자. 그리고 집사의 취침 30분 전에는 집안의 불의 밝기를 낮추고 고양이의 릴랙스에 도움이 되는 하프 음악이나 클래식 음악을 이용하여 조용한 분위기를 만들어 주다. 그렇게 되면 이제 우리의 하루는 종료된다는 규칙을 고양이에게 좀 더 명확하게 학습시켜 줄 수 있다.

반면 보호자가 일어나기 직전에 고양이가 깨우는 유형은 집사의 아침 루틴의 영향이 크다. 대부분의 보호자가 아침에 일어나 가장 먼저 고양이에게 밥을 주거나, 부드럽게 인사하며 쓰다듬어주고 함께 시간을 보내곤 한다. 고양이는 이 일련의 행위를 반복적으로 경험하면서 '보호자가 일어나면 좋은 일이 생긴다'라고 인식하게 되고, 그 결과 보호자가 깨어나기 1~2시간 전부터 조급하게 깨우기 행위로 진화한다. 처음에는 단순히 다가와 얼굴을 부비거나 조용히 곁에 누워 기다리던 고양이가, 점차 소리 내어 울거나 물건을 떨어뜨리거나 보호자의 얼굴을 툭툭 치는 행동으로 강도와 집요함을 높인다. 이는 고양이가 그동안 자신이 한 행동이 어느 시점에 보호자를 깨우는 데 성공했는지를 학습한 결과다. 가정의 고양이가 아침부터 이런 행동을 보인다면 보호자는 기상 후의 행동 패턴을 바꾸어야 한다. 고양이가 깨울 때 일부러라도 움직이지 않고 누워있어야 하는 고행을 수반해야 할 수도 있다. 그리고 기상 시에 알람 소리를 이용하자. 고양이의 깨우는 행동에는 버티고 알람 소리가 울리면 그때 일어나는 거다. 고양이 밥 주기는 다만 몇십 분 뒤로 미룰지라도 뒤로 미루고, 세수나 샤워 등을 먼저 하자. 자동 급식기를 이용하고 있다면 집사가 씻는 동안 밥이 나오게 하거나, 아니면 고양이가 본격적으로 집사를 깨우는 시간에 자동 급식기에서 사료가 나오게 조절하는 방법도 효과가 있다.

고양이의 이 같은 행동의 근본에는 고양이의 일상 리듬, 즉 '주기'의 문제가 함께 놓여 있다. 고양이는 원래 밤에 더 활발하다. 얘네 유전자가 그렇다. 사람과 오랫동안 함께 살아 온 고양이도 밤을 통째로 수면으로 보내지는 않고 간간이 깨서 조용히 돌아다니거나 밥을 먹는다. 즉 사람과 함께 하는 생활에 적응한 고양이는 보호자의 하루 루틴에 타협하며 조용하게 밤을 보내는 방법을 학습할 뿐, 습성이 완전히 바뀌지는 않는다. 그러나 어떤 계기로 심리적 자극을 받게 되면 (반드시 심각한 심리적 문제가 아니라 그저 오늘은 왠지 잠이 안 오는 밤일 수도 있다) 고양이는 그간 지켜오던 루틴이 깨진다. 그렇게 되면 이들은 조상들에게 물려받은 본능대로 밤에 활동량이 많아지는 것이다. 이들의 활력은 아침까지 지속되다가 늦은 아침부터 늦은 오후까지 늘어지게 잠을 자며 휴식을 취하는 패턴을 취하게 된다. 새벽에 보호자를 깨우는 고양이는 대개 낮에 과도하게 긴 휴식을 취한다. 다시 말해, 낮 동안 충분히 깨어 있는 자극이 부족하여 에너지가 남아도는 상태로 밤을 맞이하는 것이다. 낮 동안 아무런 활동 없이 자거나 무료하게 시간을 보내면, 고양이는 야행성 본능이 아니라 낮과 밤이 뒤바뀐 루틴으로 인해 밤에 행동이 유독 활발해질 수밖에 없다. 그러므로 고양이의 낮을 더 알차게 만들어 주는 것이 핵심적인 해결책이 된다. (자세한 내용은 셀프 플레이 참고)

그리고 이 모든 것 못지않게 중요한 것 역시, 다른 문제 행동 설명에서 소개한 것처럼, 보호자의 '반응 방식'이다. 고양이가 새벽에 보호자를 깨울 때 보호자가 처음에는 무시하다가도 결국 참지 못하고 일어나거나 말을 걸게 되면, 이 행동은 급소도로 강화된다. 고양이는 기억한다. '아, 이 정도 울면 집사가 일어나는구나! 울면서 뛰어다니니까 효과가 더 확실하구나!'라는 식으로 말이다. 이처럼 랜덤하게 강화되는 반응은 행동을 점점 더 뿌리 깊게 만든다. 이 상황에도 예외없이, 보호자의 단호하고 일관된 태도가 무엇보다 중요하다. 고양이가 깨우는 행동에 한 번이라도 반응을 보인다는 건 우리가 이 고양이에게 진 거다. 승리를 경험한 고양이는 다음 날도 승리에 도달했던 과정을 반복할 동기가 생긴다.

⑥ 오버 그루밍

고양이에게 그루밍은 가장 대표적인 습성이다. 이들에게 그루밍은 단순한 미용이 아니다. 자신의 체취를 정돈하고, 털을 정리하고, 체온을 조절하고, 무엇보다 마음을 진정시키는 자기 위안의 행동이다. 그런 이유로 많은 보호자가 고양이가 한참 동안 털을 핥고 있는 모습을 보면 "편안하구나" 또는 "청결하네"라고 느끼며 안심한다. 하지만 그루밍이 과도해지면 이야기는 달라진다. 그루밍으로 인해 털이 빠져 피부가 훤히 드러나거나, 핥던 부위에 상처가 생기고, (혓바닥이 매끄러운 개들은 과잉 그루밍을 하게 되면 습진을 동반한 피부염이 관찰되지만, 고양이는 혓바닥이 까슬하기 때문에 개들과 달리 혈흔을 동반한 상처가 생기기 쉽다) 그럼에도 불구하고 멈추지 않고 계속해서 그 자리를 핥고 또 핥는다면 그것은 더 이상 정상적인 습관이 아니라 문제 행동, 즉 오버그루밍(과잉 그루밍)이라고 불러야 한다. 오버그루밍은 고양이 문제 행동 중에서도 꽤 흔하게 관찰되며, 육안으로 비교적 쉽게 확인이 가능하다는 특징이 있다.

보호자들 중에는 오버그루밍을 '지각과민증후군'(Feline Hyperesthesia Syndrome)과 혼동하는 경우가 많다. 이 두 가지는 겉으로 보기엔 유사한 양상을 띨 수 있지만, 서로 다른 개념이다. 지각과민증후군은 이름처럼 고양이의 피부 신경계가 과민하게 반응하는 증상으로 문제 행동의 범주가 아닌 질환의 범주에 포함된다. 지각과민 증후군의 여러 증상 중 하나로 오버그루밍을 관찰되기도 한다. 반대로 오버그루밍의 여러 원인 중 하나가 지각 과민 증후군이다. 지각과민 증후군은 그루밍 외에도 피부의 떨림, 갑작스러운 점프, 과잉 반응, 극단적인 꼬리 추적, 발작을 연상시키는 돌발 행동 등을 동반하고, 치료를 위해 항경련제나 신경안정제가 사용되기도 한다.

반면 일반적인 오버그루밍은 비교적 국소적이고 반복적인 핥기가 특징이며, 그 행동이 일상생활을 방해하고 신체에 손상을 줄 정도로 악화된다. 오버그루밍은 대부분 심리적 원인, 즉 스트레스나 불안, 심심함, 환경 변화, 영역적 불안감 등이 주요 원인으로 작용하지만, 때때로 예기치 못한 계기나 질환으로 인해 시작되기도 한다. 예를 들어, 알러지가 있는 고양이에게 오버그루밍은 굉장히 흔하다. 이들에게는 오버그루밍 행동 개선보다 알러지 관리가 필수적으로 선행되어야 할 것이다. 또한 초음파 검사를 위해 복부 털을 밀거나, 중성화 수술 후 제모 된 부위, 혹은 기타 질병이나 수술로 인한 제모 부위가 고양이에게 "이질감 있는 몸의 일부"로 받아들여져 집요하게 핥는 계기가 되기도 한다. 처음에는 그저 낯선 감각을 탐색하는 행동이었지만, 이 불편감이 해결되지 않고 반복되다 보면 그 부위에 대한 집착으로 고착화되면서 오버그루밍으로 진화하게 되는 것이다. 이 행동이 일상생활에 지장을 줄 정도로 반복되고, 특정 부위에 털이 빠지거나 상처가 생기는 수준까지 도달했다면 이는 고양이의 심리적 또는 환경적 균형이 무너졌다는 신호다. 따라서 오버그루밍의 개선은 단순한 제지나 행동 약물 치료보다는, 심리적인 활력을 되살리는 데 초점을 맞추는 것이 우선이다.

오버그루밍과 지각과민 증후군의 개선 방법은 다른 관점에서 접근해야 한다. 오버그루밍은 고양이의 '지루함', '심심함', '정적 상태의 과도함' 속에서 자주 관찰된다. 즉, 너무 오랜 시간 혼자 보내거나 자극 없는 공간에서 무료함에 빠졌을 때, 고양이는 그 상태에서 벗어나기 위해 그루밍이라는 자기 위안 행위를 강화하게 되고, 시간이 지나면 그것이 강박적 행동으로 진화하게 된다. 이런 맥락에서 오버그루

밍은 단지 자극이 적은 하루를 견디기 위한 하나의 '심리적 방어 기제'로 작동한다고 볼 수 있다. 지각과민증후군의 경우는 정반대다. 그루밍을 동반할 수는 있지만, 이 질환은 신경계가 과도하게 흥분하는 상태이기 때문에 고양이가 아주 예민해지고, 약간의 소리나 접촉에도 과도하게 반응한다. 지각과민증후군

을 보이는 고양이는 오히려 심리적 긴장과 각성이 높을 때 증상이 악화된다. 이 두 가지 상태를 구분하는 것은 치료 방향을 정하는 데 있어 매우 중요하다. 오버그루밍은 '활력을 높이는 것'이 목적이고, 지각과민증후군은 '긴장을 낮추는 것'이 핵심이다.

오버그루밍이나 지각과민증후군은 단순히 털을 많이 핥는 행동이 아니라, 심리적 문제, 환경적 요인, 과거의 경험 질환적 요소 등 다양한 원인이 복합적으로 작용하여 증상을 악화시킨다. 그리고 한번 고착된 오버그루밍은 쉽게 사라지지 않으며, (실제로 그간의 상담 경험에 따르면 소변 문제 행동을 자주 하는 고양이와 비교했을 때 동일 기간 내에 보이는 개선 속도가 미미했고 그로 인해 상담의 만족도도 낮았다. 그나마 개선을 보였던 방법은 행동 수정 방법과 함께 행동 약물을 병행했을 때였다) 그 원인을 제대로 파악하고 중재하지 않으면 점점 더 범위가 넓어지고 심각해진다. 고양이가 계속 특정 부위를 핥고 있다면, 단순한 그루밍 행위로 넘기기보다는 그 이유를 곰곰이 살펴봐야 한다. 또한 이 핥음이 고양이에게 위안을 주는 방식이 아니라, 오히려 불안을 강화하는 방식으로 작동하고 있는 건 아닌지 따져봐야 한다. 그것이 보호자로서의 첫 번째 대응이자, 오버그루밍 개선을 위한 첫걸음이 된다.

⑥-1 오버그루밍의 개선 방법

오버그루밍을 보이는 고양이를 회복시키기 위해 보호자는 고양이가 심리적으로 안정되고, 심심하지 않게 하루를 보내는 데 집중해야 한다. 이것은 단순히 하루에 몇 분 놀아주면 되는 개념이 아니다. 놀이나 자극이 고루 분포된 생활 구조를 갖추는 것이 필요하다. 이를 위해 다음과 같은 환경 구성 요소들이 도움이 된다.

일상에서 다양한 감각 자극을 줄 수 있는 놀잇감

깃털 장난감, 공, 펠트 터널, 자동 낚싯대 등 움직임과 소리, 질감을 자극할 수 있는 다양한 장난감은 고양이의 본능적 흥미를 자극한다. 특히 혼자 있을 때도 이용할 수 있는 셀프 플레이 토이를 마련해 주자

창가 전망대나 캣타워를 활용한 환경 탐색

외부의 시각적 자극은 단순히 흥미를 유도하는 수준을 넘어 자연스럽게 고양이의 호기심을 자극하고, 긴장감을 해소하는 데도 효과적이다.

하루 중 여러 시점으로 분산된 짧은 놀이 시간

30분 넘게 집중적으로 놀아주는 것보다는, 10-15분짜리 짧은 놀이를 하루에 여러 차례 나눠 주는 것이 더 효과적일 수 있다. 이는 고양이의 심리적 욕구를 꾸준히 충족시켜 주기 때문이다.

생활 패턴 안에서의 예측 가능한 일상 제공

고양이는 예측 가능한 루틴 안에서 심리적인 안정감을 느낀다. 밥, 놀이, 휴식, 잠자리, 장난감 사용 시간이 일정하게 반복되면, 불필요한 긴장이 줄어들고 그루밍에 대한 집착도 완화될 수 있다.

오버그루밍 증상에 대한 올바른 대처

한편, 일부 보호자들은 오버그루밍 행동이 조금이라도 관찰되면, 곧바로 넥카라(엘리자베스 칼라)를 착용시키는 경우가 있다. 특히 고양이를 처음 키우는 집사나 오버그루밍 관련 정보를 많이 접한 집사일수록 이런 대응을 '신속한 예방 조치'로 여긴다. 그런데 이는 조심할 필요가 있다. 넥카라는 상처 부위의 염증을 막고 병변을 보호하는 데는 매우 유용하지만, 습관성 오버그루밍의 초기 단계에서 사용하는 것은 자칫 역효과를 불러올 수 있다. 그루밍을 하고자 하는 욕구가 일방적으로 차단되면서, 고양이는 그 욕구를 점점 더 집착적으로 쌓아두게 되고, 넥카라를 벗는 순간 그 집착은 폭발하듯 강박적인 그루밍으로 이어지게 된다. 이렇게 되면 오버그루밍은 오히려 더 구체적인 반복 행동으로 고착되며, 행동 개선이 훨씬 어려워진다.

고양이가 몸에 실제 상처가 나지 않은 상태에서라면, 오버그루밍을 단지 물리적으로 차단하기보다는 행동의 원인을 찾아 심리적 활력을 제공하는 방향으로 접근해야 한다. 피부에 상처가 이미 생겼거나 핥는 부위에 염증이 생길 정도로 증상이 심각할 때는, 병변 부위 확산과 2차 감염 예방을 위해 넥카라를 사용 할 필요가 있다. 넥카라가 필요한 정도로 증세가 깊어진 고양이는 행동 수정 훈련만으로 개선되기 어렵다. 이런 경우, 행동학적 중재와 함께 수의사의 판단하에 행동 약물 요법이 병행하는 것이 도움이 된다. 심한 오버그루밍은 불안장애 또는 강박장애 범주 안에서 치료될 수 있으며, 이때는 항불안제나 항우울제 등의 약물이 일정 기간 필요할 수도 있다. 단, 약물 처방은 어디까지나 보조적 치료에 해당한다. 그 어떤 환경 개선이나 행동적 학습 없이 약물로만 치료를 하게 되면 약물을 중단했을 때 문제 행동은 다시 재발할 수밖에 없다. 행동 수정을 하면서 약물을 병행하는 이유, 문제 행위의 증상이 심각하여 학습이 어려울 정도라면, 행동 약물로 흥분이나 긴장도를 어느 정도 정돈시켜 학습이 가능한 상태를 만들기 위함이다. 오로지 약물로만 행동 수정을 이끌어내는 것은 현실적으로 불가능하다.

⑥-2 지각과민 증후군의 개선 방법

엄밀히 말하면 지각과민 증후군은 문제 행동의 범주에 속하지는 않지만, 지각과민 증후군을 앓고 있는 고양이들의 상태와 증상 완화 방법에 관해서도 함께 다뤄보면 도움이 될 것 같다.

지각과민 증후군이 있는 고양이에게는 심리적 안정감이 중요하다는 점을 기억할 것이다. 하지만 이때 흔히 범하기 쉬운 오해가 있다. "안정을 줘야 한다면, 무조건 얌전하게만 놀아줘야 한다"라는 생각이다. 그러나 고양이의 성향은 저마다 다르고, 같은 지각과민 증후군이라 해도 정적인 고양이와 활달한 고양이를 위한 대응은 달라야 한다. 어떤 고양이에게는 필요 이상의 진정이나 억제가 오히려 고양이의 심리적 강박을 부추길 수 있기 때문이다. 중요한 것은 '과잉 자극을 피하는 것'이지, '모든 자극을 없애는 것'이 아니다. 관건은 '정서적인 균형'이다.

만약 지각과민증후군을 가진 고양이가 기본적으로 정적인 성향이라면, 이 아이에게는 평화롭고 조용한 공간에서 천천히 주변을 탐색할 수 있는 환경이 필요하다. 바깥 풍경을 볼 수 있는 창가 전망대, 낮은 조도의 공간, 부드러운 감촉의 담요와 같은 감각적으로 온화한 요소들이 도움을 준다. 놀이 역시 갑작스럽고 빠른 움직임보다는, 섬세하고 정교한 움직임의 사냥놀이 방식이 적절하다. 격렬하게 몸을 움직이지 않는다고 해도 보호자가 함께 차분하게 놀아주는 시간 자체가 고양이에게는 "심리적 동행"이 된다. 반대로 기본 성향이 활달한 고양이가 지각과민증후군을 앓고 있다면, 이야기는 조금 달라진다. 이런 고양이는 내부에 발산되지 못한 에너지가 쌓이면서 신체적으로는 과잉 각성 상태가 되고, 그 에너지를 통제하지 못해 갑작스러운 점프, 뜬금없는 질주, 과잉 그루밍 같은 증세로 나타나기도 한다. 이때는 오히려 하루에 한두 번 정도는 에너지를 충분히 소모할 수 있는 놀이 시간을 제공해 주는 것이 좋다.

다만 여기서 주의할 점은, 놀이가 끝난 직후 고양이가 흔히 보이는 후속 행동이다. 흥분된 상태가 남아 있어 갑자기 격렬하게 자기 몸을 핥거나, 집 안을 정신없이 뛰어다니는 일이 생길 수 있다. 이때 보호자가 놀이를 완전히 종료하고 자리를 비워버리는 경우, 고양이는 스스로 진정할 수단을 찾지 못하고 다시 강박적인 행동으로 이완을 시도하게 된다. 이럴 때 효과적인 방법은, 잦아든 분위기 속에서 보호자가 천천히 작은 장난감으로 다시 한번 고양이의 주의를 돌리는 것이다. 이를테면 부드러운 깃털을 천천히 흔들거나, 짧은 막대기 형태의 장난감으로 가볍게 장난을 걸어주는 식이다. 이런 잔잔한 놀이의 전환은 고양이 스스로가 흥분을 자연스럽게 정리하고, 안정된 상태로 돌아갈 수 있도록 돕는 연결 고리가 된다.

지각과민 증후군이 있는 고양이는 대체로 감각이 날카롭고, 예민하다. 이런 고양이에게 필요한 것은 '강도'의 균형을 맞춰주는 일이다. 진정은 억제가 아니다. 놀이는 흥분만을 위한 것도 아니다. 고양이의 하루를 구성할 때, 고요함과 활기, 자극과 이완이 무겁지도 가볍지도 않게 리듬을 이루어야 한다. 이 리듬을 만들어 주는 것이 지각과민증후군을 가진 고양이에게 가장 큰 회복의 발판이 된다.

중증 이상의 지각과민 증후군 증세가 있는 경우라면 행동 약물을 활용하는 것이 효과적이다. 당연히 약물로만 해당 증상이 치료된다고 여기는 것은 바람직하지 않다. 약물을 병행하며 고양이가 정돈된 행위들을 생활 반경에서 많이 포함할 수 있도록 학습시켜 주자. 안타깝게도 심각한 오버그루밍이나 지각과민 증후군을 겪고 있는 고양이는 완치가 힘들다. 해서 이들에게는 치료 개념이 아닌 증상 완화를 위한 '평생 관리' 개념으로 이러한 약물 복용이 병행되기도 한다. 환경적 보조와 행동 개선 노력을 하는 중에도 종종 고양이의 증세가 심해지는 시기가 나타날 수 있다. 이럴 때 한동안 약물 치료를 병행하다가 증세가 호전되면 약 복용을 서서히 줄여가면서 끊고 나중에 다시 증세가 재발하면 적정 기간 약물을 다시 복용하는 형태로 말이다.

3. 고양이의 연관/공간 지각

고양이의 문제 행동을 이해하고 개선하기 위해 마지막으로 짚고 넘어가야 할 개념이 있다. 바로 고양이의 '연관 지각'이다. 고양이는 인간처럼 언어로 상황을 해석하거나 추론하지 않는다. 대신, 반복된 자극과 감각적 경험, 그리고 그 자극이 일어난 '장소'와 '상황'의 조합을 통해 행동의 틀을 만들어간다. 이는 고양이가 특정한 장소에서 특정 행동을 반복하는 경향으로 자주 관찰된다. 고양이뿐만이 아니라 지구상의 모든 동물은 살면서 접하는 모든 자극들을 다 기억하지 못한다. 상당수의 단기 기억들은 장기기억으로 전환되지 못하고 삭제된다.

그러면 어떤 단기 기억들이 장기기억으로 남을까? 수많은 단기 기억 중에서도 자극의 강도가 높은 순간들은 (생명의 위협이 느껴졌던 순간, 믿었던 대상에게서 혹은 장소에서 행해진 예상치 못한 위협적 상황) 단 한 번의 경험으로도 장기기억으로 전환된다. 다만 아무리 강한 기억일지라도 한번 혹은 그저 몇 번의 경험 후 그런 자극들을 오랫동안 경험하지 않게 되면 다시 기억은 희미해지거나 심리적으로 영향을 주지 않는 상태까지 사그라든다. 이러한 돌발적이고도 충격적인 자극 외에 장기기억으로 전환되는 기억들은 단연 반복된 경험을 통한 기억이다.

동물들은 이렇게 반복되는 경험을 단순히 상황 한 조각만으로 기억하는 게 아니라 그 자극의 전후를 모두 연관시켜 장기기억으로 전환된다. 예를 들어 '이 아일랜드 식탁 위에서 내가 야옹 했을 때 다른 장소에서 엄마를 보며 야옹거릴 때보다 엄마가 나를 쓰다듬어주러

온 적이 많았어. 오늘도 아일랜드 식탁 위에서 엄마를 불러보자.', '엄마가 책상에 앉아 있을 때는 아무리 옆에서 야옹거려도 나를 만져 주지 않았어. 엄마가 소파 위에 앉을 때 다가가면 나를 안아줄 때가 많아. 마침 엄마가 소파에 앉았군. 얼른 가서 집적거려 봐야겠어.' 이렇듯 상황과 장소 그리고 반응의 결과를 하나로 연관 지어(경험) 비슷한 상황 장소가 셋팅이 되면 그때마다 자기가 했던 행동을 기억하고 반복한다.

여기에 더해 고양이는 공간 지각을 장기기억으로 보존하는 탁월한 기술을 보유하고 있다. 이들은 시각보다는 후각과 촉각, 그리고 반복된 동선에서 오는 기억 기반의 지형 인식을 중심으로 공간을 구성한다. 이는 실내에서 생활하는 고양이가 시각장애가 생겨도 큰 불편 없이 익숙한 공간을 이동할 수 있다는 사실만 봐도 알 수 있다.

고양이에게 공간이란 단지 '보이는 곳'이 아니라 '익숙한 동선이 각인된 장소'이며, 머릿속에 자신만의 지도를 그리고 생활하는 것이다. 고양이는 자신이 활동하는 공간을 물리적인 거리보다 기능적 의미로 나눈다. 가령 침대는 휴식 공간이면서 동시에 보호자의 체취가 남은 안정된 장소이고, 창가는 외부를 감시하는 감시탑 역할을 하며, 소파 밑은 위협에서 몸을 숨기는 은신처가 되는 식이다. 각각의 공간에는 명확한 의미와 목적이 부여되며, 이는 고양이의 행동 방식에 직접적인 영향을 준다. 그래서 가구의 위치가 조금만 바뀌어도 고양이는 검문 검색을 시작하고, 밥그릇을 다른 방으로 옮기면 식사를 거부하거나 아예 반대로 한동안 새 밥자리의 밥만 먹기도 한다. 이들에게 공간이란 단지 물리적인 구조물이 아니라, 행동을 통해 축적된 감정의 지형이기 때문이다. 또한 고양이는 공간을 2차원이 아닌 3차원으로 지각한다. 높은 곳은 주변을 감시하거나 타 고양이 또는 사람으로부터 거리를 두기 위한 장소이며, 낮은 공간은 놀이나 사냥, 휴식을 위한 지점이다.

고양이가 캣타워처럼 높은 곳을 좋아하는 것도, 단순한 호기심 때문이 아니라 '자신의 위치'를 확보하고 안정을 느끼기 위한 본능적인 전략이다. 흥미로운 점은 고양이가 항상 자신의 주변 사람이나 동물과의 '거리'를 계산하고 있다는 사실이다. 거리 조절을 통해 고양이는 자신의 심리적 안정을 능동적으로 유지한다. 갑작스럽게 가까워지거나 멀어지는 행동은 단순한 기분 변화가 아닌, 그 거리감을 조정하려는 고양이 나름의 커뮤니케이션이다. 공간 인식을 바탕으로, 스트레스를 많이 받는 고양이일수록 활동 공간은 축소된다. 넓은 공간을 자유롭게 오가던 고양이가 갑자기 특정 장소에만 머물거나 좁은 곳에 숨으려 한다면, 이는 심리적 불안이 높아졌다는 신호로 해석할 수 있다. 고양이에게 공간이란 곧 심리상태를 반영하는 척도이기도 하다.

문제가 일어나는 상황의 파악

고양이의 문제 행동이 처음 발생한 순간을 떠올려보자. 그 시점의 집안 분위기, 보호자의 감정 상태, 혹은 그때 동거묘와의 마찰이 있었는지, 위협이 되었던 자극이 있었는지. 고양이는 위협적이거나 스트레스가 컸던 상황을 쉽게 잊지 않는다. 이 기억은 '이 상황은 위험해'라는 각인으로 남으며, 비슷한 상황이 반복되면 평소보다 방어적이 되고 과잉 반응을 보이게 된다. 고양이의 문제 행동을 근본적으로 개선하려면 무엇보다 먼저 해당 상황을 자세히 파악하고 그 상황을 피하거나 완화하는 방법을 모색해야 한다.

문제가 자주 일어나는 장소 파악

이들에게 공간은 기억과 감정이 함께 저장된 '기억의 지형'이다. 고양이가 반복적으로 문제 행동을 보이는 장소가 있다면, 그곳은 고양이의 감정이 각인된 특별한 장소일 가능성이 크다. 고양이가 특정 장소에만 소변을 보거나, 특정 가구 위에 집착하거나, 특정 공간에 들어가면 공격성을 띠는 등의 행동이 있다면, 그 장소가 가진 맥락을 되짚어볼 필요가 있다. 장소와 감정이 연결되어 있다면, 장소 자체를 바꾸는 것만으로도 행동은 달라질 수 있다.

이렇듯 특정 상황과 특정 장소에서 스스로 한 행동을 반복하는 경향성을 통해 우리는 해당 고양이의 문제 행동이 주로 일어나는 트리

거를 예측할 수 있다. 촉발 요인이 예측
된다면 보호자는 고양이가 문제 행동을
하기 전에 다른 할 거리를 만들어 주며
같은 장소, 같은 상황에서 새로운 긍정
적 행동을 심어줄 수 있다. 가령 집사가
침대 위에 눕기만 하면 따라 올라와 손
이나 발을 깨문다면 침대 주변에 오뎅
꼬치 등의 장난감을 두고 고양이가 문

제 행동을 하러 올라오면 미리 준비한 장난감으로 집사의 신체 부위
대신 장난감을 깨물며 놀도록 유도하는 것이다. 이때도 장난감을 향
해 너무 과도하게 놀이 흥분을 폭발시키지 않도록 가볍게 장난을 걸
어주는 식으로만 대응해 주자. 언제나 식탁 밑에서 잠복하고 있다가
집사가 식탁 앞을 지나가려 하면 갑자기 뛰어나와 다리를 잡고 무는
장난을 하는 고양이라면, 보호자는 식탁 앞으로 그냥 지나치지 말고
식탁 밑에 잠복하고 있는 고양이에게 미리 아는 척을 해주기만 해도
다리로 달려드는 행동을 예방할 수 있다. 이 방법은 해당 조건 아래서
자동으로 반복되는 행동을 다른 행동으로 전화해 줌으로써 문제 행동
의 반복을 사전에 차단하고 긍정 행동을 새로 입력해 주는 개념이다.

많은 보호자가 문제 행동을 개선하기 위해 특정 공간에서 '좋은 경
험'을 반복시키는 방식 - 예컨대 간식, 칭찬, 놀이 등 - 을 사용하곤 한

다. 하지만 이 과정에서 주의할 점이 있다. '좋은 기억'을 심어준다는 말은 단순히 보상을 제공하는 것만을 의미하지 않는다. 중요한 것은 좋은 흐름 안에 행동과 장소를 함께 포함하는 것이다. 고양이는 단지 간식을 준 장소만을 기억하는 게 아니다. 그 장소에서 어떤 분위기였는지, 자기가 어떤 행동을 했는지, 보호자의 반응이 어떠했는지까지 종합적으로 기억한다. 따라서 특정 장소에서 꾸준히 불쾌한 자극(혼남, 위협, 소란 등)이 발생한다면, 그 장소는 고양이에게 '문제 행동을 유도하는 장소'로 인식될 수 있다. 고양이에게 긍정적인 인식을 심어 주려면 이 일련의 흐름이 역이용해야 한다. 즉, 불쾌한 인식이 각인된 장소의 인식을 바꾸기 위해서는 그 장소에 '편안함', '놀거리', '예측 가능한 보상'을 반복적으로 결합시키는 것이다.

이 외에도 문제 행동 개선에서는 '안돼'보다 긍정 행동 칭찬이 먼저다. 많은 보호자가 문제 행동을 멈추게 하려고 본능적으로 "안 돼!", "하지 마!", 또는 다가가서 행동을 제지하는 방식으로 대응한다. 이런 방식은 고양이의 연관 지각을 악화시키는 결과를 초래한다. 고양이는 '문제 행동을 하지 말라'라는 말의 의미를 해석하지는 못한다. 대신, '내가 이 행동을 할 때 보호자가 가까이 오고, 나를 쳐다보고, 큰 소리를 낸다.'를 인지한다. 물론 보호자의 톤으로 집사가 지금 기분이 좋구나, 혹은 나쁘구나는 눈치챈다. 다만 일관성 없는 집사의 대응에 고양이는 '우리 엄마 기분을 요즘 통 종잡을 수 없다'라는 인식을 형성하게 된다. 결국 이러한 상황의 반복 경험은 고양이의 불안과 경계를 심화시키고, 문제 행동을 은밀하게 반복하거나 다른 방식으로 바꿔 표현하게 만든다. 따라서 고양이의 행동을 개선하는 데 있어 가장 효과적인 방식은 긍정적인 행동을 칭찬하는 것이다. 보호자가 원하지 않는 행동을 줄이기 위해서는, 고양이가 그 상황에서 할 수 있는 '바람직한 대안 행동'을 제시하고, 그 행동을 했을 때 칭찬과 보상을 통해 강화를 시켜야 한다. 예컨대, 식탁에 올라오는 행동을 줄이고 싶다면 식탁 근처에 캣타워를 두고, 캣타워에 올라갔을 때 칭찬과 간식을 주는 식이다. 그러면 고양이는 연관 기억을 통해 '여기 올라오면 혼나'가 아닌 '저기 올라가면 좋은 일이 생겨'라는 방향으로 학습한다. 반려하는 고양이가 자신의 긍정적 행동에 대한 집사의 보상과 격려의 기준점을 인지해야만 훗날 집사가 간단하게 '안 돼'라고 톤만 바꿔 말해도 고양이는 해당 행동을 해서는 안 되는 것임을 명확하게 눈치챈다. 그때까지는 집사가 수시로 '안돼'를 남발하지 말자. 매번 안된다는 집사를 보며 '우리 엄마는 내가 뭐만 하면 다 안 된대. 그럼 나보고 어떡하라고. 그냥 하던 거나 해야겠다'라는 잘못된 인식을 고양이에게 심어주는 일은 없어야 한다.

고양이와 함께 살아가며 크고 작은 '문제 행동'을 경험하지 않는 보호자는 드물다. 그 행동들 중에는 '진짜 문제'이기보다, 보호자의 시선에서 불편하게 느껴지는 행동일 때도 많다. 중요한 건 고양이의 행동을 바꾸는 기술이 아니라, 행동을 받아들이는 보호자의 프레임이다. 우리가 어떤 시선으로 고양이를 바라보는가에 따라 같은 행동도 전혀 다른 의미로 다가온다. 고양이는 우리와 같은 언어를 쓰지 않기 때문에, 모든 소통은 '추론'과 '해석'을 동반한다. 바로 그 이유 때문에, 보호자의 마음가짐과 태도가 행동 변화의 출발점이 된다. 고양이의 행동을 문제로 규정하기 전에, 그 행동이 어떤 감정에서 비롯되었는지를 이해하려는 마음, 그리고 그 감정을 표현할 수 있는 더 나은 방식을 제안해주려는 노력이 필요하다. 때로는 보호자의 불안이나 조급함이 행동 개선을 방해하기도 한다. '지금 당장 바꿔야 한다' 는 조급함은 고양이에게 압박으로 전달되고, 그 긴장은 오히려 새로운 스트레스 행동을 낳는다. 조급함을 내려놓고 고양이의 속도에 맞추어 기다려주는 보호자에게는 놀라운 변화가 찾아온다. 변화는 반드시 눈에 띄게 빠르거나 극적으로 나타나지 않더라도, 어느 날 고양이의 작은 행동 하나가 이전과 달라졌다는 걸 느끼게 되고, 또 어떤 날은 고양이가 당신을 한 번 더 오래 바라본다는 걸 알아차리게 된다. 그런 변화들은 천천히, 그러나 분명히 다가온다.

고양이는 기계처럼 훈련되는 존재가 아니다. 이들은 매 순간 감정과 경험을 바탕으로 선택하고 반응하는 존재다. 해서 단순히 명령어와 보상만으로는 충분하지 않다. 고양이가 느끼는 정서적 맥락, 경험의 흐름, 그리고 보호자와의 관계에서 오는 안정감이 함께 작용해야 비로소 행동은 서서히, 그리고 자연스럽게 바뀌어 간다. 보호자는 단순한 교정자가 아니라 공감자이자, 안내자여야 한다. 행동을 고치려 하기보다, 고양이가 어떤 환경에서 어떤 감정을 경험하고 있으며, 그 감정이 어떤 방식으로 드러나고 있는지를 먼저 읽어내는 관찰자가 되는 것. 그것이 고양이와의 관계를 더욱 깊고 건강하게 만들어 주는 가장 근본적인 태도다.

8장.
최근 들어 늘어나는
'금쪽이' 고양이

1. 섬세한 집사와 고양이가 만나면 생기는 일
2. 그렇게 우리 고양이는 점점 금쪽이가 되어간다.
3. 고양이의 눈빛과 표정은 많은 걸 말하지만,
   모든 걸 말하지는 않는다
4. 무던하게 키우는 것과 방치하는 것은 다르다.
5. 과소 평가되고 있는 고양이의 적응력
6. 금쪽이 고양이에 맞선 우리 집사들의 생존 전략
7. 고양이와의 건강한 안전거리-나 없이도 잘 사는 너를 위해

요즘 한국 사회는 '고양이 웰빙 시대'라 부를 수 있을 만큼 반려묘의 인기도가 빠르게 상승하며 고양이를 가족처럼, 혹은 가족 이상으로 여기는 보호자들  이 꾸준히 늘고 있다. 고양이를 대하는 보호자들의 태도 역시 예전과는 확연히 달라졌다. 이제 고양이는 더 이상 베란다에서 밥만 먹는 존재도, 감정 표현이 적은 신비한 동물도 아니다. 보호자들은 고양이를 이해하고자 동물행동학 서적을 읽고, 수의학 정보를 공부하고, 커뮤니티에서 서로의 사례를 공유하며 양육의 질을 높이기 위해 노력한다.

보호자들의 이런 변화는 고양이에게 더 안정적이고 풍요로운 삶을 제공할 수 있게 된 긍정적인 진전임이 분명하다. 그러나, 언제나 그렇듯 진보에는 부작용이 따르게 마련이다. 고양이를 '사랑으로 잘 키우고 싶다'라는 선한 의지가, 어느 순간부터 '절대 상처받지 않게 하고 싶다'라는 막강한 의무감으로 진화하면서 많은 고양이가 '금쪽이'로 변모하고 있다. 여기서 말하는 '금쪽이 고양이'란, 사랑받지 못해 삐뚤어진 고양이가 아니라 오히려 너무 많은 사랑을 받으면서 집사에 대한 심리적 의존도가 매우 높고, 자기 주도성이 왜곡되거나, 좌절에 대한 내성이 약화된 고양이를 말한다.

불과 몇 년 전만 해도 고양이 상담에서 자주 마주했던 문제는 대부분 훈육 방식의 오류, 즉 '너무 엄격한 보호자'들에 의해 형성된 유대의 단절이나 수동적 공격성이었다. 대표적인 사례로는 고양이의 잘못된 행동을 '고쳐야 할 버릇'으로 여겨 윽박지르거나 격리하고, 무는 행동에 물리적으로 응징하거나 무리하게 억압하려 했던 태도들이 있다. 이런 방식은 고양이의 자율성과 신뢰감을 저해하고, 결국 보호자와의 관계에 균열을 일으키기 마련이었다. 특히 동거묘가 없는 외동묘의 경우 과도하게 엄격한 훈육 방식으로 인해, 고양이는 점차 감정을 억누르고 회피하거나, 나중에는 자기를 보호하기 위한 수동적 공격성으로 마음을 표현하는 사례도 있었다. 외동묘에게는 심리적으로 유대감을 느낄 대상이 사람밖에 없는데 서열에 기반한 엄한 훈육 방식은 고양이와 사람 간의 유대감을 약화시키기 때문이다. 반면 다묘 가정의 경우 보호자의 지나치게 엄격한 훈육 방식은 고양이의 생활 만족도를 떨어뜨려 동거묘들 간의 불화를 초래하기도 했다(리디렉션).

그렇지만 최근엔 분위기가 완전히 바뀌었다. 요즘 양육 추세는 '오구, 오구', '오냐, 오냐'다. 그야말로 철저한 '고양이 중심주의' 양육 말이다. "고양이는 스트레스에 취약해!", "우리 애는 유난히 더 예민한 거 같아, 스트레스를 주면 안돼.", "저렇게 귀엽게 쳐다보면서 우는데 어떻게 간식을 안 줄 수가 있겠니?" 등등. 보호자들은 고양이의 불편함에 민감하게 반응하고, 최대한 스트레스를 주지 않기 위해 환경과 루틴을 전적으로 고양이 위주로 바꾸려 한다. 어떤 보호자는 고양이가 원하는 시간에 잠자리에 들고, 고양이가 깨면 함께 일어나며, 고양이가 싫어하는 소리나 행동은 일절 삼가려 노력한다. 고양이가 싫어한다면 이불을 털지 않고, 청소기를 사용하지 않으며, 손도 먼저 내밀지 않는다. 그렇게 고양이 눈치를 보며 살던 어느 날 문득 정신을 차려보니 내가 고양이가 원하는 대로 착착 움직이고 있는 것을 발견한다. 그제야 비로소 집사는 실감한다. '내가 진짜 집사가 되어버렸구나…….' 작은 고양이 하나가 가정의 절대 권력자에 등극하는 구조는 그렇게 완성된다.

이런 상황이 항상 나쁜 것은 아니다. 고양이의 감정을 존중하고, 자율성을 보장하며, 억지로 무언가를 강요하지 않는 태도는 분명 바람직하다. 그런데 여기서 이러한 '배려'가 일정한 균형을 잃고 '과잉 보호'로 넘어갈 때 부작용이 발생한다. 고양이는 인간과는 전혀 다른 종(種)이고, 다르기에 오히려 삶의 리듬과 구조에 '일정한 기준점'이 필요하다. 고양이의 요구에 의해 좌지우지되는 루틴은 고양이의 세계관을 왜곡시키고, 때로는 외부 자극에 대한 대응력을 현저히 약화시킨다. 과잉보호 속에 자란 고양이는 환경 변화에 취약하고, 좌절에 대한 인내력이 부족하며, 낯선 상황에 대한 적응력이 떨어지는 이유다. 이러한 고양이는 새로운 가족 구성원(사람이든 고양이든)이 등장했을 때 필요이상으로 예민하게 반응하거나, 일상적인 변화를 위협으로 받아들이며 극단적인 회피나 공격 반응을 보이기도 한다. 좌절을 잘 참지 못하는 아이가 쉬이 울고 소리를 지르듯, 고양이도 하악질이나 울음, 심지어는 화장실 실수로 자신의 불만을 표현하게 되는 것이다. 지나치게 보호받고 자란 고양이는 사회성과 회복 탄력성이 결핍된 '금쪽이 고양이'가 되기 쉽다. 이들은 사랑받고 있음에도 불구하고 언제나 불안정하며, 애정에 취해 있는 동시에 그 애정이 흔들릴까 봐 늘 의심하는 모습을 보인다. 보호자도 당황스럽기는 마찬가지다. 분명 누구보다 아끼고 애정을 쏟았는데, 왜 고양이는 점점 더 까다로워지고, 외부 자극에 예민해지고, 보호자에게조차 하악질을 할까?

바로 이런 질문에서, 우리는 마지막으로 되짚어봐야 한다. 고양이를 사랑한다는 것, 그리고 고양이를 존중한다는 것은 '무조건 내어주고 맞춰주는 것'과는 다르다는 사실을 말이다. 보호자의 책임은 사랑을 주는 것만이 아니라, 고양이가 건강한 세계관을 형성하고 심리적 독립성을 기를 수 있도록 도와주는 데에도 있다. 진정한 사랑은 때때로 좌절을 허용하고, 경계를 제시하며, 신뢰 속에서 이끌어 주는 것이다. 고양이를 위한 '안전하고도 일관된 경계'를 세우는 일, 그것이야 말로 '금쪽이 고양이'를 '심리적으로 단단한 고양이'로 성장시키는 첫걸음이다.

자, 그럼 이번 장에서는 우리 고양이가 금쪽으로 변모하는 과정을 따라가 보면서 과연 우리가 어떤 점을 주의해야 하는지 알아보자.

1. 섬세한 집사와 고양이가 만나면 생기는 일

고양이 상담을 하다 보면 열에 아홉은 이렇게 시작된다. "선생님, 우리 애는요… 다른 고양이랑은 달라요. 진짜 유독 예민해요." 처음엔 그 말을 곧이곧대로 받아들였다. '애가 너무 예민해서 상담까지 받는구나……. 그래, 어떤 고양이는 유난히 예민할 수도 있지' 하지만 같은 내용을 열 번, 백 번 접하면서 점점 의심이 들기 시작했다. '잠깐만, 어차피 고양이는 다 예민하잖아? 이 정도면 얘네가 유독 예민한 게 진짜 문제가 아니라, 키우는 사람 쪽에 공통점이 있는 거 아닐까?'

결론부터 말하자면, 맞다. '유난히 예민한 고양이' 뒤에는 '유난히 섬세한 보호자'가 있는 경우다. 이 조합은 마치 유리 멘탈과 쿠크다스(잘 부서지는 과자 이름) 심장의 만남 같다. 섬세한 두 생명체의 조합은 너무나 잘 어울리는 듯 보이지만, 동시에 한쪽이 흔들리면 같이 수렁에 빠진다. 고양이는 기본적으로 외부 자극에 민감하게 반응하는 동물이다. 그러나 보호자가 그 민감함을 더 민감하게 확대하여 해석하고 대응할 때 상황은 심각해진다. 예를 들어 고양이가 낯선 소리에 살짝 귀를 젖히면, "세상에, 우리 애기 불안한가 봐. 얼른 달래줘야겠어!" 바람 소리에 고양이가 눈을 깜빡이면, "이 소리도 스트레스겠지? 창문 닫자." 고양이가 로봇청소기를 보며 몸을 낮추면, "아휴, 안 되겠다. 이제 청소는 빗자루로 하자."

이쯤 되면 집 안은 고요를 넘어 '정적의 사막'이 된다. 생활 소음은 사라지고, 집사의 발소리는 고양이의 안정을 위해 스펀지 슬리퍼로 흡수된다. 고양이는 스트레스를 받을 틈도 없이 평온한 환경에서 자라나는데, 문제는 바로 그 평온함이 너무 완벽하다는 게 딜레마다. 이런 환경에서 자란 고양이는 자연스럽게 일상적인 자극에 대한 내성이 떨어지게 된다. 소리 하나, 냄새 하나, 낯선 손님 하나에도 바짝 긴장하며 쉬이 흥분한다. 한마디로 내가 사는 이 세계는 늘 고요해야 하는데, 현관 초인종 한 번에 그 세계가 산산이 조각나는 식이다. 삶이 이뤄지는 세상은 '무균실'일 수 없다. 음식 배달원도 오고, 집 수리도 해야 하고, 집사의 친구가 놀러 올 수 있다. 그럴 때마다 고양이는 스트레스에 시달리고, 보호자는 자책에 빠진다. "내가 너무 시끄럽게 살았나 봐요……. 얘가 힘들어하네요."

노파심에 거듭 말하지만, 고양이를 배려하는 마음은 소중하다. 하지만 지나치게 조심스럽게, 지나치게 예민하게 반응하면 오히려 고양이의 감각 체계는 날카로워질 수밖에 없다. 어쩌면 "우리 애는 유독 예민해요"라는 말은 "제가 유독 예민해요."의 다른 표현일지도 모른

다. 더불어, 이 섬세한 보호자들은 고양이의 사소한 변화 하나도 놓치지 않는 막강한 능력이 있다. "얘, 오늘 그루밍을 평소보다 많이 하는 거 같아요." "보통은 밥을 세 번에 나눠 먹는데, 오늘은 한 번에 다 먹었어요. 뭔가 이상해요.", "얘가 창가에 앉아 있었는데 등이 꿀렁거리더라고요. 혹시 지각과민 증후군이 아닐까요?" 이쯤 되면 고양이도 "엄마 제발……."이라고 속으로 외치고 있을지 모른다. 고양이는 감정의 거리를 유지하며 살아가는 존재다. 적절한 관심은 고양이를 안정시키지만, 지나친 관찰은 도리어 고양이를 불안하게 만든다. 사소한 소리에도 집사가 덜컥 겁을 먹어 소음을 차단하고, 낯선 상황마다 당장 고양이를 안고 달랜다면, 고양이는 세상이 그렇게 위험한 곳이라고 학습하게 된다. 그 결과, 작은 자극에도 겁을 먹고 도망치거나, 두려움을 감추기 위해 하악질과 으르렁거림으로 방어선을 세우며, 더 나아가 '선제적' 공격성을 드러내는 까칠한 면모가 발달할 수 있다. 금쪽이는 태어나는 게 아니라 만들어진다. 그리고 그 시작점은 보호자의 과도한 배려와 불안의 반영임을 잊지 말자. 사랑은 행동으로 증명되지만,

때때로 그 사랑의 속도와 강도는 조절이 필요하다.

2. 그렇게 우리 고양이는 점점 금쪽이가 되어간다.

사람도 그렇지만, 고양이도 '예민한 성향' 자체가 문제는 아니다. 모든 고양이는 호기심과 경계심을 동시게 갖추고 있다. 다만 이들 모두 성격이 다르기에 어떤 고양이는 천방지축이고, 어떤 고양이는 유난히 소심하다. 이 소심한 성향이 고양이의 내면을 점점 더 편협하게 만들고, 결국엔 일상의 작은 파편에도 큰 반응을 일으키는 과민화의 길로 접어들 때다.

자, 상상해 보자. 하루 종일 고요하고 따뜻한 방 안, 익숙한 냄새만 나는 공간. 청소기 소리도 없고, 갑작스러운 방문자도 없으며, 창문 너머 바람 소리마저 막혀 있다. 고양이는 그곳에서 평화롭게 낮잠을 자고, 그루밍을 하고, 식사도 제시간에 한다. 더할 나위 없이 훌륭한 고양이 환경처럼 느껴진다. 이 정도 완벽한 환경이라면 얘가 평생토록 지금처럼 평화를 만끽하며 행복해 줄 것 같다. 하지만 안타깝게도 현실은 그렇지 않다. 유전자 깊이 예민함을 장착한 고양이는 결코 이 정도를 완벽이라고 만족하지 않는다. 이내 자극 없는 이 환경에서 일어나는 아주 사소한 자극조차도 슬슬 신경에 거슬리게 된다. 시계 초침도, 냉장고 돌아가는 소리도, 닫힌 창문 너머로 희미하게 들리는 자동차 소리도. 그렇다. 고양이는 더, 더 완벽한 환경을 꿈꾸기 시작한다. 이쯤 되면 고양이는 집사가 새로운 장난감을 사줘도 장난감에 하악질을 한다.(일부 호기심 많은 소심이들에게 보이는 자연스러운 경계심은 물건을 그대로 안전하게 보이는 곳에 두면, 수 시간 내에 찾아든다. 하지만 예민한 금쪽들은 경계를 푸는 데 며칠씩 걸리기도 한다). 평소라면 '음? 뭐지?' 정도로 넘길 일을, 금쪽이 고양이는 이렇게 반응한다. '이건 위험해. 내 생존을 위협하는 낯선 변화야.' 불안을 기반으로 한 반응 체계가 과도하게 작동하기 시작하고 익숙하지 않은 자극 하나하나가 고양이에게 예상 밖의 변수로 작용하게 된다. 그 결과, 이 금쪽이 고양이는 아주 사소한 자극에도 하악질, 으르렁거림, 도망가기, 숨어버리기 같은 회피 행동이 잦아지고, 한발 더 나아가면 수동적 공격성이 등장한다. 즉, 상대가 아직 아무 행동도 하지 않았지만, 혹시라도 해가 될까 봐 미리 냥펀치를 한 대 날리며 기세를 선점하는 것이다. 안타깝게도, 이 전략은 예민한 고양이에게 꽤 흔하게 나타난다. 물론 고양이는 이 모든 걸 계산해서 행동하는 건 아니다. 그러나 행동은 기억의 축적이다. 한 번이라도 낯선 사람에게 겁을 먹었거나, 특정 장소에서 불쾌한 경험이 있었던 고양이는 "그때의 감정"을 기억한다. 한 번 놀라고 나면, 그 비슷한 상황이 생길 때마다 점점 더 큰 반응이 나오며 '감정 트리거'가 형성되는 과정을 우리는 고양이의 연관 기억을 통해 알게 된 바 있다.

예쁜 금쪽이는 이렇게 탄생한다. 집사의 과도한 배려로 시작된 과도한 의존성, 그로 인해 발달하는 극도의 회피 심리 그리고 이 모든 과정이 기억으로 축적되어 가는 중에 나날이 강화되는 감정 트리거, 이에 이은 불만 표현의 습관화, 이에 반비례하여 점차 낮아지는 스트레스 역치 그리고 가장 마지막에 필연적으로 따라오는 각양각색의 문제 행동. 더군다나 이렇듯 복잡한 과정을 통해 발생한 문제 행동을 단순히 고치려고만 접근하게 되면, 고양이는 더 깊은 방어 모드(우리의 눈에 마냥 고집부리기로 보이는)로 들어갈 수밖에 없다.

고양이는 예민하다. 고양이에 크게 관심이 없는 사람도 고양이가 개에 비해 예민하다는 사실만은 어렴풋이라도 알고 있다. 그런데 우리가 이들을 그저 '고양이는 예민하다.'라고 못 박아 놓고 조심스럽게만 이들을 대하면 이들의 예민함은 유연해질 수 있는 기회를 잃는다. 본성은 변하지 않는다. 그러나 본성도 습성도 모두 환경에 의해 적응된다. 이 책을 쓰는 내내 줄곧 강조해 왔듯, 고양이는 우리가 생각하는 것보다 훨씬 적응력이 뛰어난 동물이다. 이들의 예민한 본성에도 불구하고 고양이는 아직까지도, 멸종의 위기 한번 없이, 이 변화무쌍한 지구에서 건재하게 저들의 유전자를 전파하고 있은가!

3. 고양이의 눈빛과 표정은 많은 걸 말하지만, 모든 걸 말하지는 않는다

고양이와 함께 지낸 시간이 길수록 보호자들은 고양이의 눈빛, 표정, 몸짓 하나하나에 더 깊은 의미를 부여하기 시작한다. "얘 오늘 기분이 별로인가 봐요. 눈빛이 좀 슬퍼 보여요."

"표정이 너무 울적해 보여서 혹시 우울증일까 걱정돼요.", "눈빛이 뭔가 섭섭해하는 눈빛이에요…" 이건 전혀 이상한 일이 아니다. 되레 당연한 일이고, 반려동물과의 유대가 깊어질수록 생겨나는 아름다운 감정이기도 하다. 개인적으로 이런 이야기를 전하는 보호자를 만나면 입가에 웃음이 걸리기도 한다. 고양이를 생각하는 이들의 따스함이 고스란히 느껴지기 때문이다. 그러나 이 감정의 해석이 너무 자주, 또 너무 강하게 '사람 중심'으로 작동하기 시작할 때 오류가 발생한다.

보호자가 고양이에게 느끼는 감정은 대부분 교감의 결과물이다. 눈빛이 슬퍼 보인다고 느낄 때, 정말 이 고양이가 슬픈 감정을 느꼈을 수도 있다. 그럼에도 불구하고, 그것은 우리가 '슬퍼 보인다'라고 느꼈기 때문이지, 고양이의 심리 상태와 우리가 정의하는 슬픔이라는 감정 상태에 정확히 들어맞았다고 단정할 수는 없다. 다르게 말하면, 고양이가 보호자에게 보내는 신호는 분명 존재하지만, 그 신호에 우리 마음을 너무 많이 투영할 때 진짜 고양이의 감정이 희미해지거나 왜곡될 수도 있다는 뜻이다. 가장 대표적인 예는 이렇다. 고양이가 평소보다 조용하고, 반응이 무덤덤할 때 보호자는 종종 말한다. "요즘 우울한가 봐요. 뭔가 기운이 없어요." 하지만 실제로는 고양이가 단순히 계절에 따라 활동량이 줄었거나, 전날 밤에 잠을 잘 자지 못하였다거나, 혹은 낯선 냄새에 살짝 긴장해서 동작을 아끼는 중일 수도 있다. 혹은 아무 이유가 없을 수도 있다. 그냥 멍하게 있는 시간이 필요했던 건지도 모른다.

우리가 이렇게 고양이의 감정 상태를 지나치게 사람처럼 해석하기 시작하면 고양이의 행동은 어느 순간부터 심리적 진단의 대상이 된다. '우울해 보인다 = 뭔가 심리적으로 문제가 있다.' '화가 난 것 같다 = 내가 뭔가 잘못했나 보다.' '짜증 난 눈빛이다 = 스트레스가 쌓인 게 아닐까?' 보호자들은 급하게 인터넷 정보들을 섭렵하여 각종 병명을 찾아낸다. 나의 경험상, 적지 않은 수의 보호자들이 그리 문제가 심각하지 않은 고양이를 '분리 불안'이 있는 고양이로 만들거나 '지각 과민 증후군'이 있는 고양이로 만드는 일이 허다하다. 이렇게 본인이 키우는 고양이의 병명이 자체적으로 결정되면 보호자의 예민한 마음은 점점 고양이의 일상적인 모습마저 문제의 징후로 해석하게 되어 그 해석은 '그럴 수도 있는 일'이 아니라, '꼭 해결해야 할 일'로 바뀌어 버린다. 그러면 어떻게 될까? 과잉 반응, 과잉 개입, 과잉 케어가 시작된다. 새 간식을 사준다거나, 더 자주 말을 건다거나, 원래 하던 루틴을 갑자기 바꾸기도 한다. (예: 밥 시간, 놀이 시간, 화장실 위치 등) 안기 싫어하는 고양이를 안아보기도 하고 자꾸 이유 없이 눈을 쳐다본다. "괜찮아? 왜 그래? 나한테 말해봐" 보호자의 이러한 행동은 보호자 관점에서는 '정상화 노력'이지만 고양이에게는 평소와는 다른 낯선 자극일 수 있다. 그 결과는 예상할 수 있듯, 불편함, 거리 두기, 갑작스런 하악질, 낯선 회피 행동 등이다. 즉, 슬퍼 보여서 각별히 챙겨줬더니 정말로 슬퍼지는 아이러니한 상황이 생기는 셈이다. 고양이의 감정은 인간처럼 복잡하거나, 드라마틱하게 변화하지 않는다. (물론 이들이 예민해서 잘 놀라거나 경계심을 드러내기는 하지만 단편적이고 작은 상황 하나로 이들의 심리 기반이 무너지지는 않는다) 이들의 심리 기반 대응 체계는 대체로 아주 점진적이고, 반복적이며, 경험을 통해 축적되는 방식이다. 고양이의 변화를 감지하기 위해 꺼림칙한 단 한 장면에 의존하지 말자. 일정 시간을 두고 지켜보며 변화가 진행되는 흐름을 파악하자. 다시 회복되는지, 점점 심각해지는지 말이다.

사랑이 깊어지면 감정은 섬세해진다. 하지만 그 섬세함이 때때로 '과잉 해석'이라는 이름의 미로가 되지 않도록 조심하자. 우리가 해야 할 일은 말이 되지 않는 신호를 억지로 해석하는 게 아니라 조용히 관찰하고, 꾸준히 기록하며, 행동의 맥락을 이해하는 일이다. 감정은 순간을 읽지만, 행동은 흐름을 보여준다. 그리고 고양이의 진짜 마음은, 늘 그 행동의 흐름 안에 있다.

4. 무던하게 키우는 것과 방치하는 것은 다르다.

어떤 고양이는 기질적으로 더 예민하다. 소리, 냄새, 시선, 낯선 환경에 훨씬 빠르게 반응하고, 그에 따라 더 쉽게 동요한다. 그러나 예민한 성격이 곧 '평생 예민하게 살아야 한다'라는 뜻은 아니다. 고양이도, 사람도, 무던해질 수 있다. 무던함은 무감각함이 아니다. '자극이 들어와도 그것에 일희일비하지 않는 안정감', 긴장해도, 흥분해도 다시 원상태로 회복될 수 있는 심리적 탄력성이 높은 상태가 무던함이다. 그리고 이 심리적 안정성을 기반으로 한 무던함은 바로 예측 가능한 일상, 적절한 무관심, 그리고 보호자의 신뢰에서 만들어진다. 이쯤에서 많은 보호자가 이런 질문을 던진다. "그럼 무던하게 키우려면 그냥 내버려 두면 되나요?" 이 질문은 매우 합리적이지만, 동시에 위험한 오해를 담고 있다. 왜냐하면 무던하게 키우는 것과 방치하는 것은 전혀 다른 이야기이다. 방치는 고양이의 신호에 무감각하거나, 그 신호를 포착했음에도 '신경 쓰기 귀찮으니까' 모른 척하는 태도다.

무던한 고양이가 그 성향을 건강한 흐름으로 유지하고 예민한 고양이가 일상생활에서 불안함을 느끼지 않도록 무던한 성향이 되게 하는 것은 전적으로 집사의 재량이다. '무던한 고양이'는 생활 속에서 적절한 자극과 경험을 통해 만들어질 수 있다. 고양이가 일상적인 변화에 긍정적인 호기심을 갖고 반응하고, 새로운 자극을 긍정적으로 해석하며, 위험하지 않음을 스스로 깨우치게 도와주는 것이야말로 보호자의 역할이다. 위험한 자극에는 경계해야 하지만, 안전한 자극까지 피하게 만들면 삶의 폭이 좁아진다. 고양이의 심리적 풍요로움을 위해서는 안전하고 다양한 생활 자극의 반복과 경험의 축적이 기반 되어야 한다. 무던하게 키우는 건 고양이에게 일정한 리듬과 패턴을 지켜주되, 일부러 모든 일에 반응하지 않는 훈련을 함께하는 것이다.

예를 들어 이런 식이다:
✓ 고양이가 갑자기 낯선 소리에 놀라 떨고 있을 때, 보호자는 과민하게 반응하지 않는다.
✓ 사소한 마찰이나 하악질에도 "왜 그래!" "괜찮아?"하고 반응하지 않고, 자연스러운 태도로 상황을 관찰한다.
✓ 침착하고 자연스러운 대처로, 무서운 소리가 잠시 들려도 '내일 이런 상황이 와도 오늘처럼 안전할 수 있다'라는 인식을 고양이 스스로

갖게 한다.
✔ 보호자가 매일 고양이와 하는 일과들은 고양이의 요청 때문에서가 아니라(문제 행동의 주목적이 관심 요청이라는 사실을 꼭 기억하자) 보호자의 능동적 스케줄에 의해 제공한다.

　즉 무던함을 키우는 과정은 반응하지 않게 만드는 훈련이 아니라 반응을 줄이는 기술을 학습시키는 것이다. 더 나아가 이는 '안정감을 심어주는 환경 설계'이기도 하다. 이런 환경 안에서 자란 고양이는 작은 자극에도 곧잘 복원력을 회복하고 스트레스를 '견디는' 힘이 아닌, '지나가는 것으로 여기는' 힘을 갖게 된다. 이들이 진정한 '무던한 고양이'다.

　그러면 방치는 어떤 것일까? 예를 들어보자.
✔ 고양이가 화장실에 이상한 행동을 보이는데도 아무런 점검을 하지 않는다.
✔ 밥을 먹지 않거나 평소와 다른 울음이 갑자기 늘어도 "기분 탓이겠지" 하고 넘긴다.
✔ 털을 과도하게 핥는 모습이 보여도 "저러다 말겠지"라며 방관한다.
✔ 종일 울거나 사고를 치는 고양이에게 아무 대체 활동을 마련해 주지도 않은 채 무시한다.

이런 양육 태도는 고양이를 무던하게 키우는 게 아니라, 고양이를 해석하고 돌보는 데서 손을 떼는 것이다. 무던함은 관심의 '방향'을 바꾸는 것이고 방치는 관심 자체를 꺼버리는 것이다. 예민한 고양이를 무던하게 만들기 위해 우리가 해야 할 일은 '고양이의 모든 감정에 대응해 주는 것'이 아니라, '고양이가 감정을 갖는 방식을 존중하면서도, 그 감정에 휘둘리지 않도록 버팀목이 되어주는 것'이다. 때때로 우리는 고양이를 너무 사랑한 나머지 모든 감정을 캐치하고, 모든 스트레스에 개입하고, 모든 상황을 통제하려 한다. 그러나 이건 고양이의 회복력을 키워주는 것이 아니라, 불안을 학습시키는 것일 수 있다. 무던하게 키우는 태도란 고양이가 실수를 할 수도 있고, 놀랄 수도 있고, 울 수도 있고, 숨을 수도 있다는 걸 받아들이면서 "그래도 괜찮아, 다시 괜찮아질 거야"라는 메시지를 일상에서 반복해서 전해주는 방식이다. 그 메시지를 늘 접하게 되는 고양이는 어느 순간, 자기가 꺼림칙해 하는 대상이 꼭 자신을 위협하지는 않는다는 사실을 체감하게 된다.

5. 과소 평가되고 있는 고양이의 적응력

　우리는 언제나 고양이는 "예민해서 변화에 약한 동물"이라는 전제를 가지고 있다. "우리 애는 원래 겁이 많아서요.", "낯선 환경에 스트레스를 많이 받아요.", "환경이 바뀌면 밥도 안 먹어요."와 같은 보호자들의 말은 실제 상담 중에도 자주 등장하는 표현들이다. 틀린 말은 아니다. 고양이는 낯선 소리, 냄새, 공간,

사람에 대해 민감하게 반응하고, 그 예민함은 자칫 잘못하면 '과도한 스트레스'로 이어지기도 한다. 하지만 흥미로운 사실은, 고양이가 보여주는 '적응의 속도와 방식'이 보호자들의 예상과는 사뭇 다르다는 점이다. 새로운 집으로 이사한 직후에는 침대 밑에서 며칠씩 나오지 않던 고양이가 밤시간을 이용해 조심스러운 탐색을 시작하고, 어느 날부터인가 스스로 창가로 다가가 햇빛을 쬐고, 식탁 아래를 탐색하더니 오래지 않아 집안을 당당하게 활보하게 되는 모습은 매우 흔하다. 보호자와의 거리감을 두던 고양이가 점차 곁으로 다가오거나, 슬그머니 다리를 건드리는 행동으로 애정을 표현하기도 한다. 입양된 후 처음에는 하악질로 동거묘를 거부하던 고양이가, 서서히 서로의 냄새를 익히고, 몇 주 후에는 나란히 소파에서 낮잠을 자게 되는 과정 역시 고양이의 뛰어난 적응력을 보여주는 사례이다. 이러한 변화는 결코 하루아침에 일어나지 않지만, 일단 고양이 스스로가 '이 환경은 안전하다'라는 판단을 내리게 되면, 이전의 예민함은 서서히 옅어지

고, 그 자리에 안정감 있는 일상과 새로운 탐색에 대한 호기심이 들어선다. 이 모든 과정에서 가장 결정적인 영향을 미치는 요인은 역시 보호자의 태도다.

고양이는 자신이 마주한 자극이 위협인지 아닌지를 끊임없이 의심한다. 그런데 이 의심에 결론을 내려야 할 때 기준이 꼭 고양이 자신 안에서만 작동하는 것은 아니다. 보호자가 새로운 환경이나 자극에 대해 어떻게 반응하느냐에 따라 고양이는 자극을 받아들이는 방식에 영향을 받는다. 만약 보호자가 과도하게 걱정하며, 자극을 차단하려 들거나 지나친 주의를 기울이면, 고양이는 그 자극을 '경계해야 할 것'으로 분류해버린다. 반대로 보호자가 평소와 다르지 않은 일상적인 태도로 새 자극을 맞이하고, 고양이에게 충분한 관찰 시간을 준다면, 고양이도 점차 그 자극을 '위협이 아닌 것'으로 인식하게 된다. 고양이의 적응력은 독립적으로 작동하는 능력이라기보다는, 보호자와의 관계 속에서 조율되고 길러지는 심리적 유연성이다. 예민한 기질과 경계심은 고양이의 본능적 특성이다. 작은 육식동물인 동시에 피식자로 살아남기 위해 이들은 낯선 것에 경계하고, 위험 요소를 피하는 전략을 세운다. 하지만 이 경계심은 단순히 두려움에서 비롯된 행동이 아니라, 주변 환경을 날카롭게 감지하고 관찰하는 능력의 표현이다.

우리의 우려와는 다르게, 이들은 놀라울 만큼 빠르게 학습하고, 안전이 보장된 환경에서 반복된 자극을 '익숙한 것'으로 바꾸는 데 능숙하다. 새로운 사료, 새로운 장난감, 낯선 손님의 등장 같은 일상의 변화에도 일정 시간이 지나면 대부분 무던하게 받아들이게 되는 것이다. 따라서 고양이의 적응력을 '예민함의 반대말'로 이해하면 곤란하다. 예민함이야말로 적응력의 전제가 될 수 있다. 예민하게 반응하되, 반복되는 안전을 경험하면, 그 자극을 자기의 환경에 통합할 수 있는 능력, 이것이 고양이가 가진 가장 놀라운 심리적 유연성이다. 이러한 적응력의 진가가 가장 뚜렷하게 드러나는 사례가 하나 있다. 바로 고양이 산책이다. 많은 보호자가 "고양이는 영역 동물이기 때문에 산책은 오히려 스트레스를 준다"라고 믿는다. 그래서 실내 고양이를 절대로 산책시켜선 안 된다고 주장하는 의견도 있다. 하지만 이것은 반만 맞는 이야기다. 실제로 처음 산책을 시도하는 고양이는 낯선 환경, 소리, 움직이는 사물, 다른 동물들에 놀라서 몸을 움츠리고 긴장한다. 지면에 발을 딛는 것조차 두려워하며 한 걸음도 내딛지 못하는 경우도 많다. 이 초기 반응은 '절대적인 본능'이 아니라 '상황적 반응'이다. 몇 차례 반복된 산책이 보호자와 함께하는 '안전한 경험'으로 고양이에게 인식되면, 상황은 극적으로 바뀐다. 현관 앞에서 나가자고 야옹거리며 울거나, 하네스를 꺼내는 소리에 흥분하는 고양이도 많다. 산책의 즐거움을 배운 고양이는 실외의 세계를 새롭게 탐색하고, 신선한 공기와 냄새, 다양한 감각 자극을 통해 심리적 자극을 해소한다.

따라서 산책은 스트레스의 문제라기보다는 안전성의 문제로 접근할 필요가 있다. 보호자의 단순한 호기심에 산책을 시도해 보았다가 산책을 진정으로 좋아하게 되어 매일 나가자고 보채는 고양이를 감당할 자신이 없다면, 산책은 처음부터 시도조차 하지 않는 것이 좋다. 우리 고양이를 산책 '가능한' 고양이로 만들고 싶다는 바람은 사람 중심적 관점이다. '산책 가능'한 고양이와 '산책하는 고양이'는 다른 관점에서 다뤄져야 한다. 굳이 고양이를 산책시켜주고 싶다면 훗날 고양이가 산책을 좋아하게 되었을 경우를 대비해야 한다. 그런 이유로 산책 가능한 고양이가 아니라, 산책하는 고양이로 키우는 것이 올바른 방향이다. 산책은 반드시 어떤 돌발상황에도 대응할 수 있는 안전한 장비가 갖춰져야 한다. 그리고 산책을 하게 된 고양이는 강아지들처럼 매일 규칙적으로 산책을 다녀야 한다

고양이의 월등한 변화 적응력을 설명할 또 다른 예시는 '이사 후 고양이의 반응'이다. 이사를 앞둔 보호자들은 걱정부터 앞세운다. 고양이는 변화를 싫어하는 동물이니, 이사로 인한 스트레스를 어떻게든 줄여야 한다는 책임감 때문이다. 그러나 앞으로는 미리 걱정부터 하지는 말자. 더군다나 새로 이사 갈 집이 지금보다 좋은 환경이라면 말이다. 고양이는 단순히 변화를 싫어하는 것이 아니라, 낯선 것에 익숙해질 시간과 방식이 필요한 존재일 뿐이다. 초기 며칠간 낯선 냄새에 움츠러들고, 숨어 지내거나 식사를 거르는 모습은 충분히 예상할

수 있다. 하지만 그 시간을 지나 새로운 공간이 이전 집과 비교해 더 넓고 조용하며, 햇빛이 잘 들고 쉼터가 풍성한 집이라면, 며칠간의 적응 기간 이후 고양이의 생활 만족도는 오히려 높아진다. 이사를 통해 더 나은 환경을 만난 고양이가 훨씬 여유롭고 쾌활한 모습을 보여주는 경우도 적지 않다. 따라서 우리가 신경써야 할 점은 이사라는 변화 자체가 아니라, 그 변화를 어떻게 경험하게 해주느냐이다. 익숙했던 물건을 함께 가져가고, 고양이가 먼저 안정될 수 있도록 작은 방 하나에서부터 천천히 공간을 열어주고 집안의 이곳저곳을 탐색하는 고양이를 격려하고 보상해주는 집사의 배려는 그들이 변화에 성공적으로 적응할 기회를 만들어 준다. 고양이도 '좋은 변화'를 자각할 줄 안다. 고양이가 아무리 예민하고 꼰대스러워도, 결코 무턱대고 변화는 다 싫다며 식음을 전폐하지 않는다. 다만 어떤 변화가 주어질 때 그 변화를 호기심과 연결 지어 흥미롭게 접근하도록 유도해 주자.

고양이의 기질에 따라 환경 변화에 대한 민감도는 차이가 있다. 그러나 이러한 반응의 이면에는, 실제로 자극에 적응할 수 있는 기회 자체가 부족했던 생활환경이 존재할 때가 많다. 지나치게 조용하고 변화가 없는 생활은 안정감을 제공할 수 있지만, 그만큼 고양이의 적응력은 훈련되지 못한 채 퇴화하기 쉽다. 변화에 대한 내성을 기르기 위해서는 오히려 적절한 수준의 생활 자극과 일상적 변화가 필요하다. 작은 물건의 위치 변화, 새로운 장난감 도입, 낯선 소리나 향에 대한 점차적인 노출은 고양이에게 해당 자극을 '낯설지만 위협적이지 않은 자극'으로 익숙해지게 한다.

우리는 고양이를 '예민한 동물'이라고 부르며 많은 부분을 조심스럽게 다룬다. 물론 그 섬세한 배려는 고양이 양육의 중요한 요소 중 하나다. 하지만 그 예민함에만 집중하다 보면, 고양이의 강인한 회복력과 유연한 적응력이라는 중요한 능력을 자칫 간과하게 될지도 모른다. 고양이는 생각보다 훨씬 똑똑하고, 용감하며, 새로운 세상을 받아들일 준비가 되어 있는 존재다. 우리에게 필요한 건 이들의 속도를 존중하면서도, 새로운 경험을 함께할 수 있다는 자신감이다. 그리고 그것은 고양이의 삶을 훨씬 더 풍요롭게 만들어 준다.

6. 금쪽이 고양이에 맞선 우리 집사들의 생존 전략

① 입맛이 까다로운 고양이 – 훈련된 미각

까탈스러운 편식을 일삼는 고양이와 함께하는 삶은 마치 까탈스러운 미식가를 매일 대접하는 일과도 같다. 보호자가 공들여 준비한 사료나 간식을 고양이가 거들떠보지도 않거나, 잠시 킁킁거리기만 하다가 조용히 돌아서는 장면이 반복되면, 보호자는 실망감과 걱정 사이에서 깊은 고민에 빠지게 된다. 혹시 기분이 나쁜 걸까? 몸이 불편한 건 아닐까? 아니면 이 사료가 벌써 질린 걸까? 그런데 이처럼 '선택받지 못한 식사'의 반복 뒤에는 고양이의 기질보다, 반복된 선택권 제공과 보호자의 과잉 반응에 따른 학습이 자리하는 경우가 많다. 고양이가 음식을 거부할 때마다 다른 옵션을 제시해 주는 방식은 고양이에게 "거절하면 더 좋은 게 나온다"라는 학습을 강화한다. 이와 동시에 보호자는 고양이의 아주 미묘한 표정 변화나 냄새 맡는 방식에까지 신경을 곤두세우게 되고, 고양이 또한 스스로 식성을 점점 더 정교하게 '조율'(편식)하게 되는 것이다. 이때 놓치지 말아야 할 과학적 사실이 있다. 고양이는 개나 인간에 비해 미각 세포 수가 매우 적은 동물이다. 즉, 맛에 민감하기보다는 음식의 질감과 냄새를 통해 식욕을 느끼는 동물이라는 뜻이다. 그런데 이 두 감각 - 질감과 냄새 - 는 매우 빠르게 익숙해지고 쉽게 질리는 특성이 있다. 그래서 고양이는 본능적으로 '같은 식사는 오래 먹지 않는다'라는 방향으로, 다시 말해 편식이라는 목표지점을 향해 나아가게 된다. 나는 상담 중 가끔 이런 농담을 덧붙인다. "어차피 모든 고양이는 편식을 목표로 이번 생을 살아가요."

고양이의 이러한 경향을 고려해 볼 때, 먹거리에 까탈스러운 고양이라면 완전한 자율 급식의 형태에서 제한 급식 형태의 급여 방법을 병행해 볼 수 있다. (예 : 아침 + 저녁 제한급식, 낮과 밤 동안은 자율 급식의 형태로 사료를 주는 방법을 조율) 고양이의 입맛을 존중하되 어느 정도의 제한을 두는 것이다. 보호자가 기준을 세우고, 일정한 시간에 식사를 제공하며, 정해진 시간이 지나면 그릇을 치우는 방식은 식습관의 구조화를 통해 고양이에게도 명확한 리듬을 제시한다. 처음에는 강력한 항의나 거부 반응이 나타날 수 있으나, 일관된 대응은 결국 고양이의 학습 방향을 되돌리는데 중요한 역할을 하게 된다. (제한급식은 지금이 아니어도 언제든지 난 내가 먹고 싶은 것을 먹을 수 있다는 비협조적 태도를 개선할 수 있다. 그래서 오히려 식탐이 너무 심한 고양이에게 엄격한 제한급식은 식탐을 급격하게 올리는 결과를 초래하기도 한다. 지금 내가 이밥을 먹지 않으면 내가 스스로 밥을 챙겨 먹을 수 있는 기회가 없기 때문이다) 이 방법은 고양이의 기호를 무시하는 것이 아니라, 기호와 규칙 사이의 균형을 잡아 준다. 편식은 고양이의 생리적 특성과 보호자의 반응이 빚어낸 합작품이기 때문에, 둘 중 하나의 조율만으로는 개선이 어렵다. 고양이의 감각적 특성을 이해하고, 보호자의 대응을 조정하는 이중의 노력이 병행될 때, 비로소 편식하는 고양이도 보다 건강한 식사 습관을 가질 수 있다.

② **보호자의 시선을 독점하려는 고양이**

항상 보호자를 따라다니며 관심을 요구하고, 잠시만 혼자 있어도 울음소리로 존재감을 어필하는 고양이도 있다. 외동묘로 자라거나, 보호자와의 교감에 지나치게 집중된 고양이에게서 자주 나타나는 유형이다. 이들의 행동은 단순한 애정 표현을 넘어, 때로는 과도한 의존성과 연결되기도 한다. 이러한 행동은 집사의 눈에 사랑스러운 동시에 부담스러울 수 있다. 여타 주목할 만한 스트레스 요인이 없음에도 고양이가 지나치게 관심 요청에 집중하는 데는 보호자의 애정어린 반응이 한몫한다. 보호자가 매번 고양이의 울음이나 신체 접촉 요구에 즉각 반응하는 행동이 반복되면, 고양이는 자신의 요구가 언제든지 받아들여진다는 확신을 갖게 된다. 그리고 점점 더 강도 높은 관심 유도 행동을 보이게 된다. 해결을 위해 필요한 것은 단순한 '무시'가 아니라 보호자 주도의 상호작용 리듬 형성이다. 고양이가 조용히 있거나 독립적인 행동을 보일 때 관심과 보상을 제공함으로써, 고양이에게 '내가 요구하지 않아도 원하는 것을 얻을 수 있다'라는 사회적 규칙을 익히도록 도와주는 것이다. 즉, 보호자-고양이 관계에서도 '경계와 기준'은 안정된 유대감을 위한 중요한 요소다.

③ 감정 표현이 과도한 고양이, 조절력 부족의 신호

감정 표현이 지나치게 강하거나 순간적으로 돌변하는 고양이도 있다. 평온하게 있던 고양이가 스킨쉽 또는 빗질이나 발톱 손질과 같은 생활 케어 상황에서 갑자기 날카로운 거부 행동을 보일 때, 보호자들은 당황하게 된다. 이러한 반응은 많은 경우 감정 조절력이 부족하거나 불쾌한 경험이 누적된 결과로 해석할 수 있다. 즉, 고양이의 기질 보다는 해당 경험이 부정적으로 축적되어 왔기 때문일 가능성이 크다. 이때 필요한 것은 억압적인 훈육이 아니라 긍정적 연상 훈련이다. 짧은 시간 동안만 스킨쉽으로 소통하고, 간단하게 케어를 마무리하자. 성공적으로 끝났을 때 보상을 제공하자. 이 방식은 고양이의 감정 곡선을 낮추고, 안정된 반복 경험을 통해 케어 상황에 대한 부정적 인식을 완화한다. 제압하는 방식의 훈육 고양이의 스트레스를 더 크게 만들며, 장기적으로 돌봄을 더욱 어렵게 한다.

④ 생활 케어가 어려운 고양이를 위한 팁

· 초기 생활 케어 이전에 충분한 교감을 먼저 쌓아 스킨쉽이 어느정도 편한 관계를 만드는게 먼저다. 억지스러운 케어는 그나마 쌓아놓은 신뢰를 무너뜨릴 수 있다. 손도 대기 힘든 고양이라면 생활 케어 훈련 이전에 손이라도 닿을 수 있는 관계로 만드는 것이 바람직하다.

· 생활 케어 시 보정은 전방이 아닌 후방 혹은 측면에서 차분히 접근하는 것이 좋다. 정면 접근은 불필요한 경계심 유발한다.

· 처음부터 이불이나 담요를 사용하기보다 느슨하게 손으로 보정하며 신뢰를 쌓아보자. 고무 장갑을 끼는 것은 꺼림칙한 상황만 두드러지게 할 뿐 전혀 도움 되지 않는다. 도망칠 수는 없지만 억압당하지 않

는 정도의 부드러운 보정이 좋다. 만약 생활 케어 훈련 초기에 신뢰 형성에 실패했다면 이불이나 담요는 그때 사용해도 늦지 않다.

· '고양이의 신호를 읽어가며 진행하자. 하지만 고양이가 발버둥을 칠 때 곧바로 풀어 주기 보다는 고양이가 허용한 시점에서 '5초만 더'를 단계별 시도하는 것이 좋다. 단, 너무 오래 잡고 있거나 고양이가 발버둥 칠 때마다 매번 5초 더, 를 고집하기보다는 생활 케어 시간 중 한두 번 정도만 부드럽게 5초를 더 버텨보자. 한 번에 모든 과정을 완수하겠다는 책임감을 내려놓고 '드문드문 조금씩' 누적하는 방식이 효과적이다.

· 고양이가 크게 반응해도 즉시 손 떼지 말고, 동작만 멈춘 채 고양이의 흥분이 진정되도록 유도하자. 이때의 시간은 3-5초 정도가 좋다.

· 생활 케어의 '절차는 간단히, 단위는 작게' 한 번에 모든 걸 하려 하지 말고, 최소 단위 동작만 반복하자. 예: 빗질 1~2회 → 보상 → 점차 시간 늘리기

· 케어 후 보상은 필수이다. 케어 직후에는 행동에 대한 보상으로 고양이가 좋아하는 간식, 장난감, 쓰다듬기 등은 좋은 인식 형성하는 데 효과적이다. 고양이가 정신없이 간식을 먹는 동안 케어가 들어가는

것은 엄밀한 의미로는 훈련이 아니다. 초기에 간식을 주는 동시에 생활 케어를 실행했더라도 고양이가 점차 익숙해지면 케어 하는 중간중간 보상의 개념으로 간식 주는 타이밍을 바꿔보자.

⑤ 스킨십을 꺼리는 고양이

스킨십을 회피하거나, 안기는 것을 싫어하는 고양이를 키우는 보호자들은 "우리 애는 나를 안 좋아하나 봐요."라는 말로 속상함을 드러내곤 한다. 그러나 고양이의 애정 표현은 인간의 기준과는 다르다. 신체 접촉에 익숙하지 않은 고양이는 물리적 애정보다 공간의 공유, 시선의 교환, 주변에 조용히 머무는 방식으로 유대감을 표현한다. 이는 거리감을 유지하면서도 애정을 전하는 고양이만의 방식이며, 보호자가 이를 인정하고 존중할 때 오히려 고양이는 더 편안하게 관계를 맺는다. 억지로 끌어안거나 자주 만지려는 행동은 신뢰를 손상시킬 수

있다. 반대로 고양이의 리듬을 존중하며 기다릴 때, 고양이는 스스로 다가오는 순간을 선택하게 된다. 그러나 이와 같은 설명은 집사에게 마음을 채 열지 않은 초기 관계의 고양이 양상에 해당한다.

보호자와의 유대감이 충분함에도 스킨십을 달가워하지 않는 고양

이도 있다. 이런 유형은 외동묘에게 압도적으로 많이 관찰된다. 다묘 가정에서도 스킨쉽을 피하는 고양이가 있지만 외동묘들이 가진 양상과는 다르다. 다묘 가정에서 사는 스킨쉽을 좋아하지 않는 고양이는 사람보다 고양이를 더 좋아하는 아이들이다. 다시 말해 외동묘들은 스킨쉽을 귀찮아하는 형태라면 다묘 가정의 스킨쉽을 좋아하지 않는 고양이는 말 그대로 사람과의 소통을 달가워하지 않거나 사람을 완전히 신뢰하지 않아 피하는 양상이 흔하다.

사람 손을 거리낌 없이 타는 고양이라면 다묘 가정의 고양이가 외동묘들 보다 월등하게 애교가 많다. 이유는 간단하다. 외동묘는 같이 사는 집사의 애정 어린 손길을(집사가 고양이를 사랑하면 할수록 그 빈도는 버거울 정도로 올라간다) 홀로 감당해야 하기 때문이다. 반면 다묘 가정의 고양이는 집사의 손길을 나눠 받아야 한다. 이 말은 즉, 다묘 가정 고양이에 비해 외동묘는 사랑의 손길을 받는 것에 대해 아쉬울 게 없다. 스킨쉽을 피하는 고양이를 대할 때 아주 유용하게 사용할 수 있는 규칙은 '밀당'이다. 고양이를 만질 때는 고양이가 자리를 피하거나 하악질을 할 때까지 만지지 않는 것이 좋다. 여러 번 만질 거라면 한꺼번에 10번을 만지는 게 아니라 3~5번씩 나눠서 부드럽게 만져 주자. 3번 만지고 손길을 멈추고 고양이의 반응을 살핀 후 고양이가 자리를 피하거나 부담스러워하지 않는다면 다시 3번 만지는 거다.

많은 집사가 스킨쉽을 할 때 매번 고양이가 귀찮아할 때까지 쓰다듬고는 한다. 집사의 스킨쉽이 늘 이런 식으로 반복된다면 고양이가 볼 때 집사와의 애정 표현은 항상 내가 중단 요청을 해야만 끝나는 상황이 된다. 그렇게 되면 당연히 고양이가 집사의 손길을 받고 싶어도 망설이게 될 테고 (아, 한 번 가면 또 귀찮을 때까지 날 만지겠지? 과연 내가 그 상황을 감당할 마음의 준비가 되었는가!) 그렇게 집사와 고양이는 서로를 사랑하면서도 거리를 둘 수밖에 없는 묘한 관계가 되고 만다.

7. 고양이와의 건강한 안전거리
- 나 없이도 잘 사는 너를 위해

고양이와 살아가는 수많은 보호자가 바라는 이상적인 관계는 아마 이럴 것이다. "우리 애가 나를 너무 좋아해요. 온 종일 졸졸 따라다니고, 내가 보이지 않으면 야옹야옹 울어요. 껌딱지처럼 붙어 있어요." 이런 이야기를 들으면 우리는 한편으로 뿌듯한 미소를 지을지도 모른다. 사랑이 넘치는 반려 생활, 얼마나 보기 좋은가. 그런데 이 껌딱지 같은 애정 표현, 정말 고양이에게 좋은 걸까?

고양이의 고유한 정체성은 '혼자서도 잘 지내는 능력' 안에 있다. 그런데 보호자의 과한 관심과 돌봄이 이들의 독립성을 조금씩 깎아내리는 경우를 우리는 종종 목격한다. 고양이의 삶의 질을 높이기 위해 좋은 사료, 넓은 캣타워, 다양한 장난감, 그리고 하루 세 번 이상 제공되는 캣닢 서비스까지 - 모두 다 너무나 훌륭하다. 문제는 이 모든 '노력의 티'를 너무 많이 낼 때 생긴다. 고양이는 우리가 흔히 생각하듯 "아, 나를 너무 챙기네? 엄마가 나 없이는 못 사나 보다?"라고 해석하지 않는다. 실상 고양이의 심리 구조는 훨씬 더 실용적이고 경험 기반이다. 보호자가 지나치게 개입해 어떤 행동을 도와주거나, 불편함을 대신 해결해주는 상황이 반복되면 고양이는 이를 "이건 내가 혼자 해내기 어려운 일인가 보다. 앞으로 이런 상황이 올 때마다 보호자의 도움이 필요하겠군."이라고 인식한다. 그 결과, 고양이는 점점 자기 행동이나 결정에 있어 자율성을 잃게 되고, 일상의 다양한 순간마다 보호자를 '도움 요청 대상'으로 조건화하기 시작한다.

고양이는 자기 경험을 통해 세상을 해석한다. 특정한 행동이나 상황이 보호자의 개입을 통해 해결되면, 고양이의 인식은 '문제 상황 → 보호자의 개입 → 해결'이라는 고정된 도식으로 굳어진다. 이 도식이 굳어지면 굳어질수록 고양이는 점점 더 많은 상황에서 보호자의 개입 없이는 불안과 무기력함을 느끼게 된다. 이 불안정한 의존성은 보호자에게 집착하거나 껌딱지처럼 따라다니는 행동으로 이어지기도 한다. 표면적으로 보기에는 애정이 넘치는 것처럼 보이지만, 자율성과 안정감을 상실한 불안정 애착의 한 형태일 수 있다. 그러므로 보호자의 '과잉보호'라는 결국 고양이의 심리적 독립성과 문제 해결 능력을 치명적으로 약화시키는 방향으로 작용할 수 있다.

고양이의 능력을 신뢰하고, 자기 방식대로 환경을 탐색하고 적응할 수 있는 여지를 주는 것이 장기적으로 훨씬 더 건강한 관계를 만든다. 때로는 고양이의 좌절이나 불편함을 지켜보는 인내심이 필요하다. 그것이 바로 고양이가 '나 없이도 살아갈 수 있는 자신감'을 갖게 만드는 길이며, 우리가 진정으로 바라는 '행복한 고양이'의 모습이다. 집착적인 심리적 의존은 애정과는 다르다. 고양이가 하루 종일 보호자를 따라다니고, 보이지 않으면 불안해하며 울거나 식사를 거부하고, 놀이에도 집중하지 못한다면, 그건 단순히 애착이 강하다는 말로 설명될 수 없다. 이는 오히려 '불안정한 애착'의 형태일 수 있으며, 심리적 자립에 실패한 결과일 수 있다. 우리는 종종 그런 고양이를 '사랑스러운 껌딱지'라고 부르지만, 고양이의 마음을 들여다보면 어쩌면 이렇게 말하고 있을지도 모른다.

"나, 혼자 두지 마. 혼자 있으면 불안해. 엄마 넌, 내 심리 안정제야."

마지막으로 꼭 하고 싶은 말이 있다. 물심양면으로 사랑하는 고양이를 위해 노력하는 보호자들에게 내가 상담에서 가장 자주 언급하는 말 중 하나는, 정말 건강하고 행복한 고양이란 '집사 없이도 살 수 있다고 착각하는 고양이'라는 말이다. 이 말은 결코 보호자의 존재가 필요 없다는 뜻이 아니다. 자기 혼자서도 잘 살 수 있다는 착각은 보호자로부터 충분히 신뢰받고 (보호자가 고양이를 믿어주고), 그 신뢰 속에서 고양이가 자신감과 안정감을 가질 때만 가능한 태도이다. '얘는 내가 없어도 잘 논다.'라는 말이 어쩌면 보호자에게는 서운하게 들릴 수 있지만, 이 말은 고양이에게는 최고의 찬사이다. 혼자서도 불안하지 않고, 자기 스스로 능동적인 루틴을 갖고 있으며, 보호자가 없어도 일상을 유지할 수 있는 고양이 - 그야말로 심리적 자율성이 높은 고양이다. 고양이와의 관계에서 진짜 교감은 끈끈한 의존이 아닌, 자율성과 신뢰 사이의 거리에서 이루어진다. 보호자는 언제나 곁에 있지만, 고양이가 그것을 필요 이상으로 의식하지 않게 되는 순간-이 가장 깊은 신뢰의 순간이다. 집사의 출근이나 외출 등의 부재가 고양이에게 '사건'이 아닌 '일상'이 될 수 있을 때, 우리는 이 고양이가 건강하게 자라고 있다고 말할 수 있다.

행복한 고양이를 반려하는 보호자들은 이렇게 말한다.

"우리 애는 애교가 많은 편인데 그렇다고 내가 없어도 별로 타격은 없는 거 같아요. 혼자 있어도 잘 놀거든요. 조금 서운하긴 한데…… 그래도, 그게 제일 고마운 일이에요."

에필로그

　고양이를 키우는 일은, 살아 있는 존재와 함께 살아가는 일이다. 당연한 말 같지만, 많은 사람이 이 단순한 사실을 놓친다. 우리는 너무 오랫동안 '키운다'는 말을 '관리한다'는 의미로 오해해왔다. 함께 살아가는 것이 아니라, 돌보고 통제하고 조절하는 일이라고 믿어왔다. 이 책을 통해 살펴본 고양이에 관한 오해는 고양이란 존재를 우리와는 완전히 다른 생명체라고 단정함으로 인해 생겨난 결과이다.

　이 책을 쓰기까지 나는 수많은 고양이들과, 이들을 사랑하는 사람들을 만났다. 내가 만난 보호자들은 모두 각자의 방식으로 '어떻게 하면 더 잘 지낼 수 있을까'를 고민하고 있었고, 그 고민의 끝에는 늘 같은 질문이 있었다.

"이 고양이는 왜 이러는 걸까요?"

꽤 긴 시간 나는 전문가로서 고양이의 심리를 설명하고, 해결책을 제시해 왔다. 하지만 시간이 지날수록 나는 하나의 진실에 도달하게 되었다. 내가 보호자들에게 제시하고 있는 것은 '솔루션'이 아니라 고양이를 바라보는 관심의 변화를 유도하는 것이었다.

현실에서 모든 고양이에게 대입만하면 딱딱 해결되는, 그런 완벽한 '솔루션'은 존재하지 않는다. 고양이의 내면에 제대로 다가가는 데 필요한 것은 '해결법'이 아니라 '이해하는 시선'이다.

어떤 고양이는 불안해서 숨고, 어떤 고양이는 과잉 각성 상태에서 공격 행동을 보이며, 또 어떤 고양이는 지속적인 고립감 속에서 새벽마다 울음으로 반응한다. 표면적으로는 전혀 다른 행동처럼 보이지만, 이 모든 반응은 결국 하나의 공통된 요구로 수렴된다.

"내가 이런 행동을 하는 데는 이유가 있어."

문제 행동은 단순한 문제의 징후가 아니라, 관계적 긴장을 드러내는 정서적 신호다. 고양이는 환경의 변화, 상호작용의 결핍, 예측 가능성의 무너짐 등에 민감하게 반응하며, 그 반응은 생존 전략으로 축적된 방식으로 표출된다. 그러한 방식은 보호자 입장에서는 이해하기 어렵고 예측이 불가능하게 느껴질 수 있다. 그러나 바로 그 예측 불가능성이 고양이의 커뮤니케이션 방식을 섬세하게 읽어야 하는 이유다.

고양이는 단순한 자극-반응 구조로 설명되지 않는다. 그들의 행동은 정서, 관계, 경험이 교차하는 복합적 맥락 속에서 이해되어야 한다. 특히 고양이는 비언어적 신호에 의존해 의사를 전달하기 때문에, 일상에서 반복되는 미세한 단서들이 그들의 심리 상태를 드러내는 중요한 힌트가 된다. 간식 앞에서 주저하는 시선, 갑작스레 멈추는 발걸음, 팔에 잠깐 기대는 무게, 문턱에서 머뭇대는 자세 같은 것들. 이처럼 표면적으로는 사소해 보이는 행동들이 실제로는 복잡한 감정의 표현이자, 환경에 대한 정서적 해석의 결과다.

이 책은 고양이를 문제 해결의 대상으로 바라보는 관점보다는, 하나의 인지적·정서적 주체로 이해하려는 시선에서 출발했다. 고양이의 행동을 조절하는 것이 아니라, 그 행동이 어떤 감정과 필요에서 비롯된 것인지 분석하고 해석함으로써 인간과 고양이 사이의 상호이해를 높이는 것이 이 책의 목적이다.

문제 행동을 '교정'하는 것보다 중요한 것은, 그 행동이 어떤 맥락에서 시작되었고, 무엇을 요구하고 있는지를 아는 일이다. 고양이는 그저 막연히 인간의 손길을 기다리거나 대신 해결해 주기를 기대하는 수동적 대상이 아니라, 주체적인 상호작용의 파트너다.

이 책이 누군가의 손에 닿아, 오늘 집 안 어딘가에서 누군가와 눈을 맞추는 한 고양이에게 더 따뜻한 시선을 건네는 계기가 되기를. 그렇게 해서 한 마리의 고양이가, 한 명의 사람이, 조금 더 다정한 삶을 살아가게 되기를. 그것이 내가 고양이에게 배우고, 이 책에 남기고 싶었던 전부다.

고양이는 혼자 살지 않는다

초판발행일 | 2025년 10월 20일

지 은 이	정효민
펴 낸 이	배수현
디 자 인	천현정
홍 보	배예영
물 류	이슬기
문 의	안미경

펴 낸 곳	가나북스 www.gnbooks.co.kr
출 판 등 록	제393-2009-000012호
전 화	031) 959-8833(代)
팩 스	031) 959-8834

ISBN 979-11-6446-128-8 (03190)

※ 가격은 뒤표지에 있습니다.
※ 잘못된 책은 구입하신 곳에서 교환해 드립니다.